プレス・コードの影

GHQの短歌雑誌
検閲の実態

中根　誠
Makoto Nakane

短歌研究社

目次

第一章　GHQの短歌雑誌検閲

第二章　第一区検閲局（東京）の検閲

第三節　関東の短歌雑誌検閲

第四節　東京の短歌雑誌検閲

＊町村名は検閲当時のもの

プレス・コードの影

――GHQの短歌雑誌検閲の実態――

凡例

1　本書に取り上げた短歌雑誌資料は、米国メリーランド大学プランゲ文庫所蔵資料である。同資料による奥泉栄三郎編『占領軍検閲雑誌目録・解題』（雄松堂書店）のリストにより、プランゲ文庫マイクロフィルム版のゲラ刷版の複写を国立国会図書館に依頼して得ることができた。本書に収録した雑誌、及び表紙写真、削除例等の写真も同資料に拠る。

2　誌名に続く（　）内の英訳タイトルは、検閲文書にあるものである。

3　「不二」のように、検閲対象冊数・件数が多い雑誌は十五冊に限定した。

4　旧漢字は原則として新漢字に改めた。

5　検閲文書の詳細で大量な部分は、要点のみの説明にとどめた。

6　発行所・住所が途中で変更になった雑誌は、最初の発行誌の検閲区に従って収めた。

7　引用作品、文章の明らかな誤りは（ママ）とし、かな遣いの誤りは改めずそのまま示した。

8　書誌において、ガリ版刷と記した以外は活字版である。

9　本文中の方々の敬称は略させていただいた。

第一章　ＧＨＱの短歌雑誌検閲

第一節　検閲の実態

はじめに

連合国軍最高司令官総司令部（ＧＨＱ／ＳＣＡＰ―General Headquarters Supreme Commander for the Allied Powers）の検閲部門である民間検閲局（ＣＣＤ―Civil Censorship Detachment）は、一万三〇〇〇種、およそ五万冊、四五〇万頁を検閲し、約三五〇〇種の雑誌、九五〇〇冊を何らかの意味で問題視したという。

これらの検閲された大量の資料は、戦後にアメリカのメリーランド大学マッケンデン図書館東亜図書部日本語資料「日本占領期の文献」として保管されていたのである。いわゆるプランゲ文庫である（原資料の現在の所在は、メリーランド大学ホーンベイク図書館プランゲ文庫）。

それが昭和五十七（一九八二）年に奥泉栄三郎氏によって『占領軍検閲雑誌目録・解題―昭和20年～昭和24年』（雄松堂書店）にまとめられたのである。本書で扱うのは、そこにあげられた全ての短歌関係雑誌一一一誌三三一冊である。

日本の国立国会図書館は、メリーランド大学との共同事業として、平成四（一九九二）年よりプランゲ文庫の目録作成を、同五年よりマイクロフィルム撮影作業を開始した。同七年から一部資料を公開し、同九年四月から全資料公開（国立国会図書館内公開）に至ったのである。同二十六（二〇一四）年二月からは「国立国会図書館デジタルコレクション」で資料提供されている（国会図書館・図書館送信参加館内公開）。

さらに、早大20世紀メディア研究所、インテリジェンス研究所の調査研究が検閲研究の分野を大きく前進させている。

ゴードン・ウイリアム・プランゲは、昭和二十一（一九四六）年十月から二十四年六月まで、ＧＨＱ／ＳＣＡＰの参謀第二部（Ｇ２）戦史課で主任歴史専門官を務めた。

同時に同課の太平洋戦域史班班長として、メリーランド大学に復帰するまで勤務したのであった。

短歌雑誌の直接の検閲は、別表のようにＧＨＱ／ＳＣＡ

Pの下のG2、その下のCIS（民間諜報局）、その下のCCD（民間検閲局）の一部門であるPPB（Press Pictorial Broadcast Division—新聞・出版、映画・演劇、放送部門）が担当したのである。

検閲の目的は、日本における占領政策の効果、反米などの思想的傾向、日本の世論などの実情の把握にあったとされる。日本の民主主義国家への改造という大きな目標は上部のCISが担っており、CCDは検閲作業を根気よく秘密裡に行う機関だったのである。

全ての出版者（社）は、事前検閲を受けるために、昭和二十二年後半までは出版前にゲラ刷（校正刷）を検閲局に提出していた。それ以後二十四年にかけては、ほとんどの出版者（社）は、発行誌を提出して検閲を受けることになった。いわゆる事後検閲である。

検閲内容については、別項で規則と共に示すが、検閲局は検閲者に対しては、次の「重大事項」を「書き留め、記憶し、充分に理解し、我が物として欲しい。」として、「常に係官共々協議」することを求めている。（奥泉栄三郎『占領軍検閲雑誌目録・解題』）

「重大事項」十項目は、簡潔に言えば次の通りである。

a検閲の証跡、bマッカーサー元帥の行動、c占領軍関係、d輸出入関係、e暴動と示威運動、f連合国最高司令官へのあらゆる嘆願、g戦争犯罪容疑者関係、h占領軍に対する批判、i食糧危機関係、j総司令部の政策関係。

ここには国粋主義、軍国主義、右翼思想については述べられていないが、以下にあげる禁止対象には含まれている。

1　検閲組織

日本における連合国軍総司令部（GHQ／SCAP）の検閲の開始は迅速であった。終戦直後の昭和二十（一九四五）年九月十三日には占領軍民間検閲局（支隊）郵便班が、日本の郵便機構を抑え、直ちに各都府県の通信網を占領軍の監視の下に置いたのであった。

さらに東京地区の主要新聞・雑誌について出版物の検閲が開始され、昭和二十年末には全国四か所に検閲局（支隊）地区司令部が設けられたのである。

左図のように、GHQの下にG2（参謀第二部）があり、その下にCIS（民間諜報局）と、CIC（対敵諜報部）が置かれた。さらにCISは、CCD（民間検閲局（支隊）—Civil Censorship Detachment）と、PSD（公安局）の二局に分かれていた。さらにCCDは通信部門と、PPB部門に分けられた。PPBは、新聞・出版（press）、映画・演劇（pictorial）、放送（broadcast）の検閲に直接関わったのである。

昭和二十（一九四五）年九月から、東京地区の主要新聞・雑誌と通信社に対し、出版物の事前検閲が開始され、昭和二十年末には東京・大阪・福岡・釜山の四か所に検閲局（支隊）地区司令部が設置されたのであった。

プランゲ文庫短歌雑誌では、「短歌研究」九月号（昭和二十年九月一日）が最も早く検閲を受けた雑誌である。

GHQ/SCAP検閲組織図（一部）

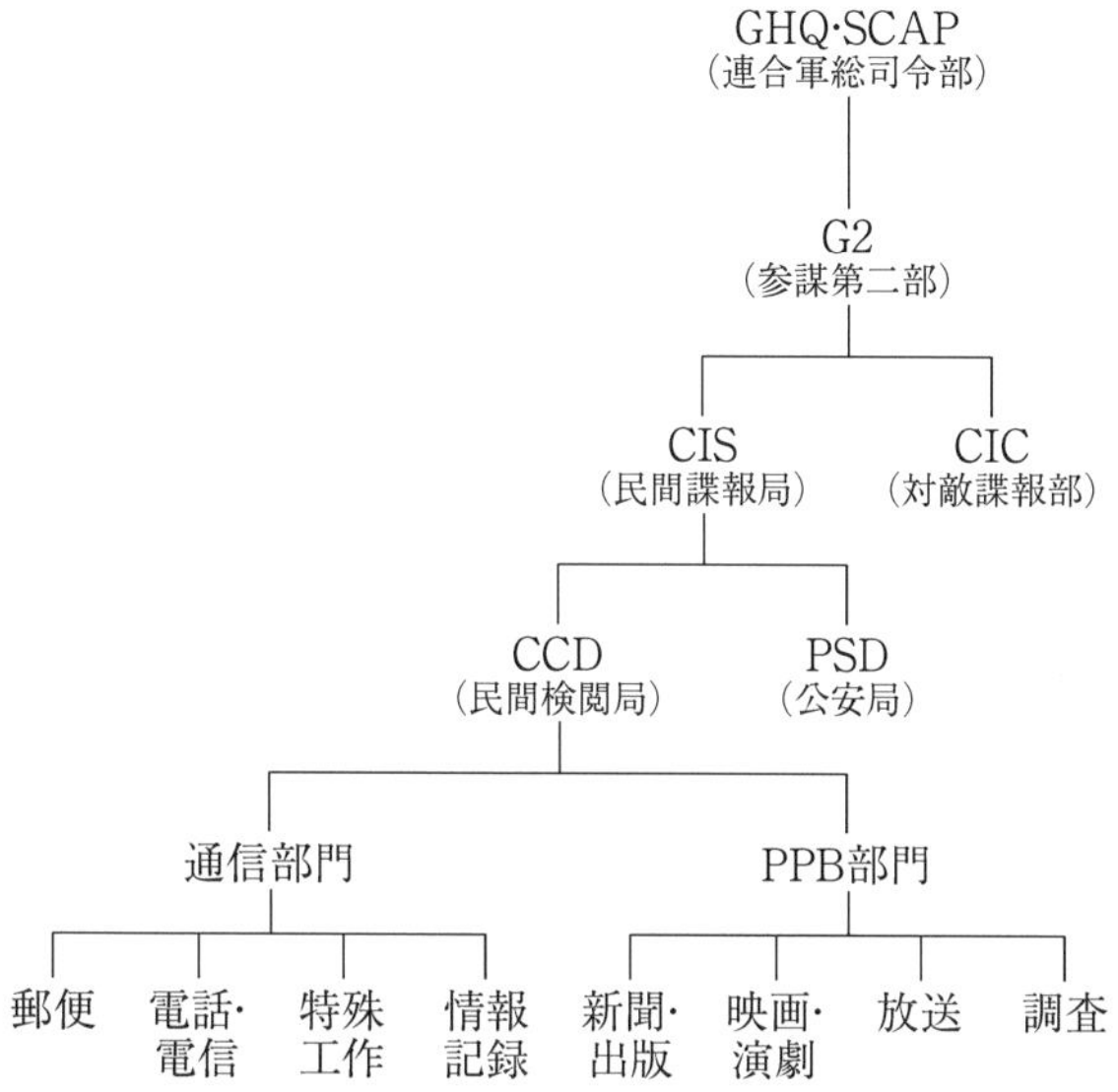

（山本武利『GHQ の検閲・諜報・宣伝工作』「GHQ・SCAP の組織図」の一部）

第一区地方検閲部（司令部東京都）

管轄地域は、北海道・青森・秋田・岩手・山形・宮城・新潟・福島・群馬・栃木・茨城・千葉・山梨・埼玉・長野・静岡・神奈川・東京の十八都道府県。

ゲラ刷提出先は、東京都麹町区内幸町二丁目二番地放送会館六階連合軍総司令部新聞雑誌映画放送検閲部。のち港区芝田村町一丁目一番地、関東配電ビル四階民事検閲局第一区出版演芸放送検閲部出版課書籍係に移った。

第二区地方検閲部（司令部大阪市）

管轄地域は、富山・岐阜・石川・愛知・福井・滋賀・三重・奈良・和歌山・大阪・京都・兵庫・岡山・鳥取・香川・徳島・愛媛・高知の十八府県。

提出先は、大阪市北区中之島朝日新聞ビル五階アメリカ合衆国陸軍第二地方検閲官

第三区地方検閲部（司令部福岡市）

管轄地域は、島根・広島・山口・福岡・佐賀・長崎・熊本・大分・宮崎・鹿児島の十県。

提出先は、福岡市橋口町松屋ビルアメリカ合衆国陸軍民事検閲ビル第三地方検閲部地方検閲官

（奥泉栄三郎編『占領軍検閲雑誌目録・解題』による）

第四区は釜山に地区司令部が置かれたが、のちに廃止され、代わって昭和二十三年十月頃札幌に第四地区検閲局が置かれたのであった。北海道の雑誌は、距離が遠いことから、最初から事後検閲であったとも言われる。

以上は昭和二十一年一月の管轄区変更指令後の区分であろう。

さらに第一区では仙台に第一区a支部、札幌に第一区b支部、第二区では名古屋に第二区a支部、松山に第二区b支部、第三区では広島に第三区a支部がそれぞれ置かれた。

日本出版法（プレス・コード―Press Cord For Japan, Code for Japanese Press）はPPBができて九日ほどであわただしくつくられたもので、コードの条文は概括的で、実際の検閲には対応しがたいものであったようだ。当然GHQは検閲方針を具体事例で簡潔に示した検閲作業の判断基準を検閲者に与えることになる。「削除または掲載発行禁止の対象となるもの」や、キーログ（Key Log）といわれるそれは、プレス・コードで判断しにくい具体的重要事項に直面したときにとるべき指針を示したもので、東京本部で随時発行し、各地区に配布されたのである。

2 日本出版法（プレス・コード）その他の規制

次にプレス・コードの内容を示し、さらに検閲関係の諸規制をあげておきたい。（以下奥泉栄三郎編『占領軍検閲雑誌目録・解題』による）

（一）日本出版法（プレス・コード）

日本ニ言論ノ自由ヲ確立セントスル、連合国最高司令官ノ目的ニ基ズキ、日本出版法発令セラル。コノ出版法ハ言論ノ拘束ヲナスモノニ非ズシテ、寧ロ日本ノ諸刊行物ニ対シ、言論ノ自由ナル責任ト意義トヲ、教育セントスル企画ニナルモノニシテ、報道ノ真実性ト宣伝ノ除去トヲ強調ス。コノ出版法ハ凡ユル新聞ノ報道論説及ビ広告ヲ包括スルノミナラズ、更ニ日本ニ於テ出版セラルル総テノ刊行物ヲモ包括ス。

1. 報道ハ厳格ニ事実ニ則スルヲ要ス。
2. 直接又ハ間接ニ公安ヲ害スルガ如キモノハ掲載スベカラズ。
3. 連合国ニ関スル虚偽的又ハ非建設的批評ヲナスベカラズ。
4. 連合国進駐軍ニ関シ破壊的批評ヲナスコト、及ビコレラ軍隊ノ疑惑又ハ憤激ヲ招クガ如キコトアルベカラズ。
5. 連合国軍隊ノ動向ガ、公式ニ記事解禁トナラザル限リ之ヲ掲載又ハ議論スベカラズ。

6. 報道記事ハ事実ニ則シテ記載セラルベク、全然筆者ノ意見ヲ挿入スベカラズ。

7. 報道記事ハ宣伝ニ資スル目的ヲ以テ着色ナスベカラズ。

8. 宣伝ヲ強化拡大センガ為ニ、報道記事中ノ重要ナラザル箇所ヲ過当ニ強調スベカラズ。

9. 報道記事ハ関係必要事項又ハ細目ノ省略ニ依ツテ歪曲スベカラズ。

10. 新聞ノ編集ニ当リ、何等カノ宣伝方針ヲ確立又ハ発展セシメントスル目的ヲ以テ、記事ヲ不当ニ目立タシムルベカラズ。

これは「日本出版法」として、戦後日本の言論の自由を印象付けるものである。冒頭の部分の「日本ニ言論ノ自由ヲ確立セントスル」、「コノ出版法ハ言論ノ拘束ヲナスモノニ非ズシテ」、「言論ノ自由ナル責任ト意義トヲ、教育セントスル企画」と、言論の自由がうたわれているからである。しかし、実態は「言論ノ拘束ヲナスモノ」に他ならない検閲の基本法というべきものであった。

（二）雑誌及び定期刊行物の事前検閲に関する手続（Pre-Censorship Procedure for Magazines and for Periodicals）

雑誌又はその他の定期刊行物を事前検閲のため提出せしめんとする総ての出版社は左の手続を履行するものとす。

1. 雑誌の同一なるゲラ刷二綴を提出すべし。ゲラ刷は挿絵、カット、表紙、奥附、予告、広告、頁番号、目次、及び完成雑誌中に含まるべき一切の印刷事項を網羅せる完全なるものたるを要す。

2. ゲラ刷は雑誌の主筆、或は他の責任者が東京都麴町区内幸町二丁目二番地放送会館六階マッカーサァ総司令部新聞雑誌検閲部へ持参することを要す。

3. 東京地区外の出版社は、当検閲部より明瞭なる許可を得たる場合、事前検閲を求むるため雑誌のゲラ刷を郵送することを得。但し検閲済みゲラ刷を受領するためには責任ある代表者を当検閲部へ出頭せしむるを要す。当検閲部は郵送によるゲラ刷の到着遅延又は紛失に対して責任を負うものに非ず。

4.（イ）始めて事前検閲を求むるためゲラ刷を提出する場合は、ゲラ刷と共に日本字及びローマ字両様を以って認めたる左の通告事項を提出すべし。

1. 題名（英語訳をも付すべし）
2. 主筆の姓名
3. 出版所の名称
4. 出版所の番地
5. 発高《（ママ）》回数（週刊、月刊等）
6. 発高《（ママ）》部数
7. 定価

8．発行日

（ロ）右の事項に変更ありたる場合は直ちに当検閲部へ通告すべし。

5．ゲラ刷は出版社が要求せらるることあるべき訂正をなすに十分なる時間的余裕をもつて提出することを要す。尚、紙型は、出版社が承認せられたるゲラ刷を当検閲部より受領して指示せられたる訂正を間違なく履行せる上ならでは、之を作製せざるものとす。

6．検閲は連合国最高司令官によつて発令せられたる日本出版法の条項に基きて施行せらるべし。

7．雑誌又は定期刊行物の内容の承認はゲラ刷に検閲済のスタンプを捺印して明示し、ゲラ刷の一綴は出版社に返却せらるべし。

8．削除又は抹殺箇所は返却せらるるゲラ刷に色鉛筆を以って明示し雑誌の代表者がゲラ刷を求めて当検閲部を訪るるとき、その注意を喚起すべし。

9．訂正は常に必ず製版の組直しを以ってなすべく、絶対に削除箇所をインキにて抹消し、余白として残し、或いはその他の方法を以つてなすべからず。尚、ゲラ刷を提出せる後は、当検閲部の承認なき追加又は変更をなすことを得ず。

10．必要なる削除が行はれて雑誌が印刷されたる曙は、完成雑誌二部を当検閲部へ郵送又は持参すべし。この完成雑誌は当検閲部に於て曩に提出せられたるゲラ刷と比較対照して要求せられたる一切の訂正がなされたるか否かを検査す。

11．事前検閲のため提出せられたる雑誌その他の刊行物は、その代表者が当検閲部より承認せられたるゲラ刷一綴を受領する以前に之を印刷し、配布し、或は販売することを得ず。

12．雑誌の事前検閲は、当検閲部より出版社に何らの明示なき限り各号に対して以上の方法を以つて継続せらるべし。

13．この注意書を受領せる上は文書を以つて回答すべし。　（原文カタカナ表記）

出版社（者）への検閲手続きについて、このような詳しい通知が出されていたのである。ゲラ刷は二部代表者が持参（郵送）すること、検閲後のゲラの受領は代表者が出頭すること、発行誌に削除等の痕跡を残してはならないこと、承認ゲラ刷の受領前に印刷、発行、販売をしないことなどが主な内容である。

また、同時に第二節「検閲関係資料　4 新聞・雑誌傾向調査表」（四六頁）のような詳細な調査も行われていたのであった。

（三）削除または掲載発行禁止の対象となるもの

1、SCAP―連合国軍最高司令官（司令部）に対する批判　2、極東軍事裁判批判　3、SCAPが憲法を起草したことに対する批判　4、検閲制度への言及　5、合衆国に対する批判　6、ロシアに対する批判　7、英国に対する批判　8、朝鮮人に対する批判　9、中国に対する批判　10、他の連合国に対する批判　11、連合国一般に対する批判　12、満洲における日本人取扱についての批判　13、連合国の戦前の政策に対する批判　14、第三次世界大戦への言及　15、ソ連対西側諸国の「冷戦」に関する言及　16、戦争擁護の宣伝　17、神国日本の宣伝　18、軍国主義の宣伝　19、ナショナリズムの宣伝　20、大東亜共栄圏の宣伝　21、その他の宣伝　22、戦争犯罪人の正当化および擁護　23、占領軍兵士と日本女性との交渉　24、闇市の状況　25、占領軍軍隊に対する批判　26、飢餓の誇張　27、暴力と不穏の行動の扇動　28、虚偽の報道　29、SCAPまたは地方軍政部に対する不適切な言及　30、解禁されていない報道の公表等。
（江藤淳『閉された言語空間―占領軍の検閲と戦後日本』）

このように、削除等の処分となるもの三十項目を提示し、発行者（社）に注意を与えている。より詳細な内容になっていて、当然検閲者の作業もこの基準に沿ったものであったのだろう。

さらに、次のような削除処分等への出版業者の具体的な対応が指示された。一の1〜5は終戦直後の日本の教科書に加えられた応急処置的な削除の方法であったが、この検閲局の指示は、検閲の痕跡を残さないことを要求しているのである。

（四）「出版業者への注意書」（INSTRUCTOIN TO THE PUBLISHERS）

一、削除を指令されたる場合は左の如き行為をせず必ず組み変へ印刷をすること。
1. 墨にて塗りつぶすこと
2. 白紙をはること
3. ○○○等にて埋めること
4. 白くブランクにすること
5. 頁を破り取ること

二、表紙奥付、序文、目次、写真、其の他如何なる記事も当事務所の許可なく挿入、削除、変更することを禁ず。

三、ゲラ刷は必ず製本内に入る総ての記事及び第二条に示されたるものを包含するものとす、且つ二部とす。

四、書籍は理由の如何を問はず事前検閲とす。

五、ゲラ刷受領日には間違ひなく受領に来られ度し。
六、ゲラ刷内の＝○□×等の記号は出来得る範囲でこれを避けもし止むを得ず使用する場合には必ず其の意味する「仮名」又は「漢字」をもつて書き込むこと。
七、印刷後の納本は理由の如何を問はず遅滞することを禁ず。

民間検閲局
出版物検閲部

（五）検閲手続非公開の件
極東軍最高司令部
民間情報部民間検閲所
殿

1．この通告の目的は本検閲局管理区域の全出版者が検閲の手続の公開の望ましからぬ事について完全なる了解を以つて欲しいという事にある。
2．全出版者は出版物の組立に当たり検閲の具体的證跡を―（例えば墨で印刷面を抹消するとか、糊付けにするとか、余白を残すとか、文章を中途半端で切るとか、○○や××を使用すると言った風にするといふ事を）―現はさぬ様にする事を既に了解している筈であるにも拘らず、今尚明確に了解していない向もある。
3．検閲関係官の事や執務状況に関する記事を公表することをゆるさぬ。この事は唯新聞出版物検閲関係のみならず放送、映画演劇の検閲に関しても適用される。
4．例へば「検閲通過」とか「占領軍出版許可」とか其他検閲或は検閲局に関すること如何なることも記してはならない。
5．猶貴社新規従業員にも本通告の趣旨徹底する様注意ありたし。
6．以上の指示について疑問や質問があれば当検閲局に問ひ合はされよ。当検閲局事務所は此の地区検閲上の諸問題に対する最後的且つ唯一の権威者である。
7．この通知の受領書を直ちに送られたし。

この通達は、検閲制度の存在は極秘であるということを徹底するためのもので、繰り返し出されたのであった。それだけ違反が多かったのであろう。

例えば、「短歌草原」（昭和22・1）の「編集室より」のゲラ刷は、「雑誌も用紙困難の中より犠牲を拂ひ且つ生活に忙殺されてゐる中より東奔西走印刷発行検閲の雑務に身心棉の如くにし続けてゐる次第……」というものであるが、そこに「検閲」の二文字が見えるのである。切迫した事情が禁止用語であることを忘れさせたものであろうか。

3　検閲の手順

　以上のようなプレス・コードをはじめとする種々の検閲チェック項目を基準として、日本人検閲者（Examiner）は大量の雑誌のゲラを下読みして、パスか、違反かの検閲作業を続けていったのである。

　この時に、二種類の基本的な検閲作業シートがあった。一つは雑誌検閲票（MAGAZINE EXAMINATION）（45頁、表1-1、2）、もう一つは雑誌処理票（MAGAZINE ROUTING SLIP）（46頁、表2-1、2）である。

　雑誌検閲票は、誌名、号数、出版社、住所、編集者などの書誌事項、事前・事後検閲の別、目次、そして違反の有無、各種情報の有無などをチェックし検閲者が記入するものである。雑誌処理票は、編集の方針（右翼的路線―Right、中道路線―Center、左翼的路線―Left、保守的路線―Conservative、自由主義路線―Liberal、急進的路線―Radical）、カテゴリー、ゲラ刷の受入日、検査結果数（パス、公表禁止、削除、不許可）等のチェック項目がある。

　プレス・コードなどに抵触すると検閲者が判断した場合は、該当部分を英訳し、コメント（Examiner note）を記した調書を検閲官に提出した。この間に再検閲者が入り、チェックすることがあった。検閲者には初級中級上級の階級があったともいわれる。検閲官（主に米国の軍人あるいは文

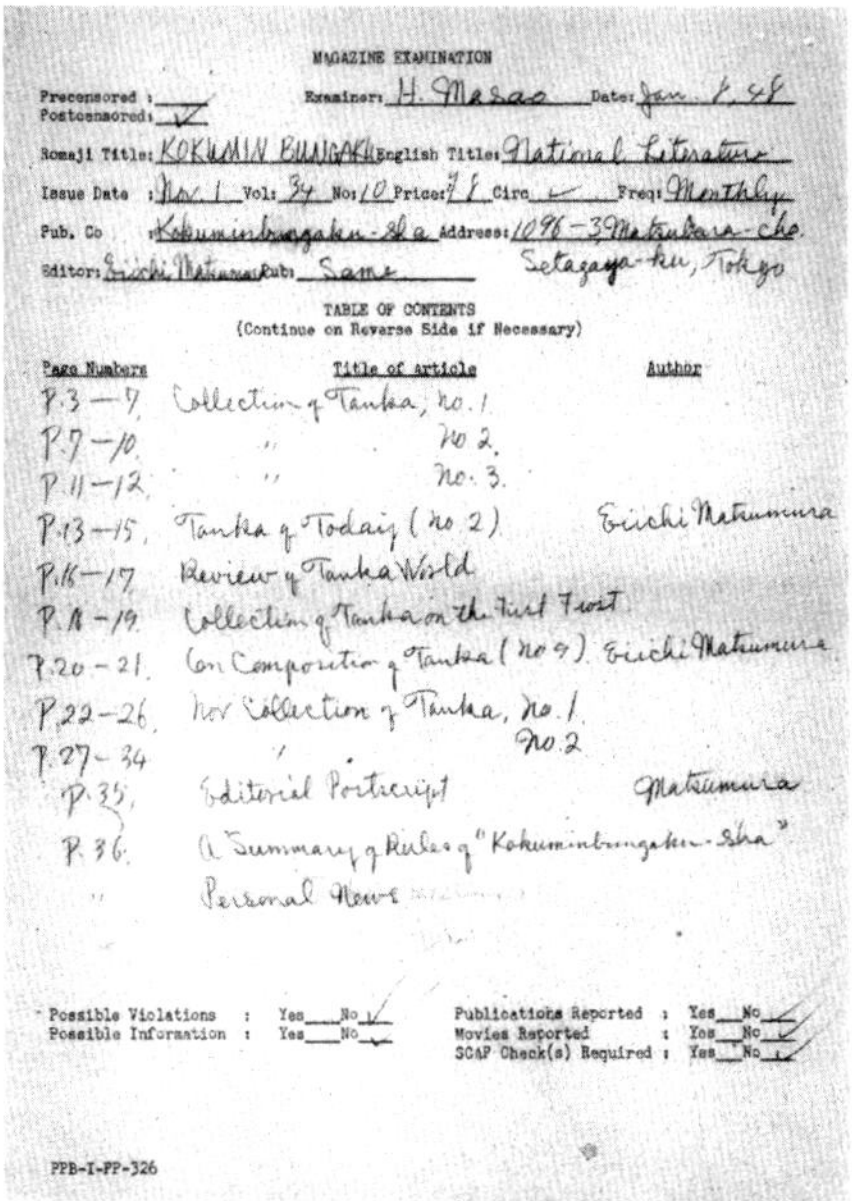

MAGAZINE EXAMINATION

Precensored :
Postcensored: ✓　Examiner: H. Masao　Date: Jan. 1. 48

Romaji Title: KOKUMIN BUNGAKU　English Title: National Literature

Issue Date : Nov. 1　Vol: 34　No: 10　Price: 7 ₤　Circ ✓　Freq: Monthly

Pub. Co : Kokuminbungaku-Sha　Address: 1096-3 Matsubara-cho. Setagaya-ku, Tokyo

Editor: Eiichi Matsumura　Pub: Same

TABLE OF CONTENTS
(Continue on Reverse Side if Necessary)

Page Numbers	Title of Article	Author
P.3―7.	Collection of Tanka, no.1	
P.7―10.	〃 no.2.	
P.11―12.	〃 no.3.	
P.13―15.	Tanka of Today (no.2)	Eiichi Matumura
P.16―17	Review of Tanka World	
P.18―19.	Collection of Tanka on the First Frost	
P.20―21.	On Composition of Tanka (no.9)	Eiichi Matumura
P.22―26.	Nov Collection of Tanka, no.1	
P.27―34	〃 no.2	
P.35.	Editorial Postscript	Matumura
P.36.	A Summary of Rules of "Kokuminbungaku-Sha"	
〃	Personal News	

Possible Violations : Yes___No ✓
Possible Information : Yes___No ✓
Publications Reported : Yes___No ✓
Movies Reported : Yes___No ✓
SCAP Check(s) Required : Yes___No ✓

PPB-I-PP-326

雑誌検閲票の例　「国民文学」（昭和22・11）

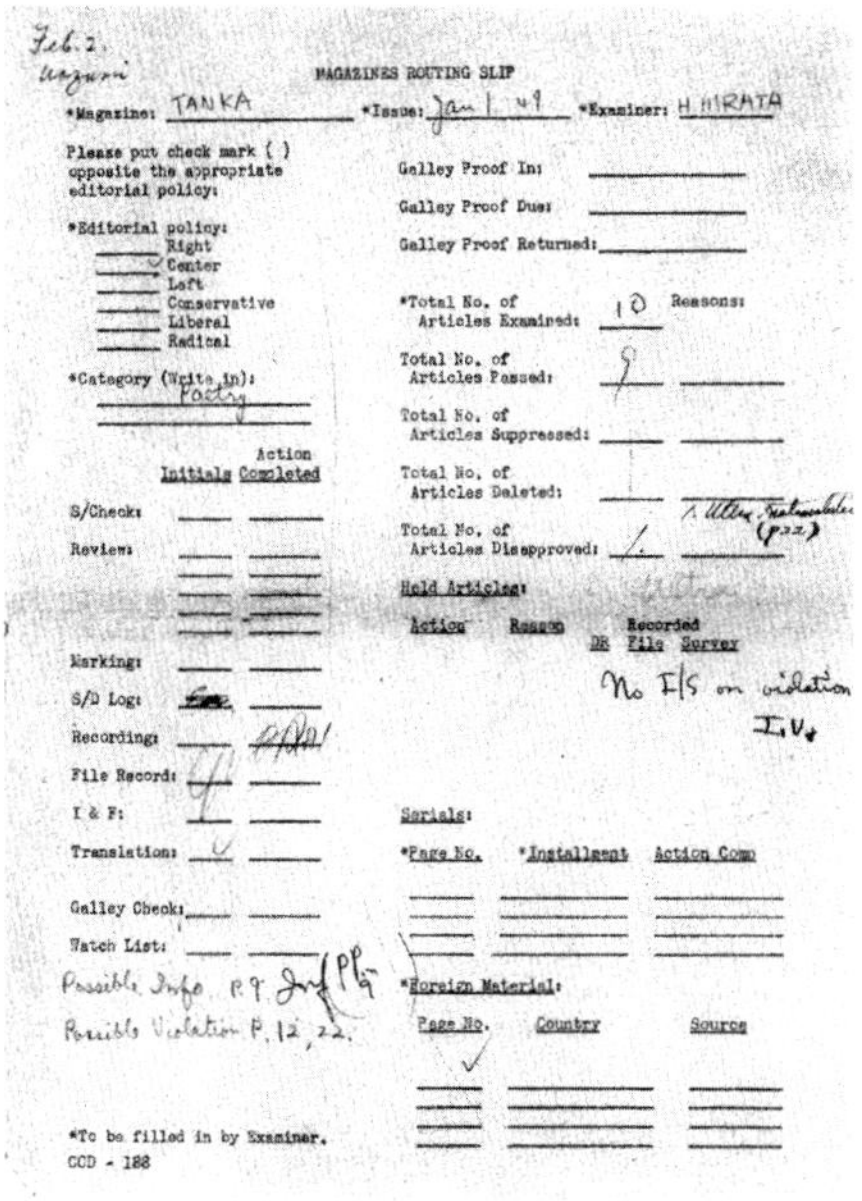

Feb. 2.

MAGAZINES ROUTING SLIP

*Magazine: TANKA　*Issue: Jan 1 49　*Examiner: H. HIRATA

Please put check mark ( ) opposite the appropriate editorial policy:

*Editorial policy:
___ Right
✓ Center
___ Left
___ Conservative
___ Liberal
___ Radical

*Category (Write in): Poetry

Galley Proof In: ___
Galley Proof Due: ___
Galley Proof Returned: ___

*Total No. of Articles Examined: 10　Reasons:
Total No. of Articles Passed: 9
Total No. of Articles Suppressed: ___
Total No. of Articles Deleted: ___
Total No. of Articles Disapproved: 1.　(p.22)

Held Articles:
Action　Reason　Recorded DR File Survey
No F/S on violation　I.V.

	Initials	Action Completed
S/Check:		
Review:		
Marking:		
S/D Log:		
Recording:		
File Record:		
I & F:		
Translation:	✓	
Galley Check:		
Watch List:		

Possible Info P.9
Possible Violation P.12, 22.

Serials:
*Page No.　*Installment　Action Comp

*Foreign Material:
Page No.　Country　Source
✓

*To be filled in by Examiner.
CCD - 188

雑誌処理票の例　「短歌」（昭和24・1）

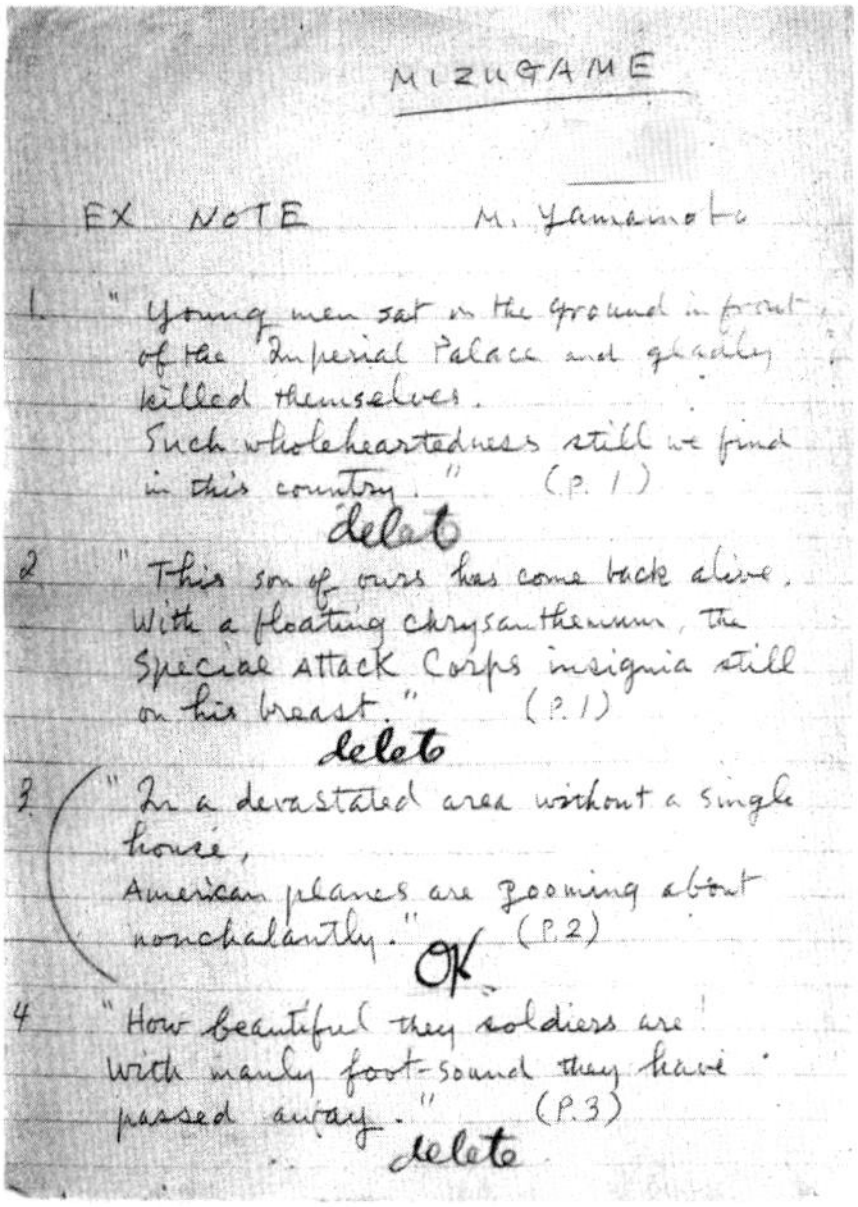
MIZUGAME

EX NOTE M. Yamamoto

1. "Young men sat on the ground in front of the Imperial Palace and gladly killed themselves.
Such wholeheartedness still we find in this country." (P. 1)
delet

2 "This son of ours has come back alive, With a floating chrysanthemum, the Special Attack Corps insignia still on his breast." (P. 1)
delete

3. "In a devastated area without a single house,
American planes are zooming about nonchalantly." (P. 2)
OK

4 "How beautiful they soldiers are with manly foot-sound they have passed away." (P. 3)
delete

検閲者ノートの例　「水甕」（昭和21・1）

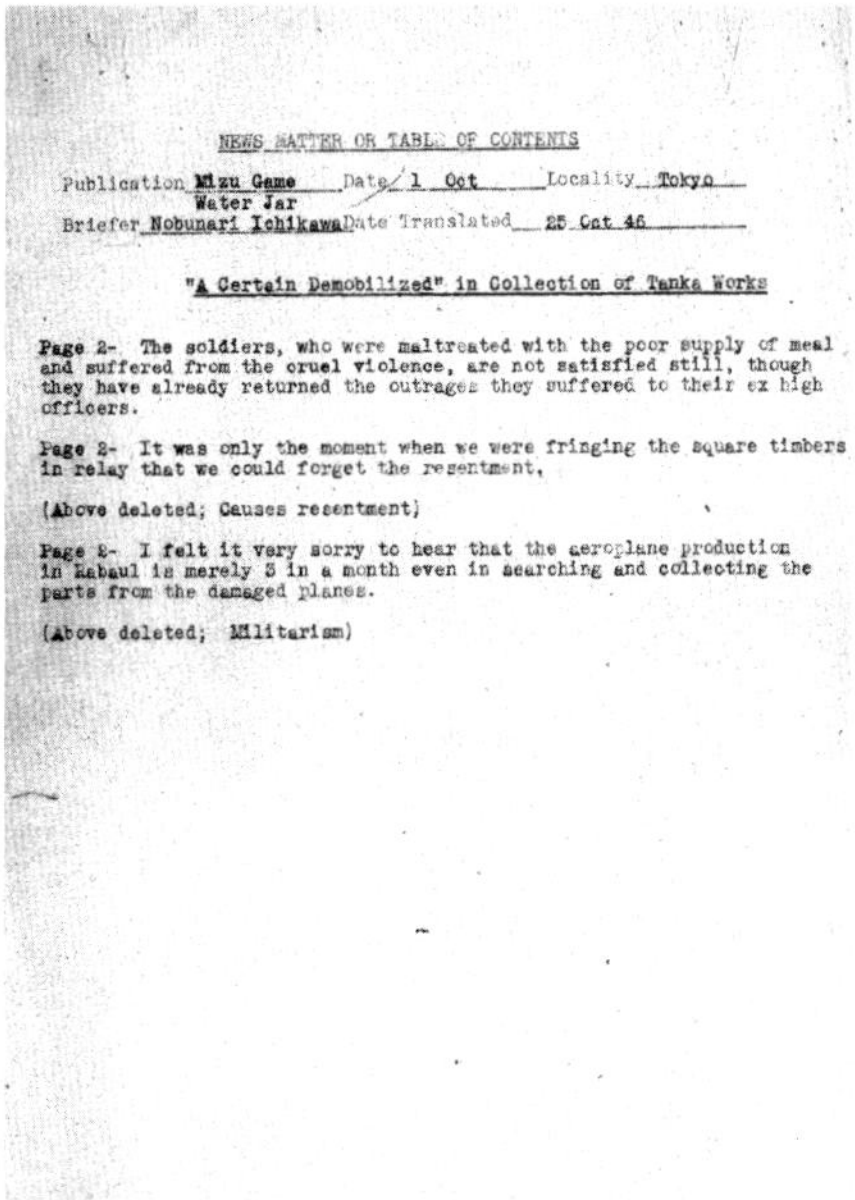
NEWS MATTER OR TABLE OF CONTENTS

Publication Mizu Game Water Jar Date 1 Oct Locality Tokyo
Briefer Nobunari Ichikawa Date Translated 25 Oct 46

"A Certain Demobilized" in Collection of Tanka Works

Page 2- The soldiers, who were maltreated with the poor supply of meal and suffered from the cruel violence, are not satisfied still, though they have already returned the outrages they suffered to their ex high officers.

Page 2- It was only the moment when we were fringing the square timbers in relay that we could forget the resentment.

(Above deleted; Causes resentment)

Page 2- I felt it very sorry to hear that the aeroplane production in Rabaul is merely 3 in a month even in searching and collecting the parts from the damaged planes.

(Above deleted; Militarism)

「NEWS MATTER OR TABLE OF CONTENTS」票の例「水甕」（昭和21・10）

官）は、それらを参考に審議して「削除（Delete）」や「公表禁止（Suppress）」、ＯＫなどの処分を下した。この段階で、処分と、その理由を記したNEWS MATTER OR TABLE OF CONTENTS（ニュース事項または目次）票が作成されたのである。

検閲者の英訳はあくまで試訳であり、上司の判定を仰ぐ場合の完全翻訳は日系二世がしたという。検閲者の判断と検閲官の判定（処分）は一致しないこともあった。

違反とされたものには次のような処分が下された（谷暎子『占領下の児童出版物とＧＨＱの検閲』）。

事前検閲の処分

Violation（違反）……「日本出版法」「キーログ」などの違反、禁止用語の使用。軍国主義、封建主義、国家主義などの記述、検閲への言及。

Suppress（公表禁止）……出版の禁止。紙芝居では出版と実演禁止。

Delete（削除）……文章、絵、挿絵の部分的な削除。作品全体の削除。

Change（変更）……用語の変更。

Hold（保留）……処分決定（調査の必要など）を保留。

事後検閲の処分
Violation（違反）……事前検閲の場合と同じ。
Disapproved（部分的な不許可）……文章や絵の部分的な不許可。
Disapproved in entirety（全体が不許可）……作品そのものの不許可。
Delete（削除）……部分的な削除。

他の雑誌・書籍も同様であろうが、短歌雑誌のゲラ刷において、違反（Violation）とした作品については事前検閲の場合は、部分的な削除（Delete, Deleted―以下「削除」）がほとんどで、公表禁止（Suppress）と変更（Change）は数例に過ぎず、保留（Hold）は見当たらない。事後検閲の場合は、不許可（Disapproved）がほとんどである。つまり事前検閲の削除処分は、事後検閲の不許可処分に相当するようである。

なお、削除処分は、事前検閲の期間に事後検閲扱いであった雑誌にも見られるものである。

事前検閲の場合、検閲者は提出されたゲラ刷二冊の中の一冊の違反か所に直接鉛筆でマークし、雑誌検閲票、雑誌処理票、検閲者ノート等の調書を作成するのである。この調書については事後検閲でも同じである。上司の判定を得てゲラ刷を発行者に返却するのであるが、同時にもう一冊の保存用ゲラ刷にも同様に書き込む。後日の提出される発行誌と照合するためである。

検閲局は、ゲラ刷の違反か所の削除等を条件にＣＰ印（Censorship Passed―検閲通過）を押し、事前検閲通検通知状を添えて発行者にゲラ刷を渡すのである。

「短歌長崎」に昭和二十一年八月一日付けで出された検閲局の通知状は次のようなものである。

1　貴誌は事前検閲に通過しましたから印刷し、配布することを許可します。ただし、特定の削除がマークされています。これらの削除は公開前に行われなければなりません。完成本には検閲の兆候がないこと。
2　必要なすべての変更がマークされ、削除が行われた後に公開する権限が与えられます。検閲者の印の付いたコピーを返します。
3　完成本の一部を当事務所に提出してください。
4　今後は発行毎に一部を事後検閲の為に提出してください。プレス・コード違反の場合のみ、その旨通知します。事後検閲の場合は提出と同時に配布してよろしい。
5　提出は郵送でよろしい。
6　プレス・コード（日本出版法）を同封します。

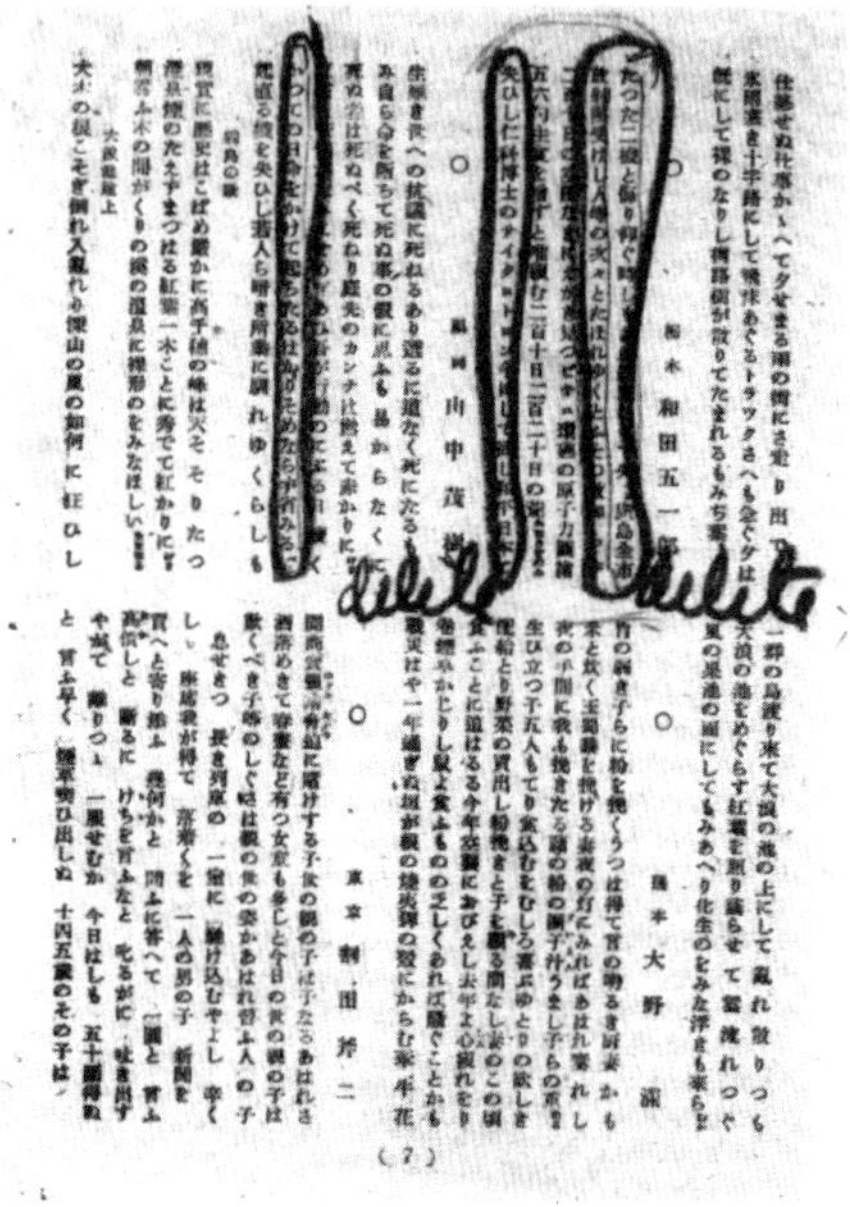

四首削除の例　「地上」（昭和 22・4）

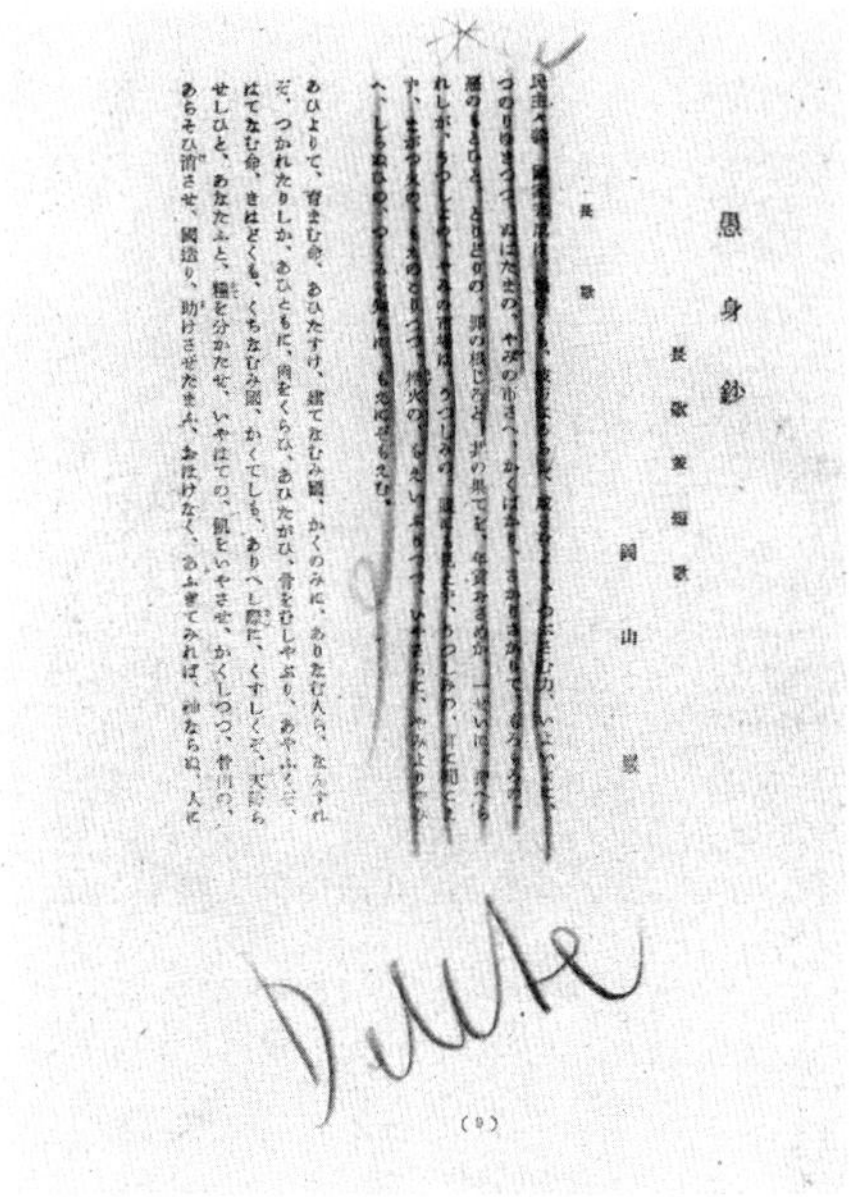

長歌削除の例「歌と観照」（昭和 21・10）

スタンプ（DELETE）押印の例
「新月」（昭和 22・10）

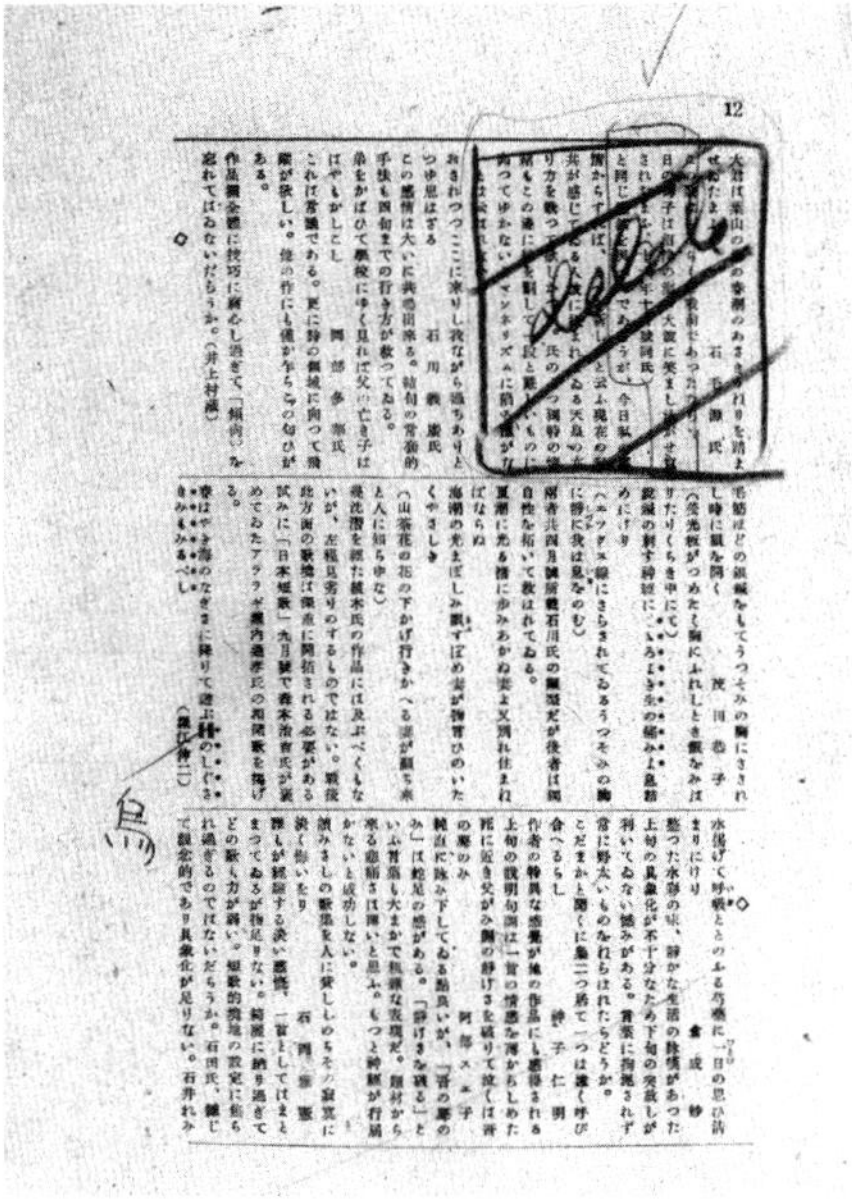

歌評削除の例　「花實」（昭和 21・12）

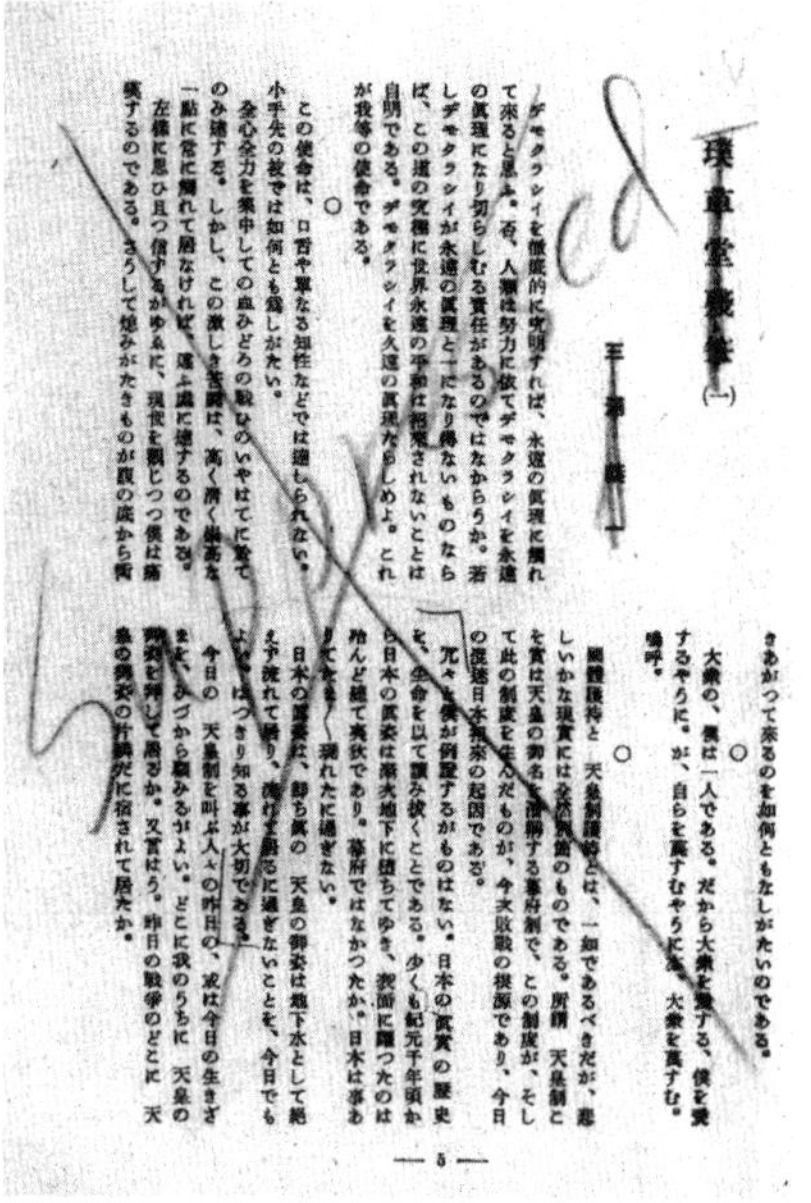

璞草堂漫筆（一）

三浦義一

デモクラシイを徹底的に究明すれば、永遠の眞理に觸れて來ると思ふ。否、人類は努力に依てデモクラシイを永遠の眞理になり切らしむる責任があるのではなからうか。若しデモクラシイが永遠の眞理と一になり得ないものならば、この道の究極に世界永遠の平和は招來されないことは自明である。デモクラシイを久遠の眞現ならしめよ。これが我等の使命である。

○

この使命は、口舌や單なる知性などでは遂げられない。小手先の技では如何とも爲しがたい。

全心全力を集中しての血みどろの戰ひのいやはてに於てのみ達する。しかし、この激しき苦闘は、高く清く幽玄な一點に常に觸れて居なければ、這ふ處に墮するのである。左様に思ひ且つ信ずるがゆゑに、現世を觀じつつ僕は痛嘆するのである。さうして憾みがたきものが腹の底から衝きあがつて來るのを如何ともなしがたいのである。

○

大衆の、僕は一人である。だから大衆を愛する、僕を愛するやうに。が、自らを蔑すむやうに、大衆を蔑すむ。嗚呼。

○

國體護持と　天皇制護持とは、一如であるべきだが、悲しいかな現實には全然別箇のものである。所謂　天皇制とを貴は天皇の御名に潜解する幕府制で、この制度が、そして此の制度を生んだものが、今次敗戰の根源であり、今日の混迷日本將來の起因である。

汎々と僕が例證するがものはない。日本の眞實の歴史を、全命を以て讀み抜くことである。少くも紀元千年頃から日本の眞姿は滔天地下に墮ちてゆき、淤髓に躍つたのは殆んど總て夷狄であり。幕府ではなかつたか。日本は事あれて來ると、現れたに過ぎない。

日本の眞姿は、卽ち眞の　天皇の御姿は地下水として絶えず流れて瀬り、湧けば顯るに過ぎないことを、今日でもよくはつきり知る事が大切である。

今日の　天皇制を叫ぶ人々の昨日の、或は今日の生きざまを、みづから顧みるがよい。どこに我のうちに　天皇の御姿を拜して居るか。又實はう。昨日の戰爭のどこに　天皇の御姿の片鱗だに宿されて居たか。

— 5 —

公表禁止の例　「不二」（昭和 21・6）

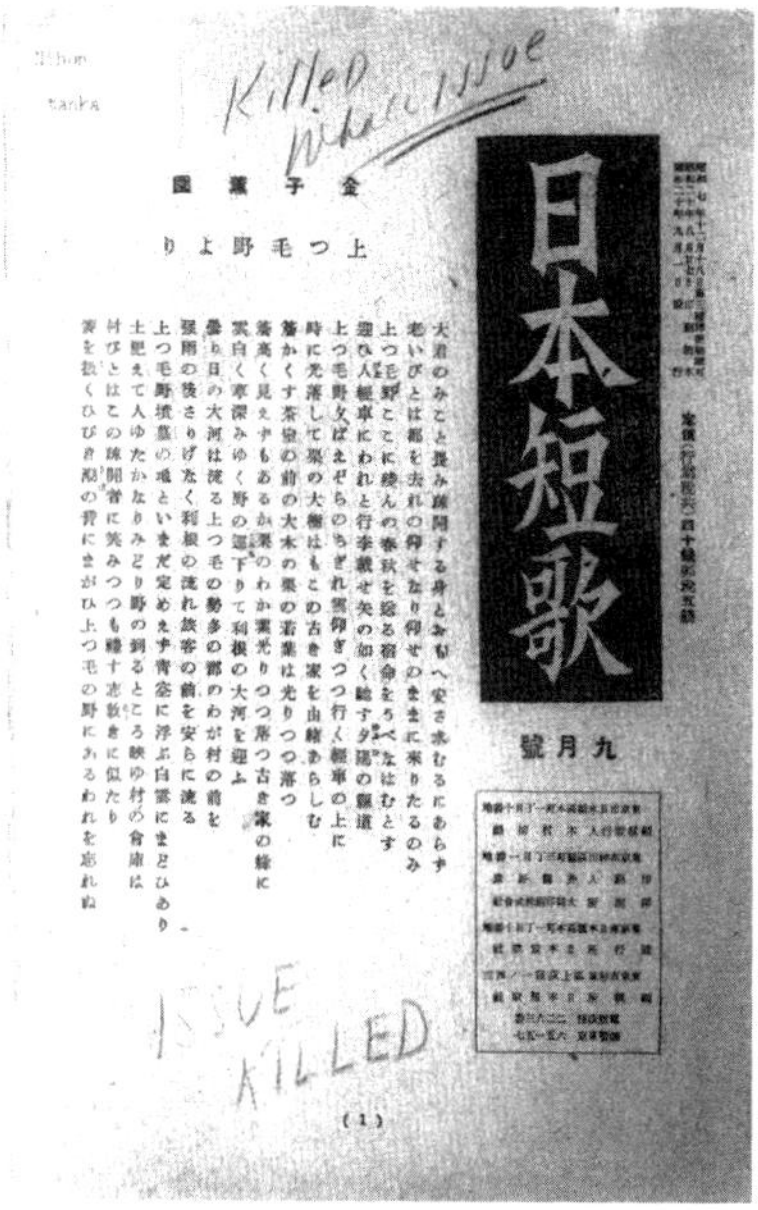

日本短歌

九月號

上つ毛野より

金子薫園

大君のみこと畏み疎開する身とおもへ安き求むるにあらず

老いびとは都を去れの仰せなり仰せのまにまに來りたるのみ

上つ毛野ここに幾ばくの春秋を經る宿命をうべなはむとす

遷ひ人軽車にわれと行李載せ矢の如く駛す夕陽の鋪道

上つ毛野夕ばえぞらのちぎれ雲仰ぎつつ行く軽車の上に

時に光落して梁の大欅はもとの古き家を由緒あらしむ

蒼かくす茶室の前の大木の栗の若葉は光りつつ落つ

荒高く見えずもあるか栗のわか葉光りつつ落つ古き家の軒に

雲白く山深みゆく野の涯下りて利根の大河を迎ふ

曇り日の大河は流る上つ毛の勢多の郡のわが村の前を

梅雨の後さりげなく利根の流れ旅客の前を安らに流る

上つ毛野横藍の魂といまだ定めえず青空に浮ぶ白雲にまどひあり

土肥えて人ゆたかなりみどり野の到るところ映ゆ村の倉庫は

村びとはこの疎開者に笑みつつも暗十志数きに似たり

雲を抜くひびき潮の背にまがひ上つ毛の野におるわれを忘れぬ

（1）

発行禁止の例　「日本短歌」（昭和 20・9）

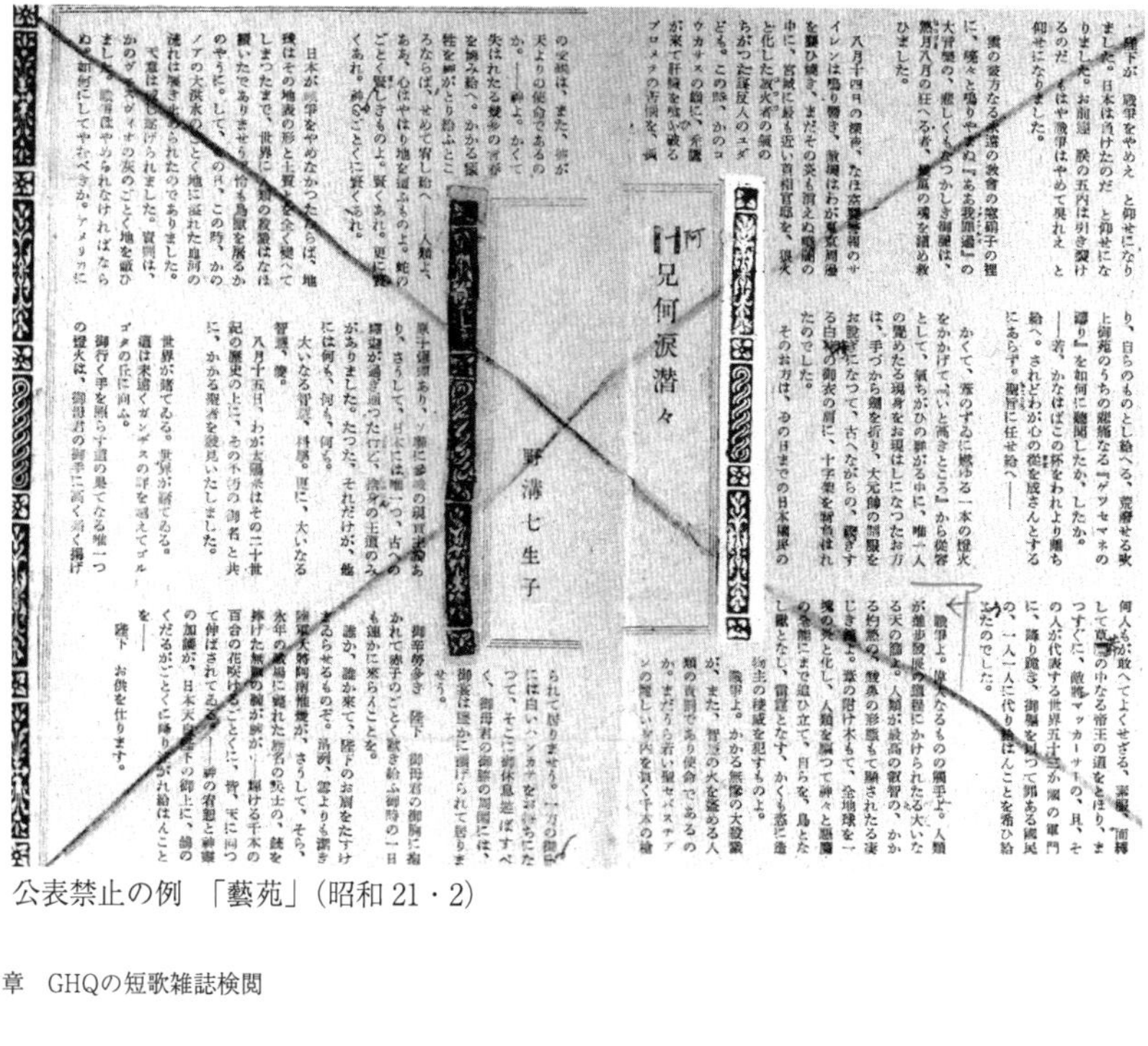

兄何涙潜々

野溝七生子

陛下が　戦争をやめえ　と仰せになりました。日本は負けたのだ　と仰せになりました。お前達　朕の五内は引き裂けるのだ　もはや戦争はやめて呉れえ　と仰せになりました。

雲の彼方なる永遠の教會の窓硝子の裡に、曉々と鳴りやまぬ『ああ我頭邊』の大音聲の、悲しくもなつかしき御聲は、熱月八月の狂へる者、國民の魂を鎮め救ひました。

八月十四日の深夜、なほ宮城周邊のサイレンは鳴り響き、敵機はわが東京周邊を舞ひ續き、まだその炎も消えぬ戰禍の中に、宮城に最も近い首相官邸を、猛火と化した放火者の狐のちがつた謀反人のユダども。この時、かのコウカサスの巓に、禿鷹が來て肝臓を啄み破るプロメテの苦悩を、

り、自らのものとし給へる、荒廢せる歐上御苑のうちの悲痛なる『ゲツセマネの禱り』を如何に聽聞したか、したか。——若、かなはばこの杯をわれより離ち給へ。されどわが心の從を成さんとするにあらず。御旨に任せ給へ——

かくて、露のずゑに燃ゆる一本の燈火をかかげて『いと高きところ』から從容として、氣ちがひの群がる中に、唯一人の覺めたる現身をお現はしになつたお方は、手づから劍を折り、大元帥の御服をお脱ぎになつて、古へながらの、白妙の御衣の肩に、十字架を背負はれたのでした。

そのお方は、あの日までの日本國民の

公表禁止の例　「藝苑」（昭和 21・2）

つまり、ここには事前検閲と事後検閲の要点が端的に記されているのである。

ゲラ刷の違反の文章、作品は鉛筆で囲んだりして明示されるが、さらに「日本刊行物法規違反に関する非公式覚書」（プレス・コード違反書）が通知されることがあった。そしてその受領書の提出が求められたのである。

その受領書の具体例を「短歌長崎」の資料に見ることができる。つまり始末書である。

昭和二十二年九月七日　　長崎市西坂町一六七
小山誉美

福岡第三地区民間検閲局
雑誌刊行課　御中

受領書

九月二日付をもって左記事項につき出版法第二條に抵触するものとしてご注意にあつかりました。茲に受領書を提出致しますと共に違反なき様留意致します。

記

短歌長崎　七号
短歌　　髙橋千恵子
「子に欲るに」
「思ひ余り」
以上

発行者は、検閲局によって違反とされたゲラ刷の部分をその跡が分からないように削除等をして印刷し、発行誌を一冊検閲局に提出するのであるが、時に奇妙な例がないわけではない。

それは第二章第四節で詳しく述べるが、「国民文学」における例である。ゲラ刷において違反した作品を削除し検閲局に提出した発行誌には全く問題はないのだが、会員対象の同誌には削除されず作品は掲載されているのである。

「短歌研究」（昭和21・11）の例は、評論において削除指定された部分を削除して、その部分に「連合司令部の命に依り以上の一部削除」と記した発行誌と、その部分が分からぬようにしたものの二誌が検閲局に提出されているのである。結果的には問題のなかったもののやや混乱の見られる例である。

事後検閲では、事前検閲の表紙にあるCP印はないが、提出された発行誌の表紙にいろいろな情報事項が鉛筆で荒々しく書きつけられている。違反数、検閲月日、発行誌受取日等であり、痛ましい感じがする。

事後検閲になって事前検閲のような重圧はなくなったとは言っても、数多くの違反か所の指摘と、その通知状を受け取ることはやはり圧迫感があったと思われる。度重なれば発行の継続に差し障りが出る可能性もあったろう。

検閲局には、検閲文書と共に、事前検閲の場合は違反指定のゲラ刷一冊と、違反か所を訂正した発行誌が残され、事後検閲の場合は、鉛筆の入った発行誌が残されたわけである。

4 「槻の木」「不二」の検閲

ここで具体的な検閲の内容を「槻の木」と「不二」によって見ておきたい。

昭和二十一（一九四六）年の「槻の木」三月号のゲラで削除となった作品の例である。

ゲラ刷「槻の木」の「三月集（二）」（四頁）に川崎芳太郎は作品五首（無題）を発表している。

① 一系の天子を語る垂乳根の息吹《いぶき》の熱く我が生ひ立ちぬ

川崎芳太郎

② 敗れたる民の心の哀しみの同じきものを誰をし誣ひむ

③ 隠しつつ描く絵を見れば日の丸の飛行機を描くあはれ子供等

④ 羽子板を買ふと出で行き闇の値の高きを知りて諦めし童《こ》や

⑤ 末の子の小さく熱き掌《てのひら》を別れの際に執りて来にける

（応召回顧）

このうち①②③の三首が日本人検閲者 S.Furuya の目にとまり、〈objectionable—異議あり〉として削除と判断された。

それは早速検閲者によって試訳（英訳—筆記体）され、上司に報告されたのである。

さて、この三首の英訳は次のようなものである。

① With the majesty of emperor of a line unbroken for ages eternal, my dear mother inspired me, while caressing me in nursery, oh! how enthusiastically she talked! (p4) (delete)

② Whom can you blame so much? oh! we all are but the defeated nation, sharing with one another the deep sorrow of the vanquished. (p4)

③ Oh! this miserable child of Japan, he draws a picture of an aeroplane with a sunflag on it. (p4) (delete)

この三首が上司によって審議された結果、①と③の作品が削除〈delete〉に該当すると判定されたのである。それでゲラの作品に太い鉛筆（青鉛筆）で線が引かれたのである。②はこの段階で削除しない（ＯＫと書かれている）と決まったのである。

①③と②の違いは何か。①③は「天子（天皇）」や「日の丸の飛行機」への心の傾斜が感じられて、理由は国粋主義、軍国主義の宣伝という規定に該当すると判定されたのだと思われる。

提出された二冊のゲラ刷「槻の木」三月号の削除作品①③に鉛筆で線が引かれ、一部は「槻の木」責任者に返され、一部は発行誌と照合するために検閲局（ＣＣＤ）に残されたのである。

この検閲作業に用いられたのが雑誌処理票であり、「槻の木」の検閲に限らずプランゲ文庫マイクロフィルムの検閲雑誌資料の多くに付けられているものである。

同年八月号には、次の二首の検閲の様子を知ることができる。

① 負けたるも勝てるも共に罪ありと勝ちたるものの言の尊さ　　山下　清

② ゲラ刷りの検閲了へて気安かり食糧放出のみだし目に沁む　　田川如瑟

二首とも太い鉛筆の線で消されており読みにくいのだが、検閲文書のそれぞれの英訳と併せれば意味を知ることは可能である。①は宣伝、②は検閲制度に言及した作品という理由で削除とされたものである。

① Admirable are the words of the victor, that sinful are both: victor and vanquished.（vanquished）

（Above deleted;propaganda（上記のもの削除—宣伝））

② Now I have done work of censorship of galleys and the shape of the words, food Stuff released is deeply impressed in my eyes.

（Above deleted;references to censorship（上記のもの削除—検閲に言及））

①の作品について検閲者は次のようなメモを残している。

〈The meaning of the Waka may be all right, but it is feared that it may give some misunderstanding among people.〉、つまり和歌（短歌）の意味は差支えないかもしれないが、人々の間に誤解を与えることもあり得ると懸念される、ということで削除相当となったものであることがわかる。他にもこのような微妙な判定に検閲者が悩むことがあったと思われる。

②作者は検閲者だったかと一瞬疑うが、そうではなく、雑誌が検閲をパスした時の安堵感で、ふと新聞に目をやったのであろう。しかし、検閲に言及したことが決定的な削除の理由である。

続く同誌の十・十一月合併号では、佐伯仁三郎「『隠者』追想—空穂先生近作を読みて」十二首中の「南京暴逆の裁かるるに」と小題のある次の六首中の三首が削除とされている。

① 南京の陥落てふに胸ゆらぎ怡び聞きしわれにありけり

佐伯仁三郎

② 笑み思ひ語りつづけし南京の陥落の日のその日悲しむ
③ 日本の軍隊と心うやまひて日《ひ》の如く仰ぎたのみき
④ 子の前に母を犯しつ夫《つま》が妻《め》をうばひたりけるすめらぎ軍か
⑤ かかるものに血のつながれる国民の我と思ふに泣かれもぞする
⑥ 戦ひに敗れたる日のくやしさを忘れしめたる□しきけふか

この六首の中①③⑥の三首が削除となったのである。三首の英訳のあとには、削除理由として、国粋主義の宣伝〈nationalistic propaganda〉と記されている。

この佐伯の六首について、検閲者は英文の検閲者ノート〈Examiner's Note〉を残している。次はその和訳である。

「南京の残虐行為に関する裁判の日に」という題のついている上に述べた六つの短歌は、意味がお互いに関連があり、概して、南京における日本の占領軍の野蛮な行為を責めている。しかしながら、その中から一〜二首をとりあげて、それらについて研究すると、いくつかの違反の可能性または誤解されがちな部分があることがわかる。今や検閲者の意見では、第①、③、⑥の歌は削除されるべきである。第①、③の歌は軍国主義、第⑥の歌は憤慨である。第②、④、⑤の歌三首の中で、第④首目は南京で日本占領軍が犯した野蛮な行為について余りにもあからさまである。だから削除がのぞましいと思われる。しかしながら、検閲者は、削除せず残しておいた方がむしろいいと考える。事件の詳細を一般の日本人にはっきりと理解させ、公衆の悔悛への道を彼らに導入するためである。なぜならば、真相は（以下欠）」

最後の二行のような意図によってむしろ削除をしなかった例をここに見ることができる。

佐伯は「槻の木」の主要作家で、戦時中は満州にいて「槻の木」の満州歌会の中心となっていた歌人である。

続く十二月号では、国文学者で能楽研究家の能勢朝次の空穂論「老境の味」（四〜七頁）の中に引用された空穂の歌集『茜雲』の中の二首中の一首が削除とされた。その引用作品は次の二首で、①が削除となったのである。

窪田空穂

① 大君の兵なるわが子幾月をたよりあらねばいづことしらず
② 子等持てる親は著《しる》くも痩せ行くをあはれび見つつ忍べとぞ思ふ

この①の作品の英訳のあとに、国粋主義的〈deleted;

nationalistic〉と削除理由が記されている。このように歌論に引用された近代の歌人、さらに万葉集の作品にまで検閲当局の厳しい目が向けられていたのである。

このような検閲の実態に発行者・編集者・会員は強い関心を持ったであろうが、当時の編集者、会員の多くがそれを明確に記憶しているわけではなく、したがって証言例も極めて少ない。検閲局の存在は秘匿されながら、削除処分や注意指示は権威的に頻繁に行われていたのであった。

歌人自身のためにも会に迷惑をかけないためにも、当然作歌、選歌において慎重にならざるを得なかったのではないかと思われるが、削除処分が編集者の選歌での没としての処理と考えれば、一般会員は検閲の実態に気付いていなかったとも考えられるのである。

歌道雑誌と銘打つ「不二」の場合は、その国粋主義の強調が検閲当局に厳しい態度をとらせたのであろう。

「不二」昭和二十一年六月号の黒田哲夫の「会津太刀」の詞書と作品十首の上に×印と共に〈Suppressed〉（公表禁止・差し止め）と大きく書かれている。理由は軍国主義的〈All poems Suppressed; Millitaristic〉である。発行誌からは目次・本文すべてが消えている。

松枝茂国手は会津若松の士にして当年四十八歳の老将、千葉医専に学ぶ医学博士なり。篤学有志博大の国手にして其の著「会津藩の人口政策」は憂国の至情に成るもの。また時に純一の詠歌を為す。わが受持医師なるを以て常に相接し日を経へ月を経るに従ひ交情益々深し。屡々診断室に相対座し、史を語り又歌を談じ、時ありては密かに盃を挙げて長恨深憂の語を交ふ。春陽某日、たまたまその佩刀会津長光を観る。感慨しきりにして、歌情そゞろに湧く。即ち一気十首の賦を成し以て中尉に贈る。（昨春北支にて）

春寒き夕《ゆふべ》の窓にかざし見る光しづけき太刀の色はや

磐梯の山に祈りて鍛へけむ鋭刃《とは》のさやけき会津太刀はや

会津鍛冶打ちし太刀はや磐梯の山の心も刃に沁みてゐむ

あやめ咲く丸鍔越しにかざし見る乱れ焼き刃の白き冴えはも

つか頭《がしら》ほのくれなゐに乙女さびこれの剣をにほひあらしむ

反《そ》り無きに似たる剣のやゝ重く振れば雄心湧き来るごとし

会津太刀つばらに見つゝ目閉づれば鮮やかに見ゆ磐

梯の嶺

老兵も心勇むと歌ひつ丶会津長光拭ひけむかも

磐梯の山にも似たる会津人《あひづびと》豊かに佩ける会津太刀はや

会津太刀腰に佩きつ丶会津人うまし会津の酒恋ふらしも

作者の主治医松枝茂の太刀会津長光を見て一気に詠まれた感動の十首であったが、検閲者は軍国主義的と断じて重い処分である公表禁止にしたのであった。太刀は武士の心であるとされて思いのこもった作品となっているのだが。

同号の三浦義一「璞草堂残筆（一）」全文も国粋主義的という理由で公表禁止〈Suppressed; nationalistic〉となり、発行誌からは目次・本文の全てが消えている。

作者は影山正治と並ぶ「不二」の主要歌人である。長くなるが幻となった評論を次に記す。

デモクラシイを徹底的に究明すれば、永遠の真理に触れて来ると思ふ。否、人類は努力に依てデモクラシイを永遠の真理になり切らしむる責任があるのではなからうか。若しデモクラシイが永遠の真理と一になり得ないものならば、この道の究極に世界永遠の平和は招来されないことは自明である。デモクラシイを久遠の真理たらしめよ。これが我等の使命である。

○

この使命は、口舌や単なる知性などでは達しられない。小手先の技では如何とも為がたい。全身全力を集中しての血みどろの戦ひのいやはてに於てのみ達する。しかし、この激しき苦闘は、高く清く崇高な一点に常に触れて居なければ、違ふ処に達するのである。左様に思ひ且つ信ずるがゆゑに、現せを観じつつ僕は痛嘆するのである。さうして熄みがたいものが腹の底から衝きあがって来るのを如何ともしがたいのである。

○

大衆の、僕は一人である。だから大衆を愛する。僕を愛するやうに。が、自らを蔑すむやうに亦、大衆を蔑む。

○

国体護持と、天皇制護持とは、一如であるべきだが、悲しいかな現実には全然別個のものである。所謂、天皇制こそ実は天皇の御名を潜称《（ママ）》する幕府制で、この制度が、そして此の制度を生んだものが、今次敗戦の根源であり、今日の混迷日本招来の起因である。

冗々と僕が例証するものはない。日本の真実の歴史を、生命を以て読み抜くことである。少くとも紀元千年頃から日本の真姿は漸次地下に堕ちてゆき、表面に躍つたのは殆んど総て夷狄であり、幕府ではなかつたか。日本は事ありてたまたま現れたに過ぎない。

日本の真姿は、即ち真の　天皇の御姿は地下水として絶えず流れて居り、流れて居るに過ぎないことを、今日でもよい。はつきり知る事が大切である。

今日の、天皇制を叫ぶ人々の昨日の、或は今日の生きざまを、みづから顧みるがよい。どこの我のうちに　天皇の御姿を拝して居るか。又言はう。昨日の戦争のどこに　天皇の御姿の片鱗だに宿されて居たか。

これは誰の責任か。いや、天皇護持を、唱へる資格が諸子のどこに在るか。資格や責任は僕の真に問はんとする処のものではない。諸君の唱へ、護らんとするものは、真の　天皇の下に於ける制度に非ずして、実は幕府制であると言ふことを、茲に断言して、諸君に真の日本に還つて頂くことを痛切に願ふのが本旨である。

ついでと言つては失礼であるが、共産党の諸君に茲で一言申しあげる。諸君は　天皇制打倒を叫んで居られるが、所謂　天皇制の打倒であるなら異論なきのみか僕も叙上の言に依つて明らかの如く大賛成である。が、諸君は彼等とまた同じく、天皇を我の外にのみ観て居られる。諸子の観て居られる　天皇は、真の　天皇では在はさぬことを知るべきである。われの内に在ます　天皇――諸君は此の　天皇を別の名で呼ばれて居ると思ふ。この少なくとも日本民族の内を貫く純一のものが、諸君にないと言ふなら我等また何をか言はん――そして同時に、九重の奥深くに在はす　天皇、この二つは実は一つであると言ふ大事実を静かに考へて貰ひ、この一君万民、君民一如のわが天皇を真に知つて頂きたいのである。民族の自覚は、少くも日本に於ては、此の大事以外は末梢である。諸君は、真の愛国者を以て任じて居られるが、真の愛国は、即国体護持である。即天皇護持である。うつそみ　天皇をのみ仰ぐは、実は未だしで、天津日嗣の　天皇は、顕幽一如の　天皇で在はすと信ずる。うつそみの事だけでは、人類永遠の平和は断じて来ない。顕幽一如こそ絶対道であると言ふ歴史観の上に厳として立つことが、人類久遠への道と思ふが如何。日本民主の窮極は、さへぎる処なき君民貫通の姿、すなはち一君万民、君民一如と信ずる。お互ひの表現の言葉は違ふが、枝葉末端の些事は許し合つて、お互ひが生命の根柢で何を言はんとして居るかを理解しやうと努めれば、案外、或は一番話が通じ合ふのではなからうか。そしてハタとわが膝を叩いて、率直に、民族の生命に於てわれ過てりと言ひきり得るのではなからうか。方法論や政策論は、つひに次の問題であるし、これは人間の知性で解決がつく。そんなことでは或は小生は諸君と最も近いかもしれない。僕が言ふのは、日本民族の根本命題についてである。

一つ本気にさうして謙虚な心で、『日本』をみんなで勉強し合ふことが、日本再建の第一要諦ではなからうか。敢て全日本人に、と言ふより共産党諸君に切に切に提言する次第である。日本の現状は、実は世界から低劣な野蛮人と嗤はれて居るのではなからうか。共産党諸君、静かに深くわが生命の根源の細き囁きを聴かう。嘱す、嘱す。

話はそれからである。そして民族本来の生命体に還らう。一つの生命体に。此処に日本再建の第一歩があると思ふが如何。敢て呼びかける。
○
民族とわれと一枚になることと思ふ。国とわれと一枚になることと思ふ。かゝる段階を経て、最後に人類と、世界とわれとが一枚になり切ることではなからうか。おのづから順序があると思ふ。
○
戦犯裁判に関係する日本の方々に一言述べる。

諸君は、真の日本に頼まれて居ると言ふ大確信の上に立つて居られるか。一部の人に、或いは個人に頼まれて居るのではないか。若し後者ならば、世界のルムペンにも劣る。深くわが生命に聴いて頂きたい。
○
法律で対すると言ふのなら勝てば官軍負くれば賊軍の諺どほりであることは言を俟たぬ。昨日の独断的な日本歴史観や或は、等々の人類の正義や哲学の上に立つたとて矢張り同断である。命熄みがたく日本真姿の顕現をなし得るいやはてにのみ、勝敗の彼方なる栄光が輝くことを僕は信ずる。要は、おのれが醇乎たる日本と一枚か、否か。自ら顧みて頂きたい。事に依りけり、この問題で自らを欺いては、七里けつぱい国賊である。
○
若人を特攻隊で殺した人達が、今、巣鴨に居られる。今度は、この老いたる方たちが身を殺して日本を救つて否な興起してくださることを信ずる。一筋の道につながる死は、久遠の生である。この老いたる方たちの、弁護士諸君も又、一緒に此の聖なる死を死すべきである。死んでください。生きて旨くやらうなぞと、些かでも思ふなら今日、弁護士を辞すべきである。国民は噓には、もう堪へられない処まで来てゐる。

弁護士本来の使命は、特に此の弁護は断じて商売ではない筈である。念々顧み一身を没入してください。死んで下さい。諸君のみを国民は殺さぬことを信じて下さい。戦犯裁判に於けるインド国民を常に想起して下さい。国民が立ちあがるか否かは、諸君の責任と思ふ。国内の政治もこの一点から必ず生きる。日本の仮死状態に活を入れるものは諸君の一言一行である。諸君の任は大任である。天地より享くる大任の自覚を切に願ふ。

○

寸評は今月は出来ない。出来ないのは諸君の歌が小生を動かさないからである。僕の罪か。諸兄の罪か。お互ひに本当の勉強いたしたい。

○

ルカ伝の言葉、いまや今日現実に生きむとして居る。見えざる一点を見たまえ。『われ汝等に告ぐ。このともがら黙さば、石叫ぶべし。』あゝ、二本の石が叫びはじめやうとして居る。

同年十月号の黒田哲夫「東歌の意味」（七頁）の網掛け部分が国粋主義の宣伝として削除と判定された。

東歌が「あづまの男の子」の意であり、日本武尊の心の子孫なることを表示する名であることは改めて申すまでもなからう。そしてこの心は、日本の「あづま」なる東国の民の心であると共に次第に世界の「あづま」なる日東国の民のこころとして成長して行つたのである。

続く次の文と東歌が国粋主義、軍国主義の宣伝〈nationalistic and militaristic propaganda〉として削除処分になったのである。戦争中に軍事的色彩を付加された万葉集の作品は戦後このように検閲当局によって切り捨てられたのである。

それは自然であるから、そのあらはれに於てはかくほのかに静かにであるが、その根はまことに深く遠い不抜のものであるから、ひとたび覚醒したかたちであふれて来ると、かの防人の歌の、

今日よりはかへりみなくて大君のしこのみたてと出で立つわれは

天地の神を祈りて幸矢貫き筑紫の島をさしてゆくわれは

大君のみことかしこみ磯に触り海原渡る父母をおきて

大君のみことかし（ママ）こみ父母を斎瓮《いはひべ》と置きて参ゐ出来にしを

大君のみことかしこみ夢（ママ）の共《み》さ寝か渡らむ長けこの夜を

大君のみことかしこみ青雲のたなびく山を越よと来ぬかも

大君のみことかしこみ愛《うつく》しけ真子が手はなり島伝ひ行く

霰降り鹿島の神をいのりつつすめらみくさにわれは来にしを

の如く白焰の美しさと強さで燃え上がつて来るのである。

5　違反処分の内容

ここで検閲者・検閲官によって違反とされ、削除・不許可等の処分を受けた理由はどのようなものであったかを、「国民文学」と「潮音」に見てみたい。

前者はＣＣＤの認定によれば編集方針は中道路線及び保守的路線とされ、後者は中道路線とされた雑誌である。

「国民文学」（昭和21・7、9、11月、22・2、5、11、12月、23・6月、24・1月号）の九冊における違反処分の理由は、アメリカ軍の怒りを招く（二首）、右翼の宣伝（二首）、占領軍批判（一首）、公共の平穏を乱す（一首）、不安を煽動する（一首）、憤慨（一首）、検閲に言及（一首）の七項目九首である。

また、検閲者の違反の判断が上司によってＯＫ判定になったものは、戦争の宣伝（二首）、憤慨（二首）、闇市（一首）、帝国主義（一首）の四項目六首である。

「潮音」（昭和21・2、3、4、5、7月、22・1、2、4月、23・11月、24・9月号）の十冊における違反の理由は、反共産主義（七首）、公共の平穏を乱す（二首）、フラタナイゼーション（二首）、プロパガンダ（一首）、軍国主義的（一首）、連合国批判（一首）、天皇の神格化（一首）、ロシア蔑視（一首）、占領軍の怒りを招く（一首）、検閲に言及（一首・一文）、プロパガンダ（一首）、国粋主義（一文）、の十二項目十九首二文である。また、違反からＯＫに変更されたものは、鹿児島空襲の一首だけである。両誌とも違反件数は比較的少なく、中道路線の傾向を示していると見てよいだろう。

次に「不二」と「人民短歌」の状況を見てみたい。ＣＣＤの認定は、前者が右翼系雑誌であり、後者は左翼系雑誌である。

「不二」（昭和21・4、6、8、10、12月号）の五冊における違反処分の理由は、国粋主義の宣伝（三二首・七文）、軍国主義の宣伝（一一首）、神道主義の宣伝（六首）、天皇の神性の擁護（一首・一文）、アメリカ批判（一文）、宗教的宣伝（一首）の六項目五十一首・九文である。検閲者の違反判断を上司がＯＫに変更した例は見当たらない。

「人民短歌」（昭和21・9月、22・2、5、12月、23・2、7月号）の六冊における違反処分の理由は、共産主義の宣伝（四首）、連合国司令部批判（三首）、プロパガンダ（二首）、検閲への言及（二首）、左翼の資本主義批判（三文）の五項目十一首三文である。違反判断からＯＫに変更された例は、連合国批判（六首）、裁判批判（五首）、連合国軍批判（四首）、軍国主義の宣伝（二首・一文）、不安の鼓舞（三首）、米の配給制度批判（二首）、プロパガンダ（一首）、アメリカ批判（一首）、メーデー（一首）の九項目二十五首一文である。

この二誌の比較から見えてくるものは、一つは「不二」

の違反か所の多さであり、検閲者によって違反と判断された後の検閲官の検討でOKの判定が出た例がないことである。もう一つは、「人民短歌」においては、違反数が比較的少なく、違反からOKに変更された例が多いということである。このことは、GHQ・CCDの国粋主義への警戒感が極めて高かったことをうかがわせるものである。

一方、従来の日本の検閲と異なり、左翼系への検閲に比較的寛容であったことを示しているように思われる。

さらに、プランゲ文庫短歌雑誌全体の違反理由と件数について記しておきたい。

検閲者及び上司である検閲官が、雑誌ゲラ刷の作品・文章について、違反・削除・不許可・公表禁止・発行禁止などと判断・判定した根拠・理由についてである。検閲官によって覆った検閲者の判断は含まない。

一番多い処分（削除・不許可等）理由は、右翼の宣伝の一一九一五九首・十八文である。二位は国粋主義の宣伝（八九首・二文）、三位は軍国主義の宣伝（三一首・四文）、五位は占領軍批判（二六首・一文）、六位連合国批判（二一首・三文）、七位神道主義の宣伝（二一首・一文）、八位天皇の神格化（一九首・二文）、九位憤慨（二〇首）、十位検閲への言及（六首・一一文）、続いてフラタナイゼーション（一四首・一文）、中国（人）批判（一五首）、公共の平穏を乱す（一二首・一文）、マッカーサーへの言及（一三首）、ロシア批判（九首・一文）、闇市（八首）、さらに占領軍の怒りを招く（七首・一文）、総司令部批判（七首）、反共産主義（七首）、不安の助長（六首・一文）、誇張（六首）、敵意の鼓舞（六首）、韓国批判（四首）、食糧危機の誇張（四首）、左翼の宣伝（二首・二文）、アメリカ批判（六首）、以下戦争犯罪の擁護、虚偽の陳述、資本主義批判、裁判への言及、共産主義の宣伝、反民主主義、ストライキ、戦争の宣伝、武装解除への不満、東洋の優越の宣伝など七一一首・六十二文、計七七四件の処分がなされたのである。

これによる処分の割合は、一位の右翼の宣伝が二十三パーセント、二位の国粋主義の宣伝が十六パーセント、三位の軍国主義の宣伝が十二パーセントとなり、この三項目で全体の五十一パーセントを占めることになる。終戦直後の根強い右翼思想・国粋主義、そして軍国主義への厳しい検閲側のチェックを知ることができる。これに比べると、左翼の宣伝（二首・二文）が格段に少ないことも、原子爆弾と共にかえって注目される。

右翼思想は「不二」を中心にして各地の歌誌に広がっていたが、今回の調査の対象とした「不二」は二十九冊中の九冊であり、他の号の違反内容を加えれば、その割合はずっと高くなるはずである。

違反が全くない雑誌もあって、それは別府市の「朱竹」である。プランゲ文庫には十冊存在するが、違反がない。その多くは検閲文書が付けられていないのだが、同誌は事後検閲の雑誌であるから、違反があれば提出された発行誌に何らかの検閲の跡が見られるはずだが、それもないのである。広島市の「真樹」、静岡県の「吾妹」もこれに近い。

また、事前検閲では発行禁止（Issue Killed, Killed Whole Issue）が一例、公表禁止（Suppress）が七例見られる。理由は国粋主義・軍国主義の宣伝の範囲である。

情報として二十八の文章があげられている。集会の開催、主な参加者等のニュースである。これはＣＣＤの諜報機関としての情報収集ということであろう。

また、文章中の字句の変更が指示される例がある。「敵機」を「米機」に変更することが五例、「検閲」を「発送」に変更することが一例見られる。また引用誌名を秘して〇〇〇とした場合には〈fill in〉（書き入れよ）と指示されている例もある。

さらに、前述したように検閲者が作品を読み、違反として削除・不許可等の処分とした判断を、上司の再検閲者・検閲官が覆してＯＫとした例が少なくないのである。

たとえば、右翼の宣伝の十一首をはじめ、連合国批判、占領軍批判、国粋主義の宣伝、反民主主義、裁判批判、闇市各五首、軍国主義の宣伝等九十七例が上司の判定でＯＫになっているのである。

日本人である検閲者は、自国の短歌の理解力は高かったと思われるが、それを英訳する力は各自差があったかもしれない。上司である検閲官（二世・アメリカ人）は、英訳された作品を読むことによって可否を判定するわけである。ここに理解力の差、言葉の壁が必然的に出てくることはやむを得ないことであろう。例えば「怒り」という語を、anger, indignation, rage, fury, wrath の中のどれを選ぶか、という問題である。

このときに検閲者・再検閲者としてしばしば登場する Furuya は日本文学にも英語にも堪能な人物と思われる。彼のような能力が十分発揮されて検閲作業が滞ることなく進んだものと思われる。また、日本人検閲者は検閲基準に忠実であろうとして過剰に厳しく作品に対したかもしれない。その判断が上司によって覆る例が少なくなかった理由の一つであるかもしれない。違反の見逃しが上司の抜き打ちチェックにより判明すると評価が下がり給料に反映したからである。また、検閲官の検閲に対する強い責任感は、厳格と寛容の姿勢を見せることにもなったようである。

さらに占領軍・連合国軍総司令部批判も検閲の重要項目であることもわかる。また、生活・社会レベルではブラックマーケット（闇市）やフラタナイゼーション（兵士が敵国民・被占領国民と親しくすること—特に女性と—）、食糧危されている。

堀場清子『原爆　表現と検閲　日本人はどう対応したか』によれば、PPBの検閲において、昭和二十二年四月二十一日から五月二十日までの一か月間に、削除と発禁になったカテゴリー（検閲対象の範疇）を国内に限って見ると、総件数二六九〇の中で、封建思想の謳歌（三七八件）、連合国軍総司令部（あるいは地方部隊）への真実ならざる言及（二五八件）、一般的宣伝（二三三件）、軍国主義的宣伝（二三〇件）、真実ならざる記述（二二六件）、暴力や社会不安の扇動（二一九件）、国家主義的宣伝（一六六件）、連合軍最高司令部批判の順で多い。さらに合衆国批判、連合国への全体的批判、検閲への言及、ソ連批判、中国批判、左翼的宣伝、神国の宣伝、食糧危機の誇張と続くのである。

これを見ても、封建思想・軍国主義・国家主義、連合国軍総司令部への批判に対する処分件数がかなり多いことがわかる。それに対して左翼的宣伝は二十六件（一パーセント）と少ない。短歌雑誌の検閲の状況と似た集計結果となっているのである。

6　原子爆弾とマッカーサー

次に、検閲作業における微妙な問題について触れておきたい。原子爆弾投下とマッカーサー最高司令官に触れる部分である。

松浦総三『占領下の言論弾圧』によれば、原子爆弾投下の翌日のニューヨーク・タイムズは、大見出しで「原爆第一弾日本に投下。破壊威力はTNT火薬二万トンにおなじ」と書き、日本を除く世界中の人々が、広島市に原爆が落とされたことを知ったと述べ、さらに日本では七日に朝日新聞が「B29四百機、中小都市へ」という大見出しの記事の終わりに、次のような四行記事を付けていただけだったという。「広島を爆撃　六日七時五十分ごろB-29二機は広島市に侵入、焼夷弾と爆弾をもって同市付近攻撃、このため同市付近は若干の損害をこうむった模様である（大阪）」

広島・長崎の原爆による凄惨な被害の状況は日本の政府・軍部、そしてGHQによって報道規制されていたのであろう。

なお、検閲の基本であるプレス・コード（日本出版法）、「削除または掲載発行禁止の対象となるもの」三十項目には原子爆弾に触れる項目はない。原子爆弾の記述、作品については、「公安を妨げる」「不穏への煽動」「合衆国批判」などの間接的な理由で削除にされている例もみられるが、原子爆弾についての検閲は、他の禁止項目に比べてあいまいであったように思われる。

因みに、プランゲ文庫に残る短歌雑誌には、長崎で発行された「短歌長崎」、広島で発行された「渓流」「真樹」「清泉」「言霊」の五誌十五冊を認めることができ、そこには原子爆弾に関わる十五首ほどの作品を見ることができる。しかし、原子爆弾に関わって削除等の違反判定を受けた作品は見当たらない。

次にその中の六首を記す。

原爆より一年すぎぬ木の下の姉の墓標も古びたるかな　谷　孤木　「短歌長崎」

原爆の浦上町に萌え出でし若草悲し汽車は過ぎゆく　高塚貞子　同

爆風に崩れし壁に夜のかげ揺れつつうつり夜は深みゆく　笹山筆野　同

見覚えの建物なべてこわれ果て往時の地理はさだかに分らず　山縣　泰　同

戦災の長崎いまだ痛ましや崩れし家を人くぐりゐる　平山節子　同

原子破壊の遺跡の中に行き通ふ人ら縁なき者の如くに　富山義照　「真樹」

作品のほとんどは、昭和二十一年七、八月号の「短歌長崎」に見えるものである。原爆投下により甚大な被害を受けた広島・長崎であったが、その一年後に地元で発行された短歌雑誌に原爆の惨状を詠む作品は意外に少ない。

また、他の雑誌にも検閲の対象になった作品は認められるが、削除となった作品は少ない。五首目は削除となった作品だが、検閲者はその理由を「原子爆弾への言及」としたのに対して上司は「占領軍の怒り招く」と変えている。

また一つ瓦礫のなかに掘り出せし屍は誰ぞ秋の日向に（原子爆弾）　江口まさ子「潮音」（昭和22・2）

つつがなく生きつつ原子爆弾の患者に紛ふわれはうつつに　有富星葉「歌と観照」（昭和21・12）

戦ひをここに終へしむ（見えがたき原子破壊の大き意思あはれ）　服部直人「短歌研究」（昭和20・11）

原子爆弾に思はざる傷ありありと残れる伯母と今宵語りぬ　石川一美「檜」（昭和21・12）

わが前に頭巾とりたる醜形《ケロイド》は春琴のごとく生きるをとめか　門　信雄「人民短歌」（昭和22・12）

谷暎子『占領下の児童出版物とGHQの検閲』によれば、飯田幸郷著『原子爆弾』（一九四八年刊）には、「広島と長崎に投下された原子爆弾によって幾万という尊い人命を一瞬にうばい去られました。」と書く一方で、「原子爆弾の出現は私たちにとっては平和の天使ともいうべきもの」とも述べているという。

アメリカの認識としては、「平和の天使」とまではいかなくても、犠牲者を増やさずに終戦に導いた手段として肯定的であったのだろう。もちろん現在でもその考えは消えてはいないようだ。

堀場清子は前述の著書において、昭和二十二年にＰＰＢから、日米の科学者による原子爆弾の結果に関する言明への注釈や言及は、次のような情報を含まないならばパスとされる、というキーログが発せられたことを述べている。

ａ、爆弾の性能や特徴、臨界質量（原子爆弾を爆発させるのに必要な最小限の核分裂物質の質量）、爆弾についての科学的な調査や結果の公式報告、爆弾の製造やその内容の詳細とされるものへの言及のような、合衆国の安全をおびやかす材料。

ｂ、利用できる事実がごく限られ、決定的な予見ができず、また不必要に一般大衆を驚かせるので、原子爆弾の長期にわたる効果についての、議論の余地のある予見。

ここでは原子爆弾の製造や効果など、科学的な情報分野にわたるものに限って不可とするということであり、広島・長崎の被爆地の惨状などには触れられていない。

とにかく占領下の時期に原子爆弾による惨状があまりうたわれていないということは、報道制限があり十分に国民に伝わっていなかった事情もあったのだろう。それにしても原爆投下の一年後の時期に、広島・長崎の現状が多く詠まれなかったことに不自然さを感じざるを得ない。

堀場清子は、ＣＣＤ解散の月の短歌雑誌「真樹」の昭和二十四年十月号に、高橋武夫の「原爆悲歌」五十首が掲載されたとして、そこには原爆に関わる十五首ほどの作品中の四首を紹介し、「検閲最盛期ならば、見過ごされたかどうか。」と記している。

爆弾の焔を浴びて火達磨《ひだるま》と化して死せしかあはれわが子ら

人はみな血に染まりつつ火を遁れ潰れし家屋踏み越え逃げゆく

一瞬に三十万の生霊を奪ひ去んぬる世界史生る

特攻も玉砕もみな犬死となりし日に生き聴く虫の音や

原爆投下から四年後、検閲制度廃止ぎりぎりの時期にこのように多くの作品が詠まれたということである。「検閲最盛期」においては、先の「削除と発禁になったカテゴリー」の統計には、原子爆弾に関わるものは一例もない。また、前述の筆者の調べでも削除の三首に過ぎないのである。

以上のことは、ＧＨＱによる被爆地の情報規制、プレス・コード等への不記載、米国の終戦に導くための原子爆弾投下の肯定的態度、発行者の検閲を恐れる忖度の姿勢などが要因であろう。

　比類のない原子爆弾の被災地広島・長崎、そして日本の悲劇は、その時もっと詠まれてもよかったと思う。

　前述の「削除または掲載発行禁止の対象となるもの」の最初の項目が「ＳＣＡＰ―連合国軍最高司令官（司令部）に対する批判」とあるように、ＧＨＱの関連部署がマッカーサーに関わる表現に神経を使っていたことは確かである。

「新月」（昭和22・4）には、田中常憲の「マックアーサー元帥閣下に上る」十二首、「潮音」（昭和21・2）には、兒島芳子の一首を認めることができる。次に田中の五首と兒島の一首をあげる。共に削除、不許可となった作品である。

マ元帥閣下　慎みて和歌たてまつる野に立ちて叫ぶわれ等が声を聞かせと
田中常憲

たゞに頼る　われ等は閣下にたゞ頼る　絶対の権力《ちから》もたぬ日本人われ等は

道すたれ百鬼夜行の国のさま　閣下よいかに観てをあらむか

水はあきらかに山はさみどり美し日本閣下よ日本を愛させたまへ

美し国日本を知るは　閣下のみ　疾く　疾く疾く　歩ませたまへ　世界の上に

むつまじくマッカーサーと並み立たす一天万系の君をおろがむ
兒島芳子

山本武利は次のように述べている。


　マッカーサーやアメリカがさまざまな工作をしながら、日本支配を実行していることを、検閲は隠蔽しようとした。日本メディアのマッカーサー報道は厳しくチェックされた。どの時期につくられたキーログでも、その第一項はマッカーサーにふれたものは、直接、間接を問わず、厳重にチェックするように検閲者に指示していた。（中略）日本人の書いたマッカーサー関係の本は大部分が賛美の内容であったが、偶像視することを避けるというＧＨＱの計算し尽くした方針で、ほめ殺しの危険性のあるものは、部分削除されることが多かった。

（山本武利『ＧＨＱの検閲・諜報・宣伝工作』）


　さらにそのような理由で削除された例を見ることができる。「歌と観照」昭和二十一年十一、十二月号の岡山巌「マッカーサー元帥」という文章の次の部分が削除となったのである。

「元帥の確固たる自信は、背後に哲学があることを思はせる。その断乎たる行動は単なる意志の強さからではない。意志の背後に更に深い思惟があることを思はせる。（中略）為政と哲学とが元帥の人間の中で一つになつてゐる。このやうな人を、歴史の中でなく、現実の世の中で私は初めて見た。」

また、岡山巌は、マニラのマッカーサーの部屋にリンカーンとワシントンの肖像、サムエル・ウルマンの詩が掲げられていたということを称えた文章を残している（「歌と観照」昭和22・2）。

マッカーサーに関わる表現へのＧＨＱ・ＣＣＤの対応は、彼のアメリカ大統領を視野に入れた政治的な神経の使い方でもあったのだろう。

7　事後検閲へ

プレス・コードを基本とする厳しい検閲の継続は一定の効果を収め、また、提出される出版物の増加等のために、出版物の検閲制度は、昭和二十二年六月以降、改訂が進んだ。

昭和二十二年十月十五日には、極右と極左の出版物を専門的に出版する十四社を除いて、すべての出版社は事後検閲の対象となったのである。十二月十五日には、雑誌のほとんどが事前検閲から事後検閲に切り替えられた。ただし、ここでもまた、極右と極左の雑誌で監視が必要とみられるものは事前検閲対象として残されたのである。この種の雑誌は次の二十八誌で、短歌専門誌は「不二」のみであった。

1「不二」不二出版社、2「彗星」彗星社、3「新しい世界」日本共産党出版局、4「文化評論」文化評論社、5「潮流」潮流社、6「調査時報」眞理社、7「中國研究」日本評論社、8「中央公論」中央公論社、9「科學と技術」日本共産党出版局、10「人民評論」伊藤書店、11「人民戦線」人民戦線社、12「改造」改造社、13「民衆の友」日本民主主義文化連盟、14「大衆クラブ」日本共産党出版局、15「世界の動き」毎日新聞社、16「世界經濟評論」綜合アメリカ研究所、17「世界」岩波書店、18「社會評論」ナウカ社、19「眞相」人民社、20「前衛」日本共産党出版局、21「自由評論」霞ヶ関書房、22「民論」民論社、23「民主朝鮮」朝鮮文化連盟、24「民主評論」民主評論社、25「世界評論」世界評論社、26「ソヴエト文化」ソヴエト文化社、27「われらの世界」彰光書院、28「私の大學」ユマニテ社

このうち「人民戦線」と「民主朝鮮」の二誌の発行地が神奈川県で、他は東京都である。つまり全て第一区検閲局の管轄内の雑誌である。

山本武利によれば、事後検閲制度の下では出版法違反の量はむしろ増加したのであった。月間の違反件数は、移行前に比して、新聞、書籍、雑誌でそれぞれ五倍、二十倍、二倍という状況であった。新聞や書籍に対して雑誌の場合の違反件数が少ないのは、二十八誌にのぼる雑誌が相変わらず事前検閲となっていたからである（同前）。

事後検閲は、事前検閲と異なり形式的な方法であるように思われるが、限りなく不気味な圧力を感じさせて有効な方法であったとも考えられる。軍事裁判の存在を念頭に置いた当時のある主要新聞の出版局長が部下に対して、自分の心に検閲制度を設けよ、事後検閲は自己検閲に他ならない、と呼びかけたという（同前）。

本書が扱った短歌雑誌一一一誌において、事前検閲と事後検閲の割合（このうち一五誌は複数号で事前・事後に及んでいるので両方に加算する）を見ると、事前検閲は二十四・二パーセント（三一誌）、事後検閲は七十五・八パーセント（九五誌）となり、事後検閲の雑誌が三倍ほどになることがわかる。これは次第に短歌雑誌の発行が増加していったことの証明であり、検閲作業が間に合わなくなり二十二年十二月以降の事後検閲への切り換えに至ったのである。

ただし、次のように事前検閲期間においても事後検閲であった雑誌も見られるのである。北海道の「あさひね」「現代短歌」「短歌紀元」、東北の「ぬはり」「季節風」「あこがれ」、関東の「下野短歌」「ケノクニ」「民草」「峠路」「青垣」「花實」、甲信越の「山梨歌人」「あすか」「佐々禮石」、東京の「心の花」「歌と観照」「短歌草原」、東海・関西の「女性短歌」「短歌」「丹生」、九州の「自由歌人」「九州短歌」等である。

少なくない誌数である。北海道のように遠距離の場合は郵便事情の関係から早く事後検閲であった可能性があり、雑誌によっては違反の少ないことが評価されて早く切り替わったこともあろう。この雑誌の中には創刊号・復刊号も目立つが、それも理由であるかどうか。主要都市の雑誌は事前検閲に、その他の地域の小規模の雑誌は初めから事後検閲であったとも考えられるが定かではない。

また、「不二」の場合は、事後検閲制度に切り替わった後も依然事前検閲のままであった。「短歌研究」の場合は事前検閲のままできて、昭和二十四年三月号から事後検閲になっている。「潮音」のように、二十一年二月号は事後検閲であったが、次の三月号からは事前検閲になり、それは二十二年四月号まで続き、二十三年十一月号から再び事後検閲になった。

また、「短歌芸術」も昭和二十一年三月の合併号は事前検閲であったが、九月号は事前・事後検閲の混同（調書には事後検閲、不許可とあるが、ゲラ刷の表紙にはＣＰ印が押される）がうかがわれる。「短歌草原」は、昭和二十年十一月号から二十一年九月号までは事後検閲であったが、十一月号からは事前検閲になった例を見ることができる。「青垣」「花實」にも事後検閲から事前検閲に切り替わった例がある。

二十二年十二月から雑誌の事後検閲が始まったとされるが、実態はやや複雑であったようである。

さらに短歌雑誌数を検閲局別に見ると、事前検閲では第一区検閲局（東京）は二十五誌（東京一九、その他六）、第二区検閲局（大阪）は四誌、第三検閲局（福岡）三誌、事後検閲では第一区五十五誌（東京二一、その他三四）、第二区二十誌、第三区十九誌ということになる。ここでは東京が事前、事後の検閲誌数があまり変わらないのに比べて、その他の誌数において事後検閲誌数が大きく伸びていることがわかる。単純に地方誌の発行数が伸びたということだろう。検閲側としては敗戦に打ちのめされた日本の各地にこれほどの雑誌（短歌雑誌）が湧きだす水のように現れるとは予想外のことではなかったか。

出版物に対するGHQの検閲は、昭和二十（一九四五）年九月から始まり、その後事後検閲に変わり、日本国民に対するすべての制限法を緩和するという参謀本部の意向を受けて、CCD（民間検閲局）は、昭和二十四年十月三十一日付で廃止され、四年二か月にわたる検閲制度は終了したのであった。

8　検閲者

CCDの通信部門とメディア部門の要員は年々増加し、ピークの昭和二十二（一九四七）年一月時点での日本人の要員は八、一三二人、これに軍人・文官を加えると八、七六三人が働いていたことになる（同前）。

検閲者の英語力・解釈力には差があったし、検閲基準の徹底のためにも随時テストが行われていた。さらに検閲者と、上司の検閲官との解釈の相違も少なくなかったようである。

このような大勢の日本人検閲者がいたにもかかわらず、その経験と実態を証言する人はほとんどいない。ただし、現在は、20世紀メディア研究所の調査によりインターネット上に検閲者の氏名（カタカナ書き）が公表されているし、NHKテレビ番組「クローズアップ現代―知られざる〝同胞監視〟～GHQ・日本人検閲官たちの告白」（二〇一三年十一月五日放映）が検閲者の証言を伝えた例はある。

そのような中で甲斐弦の『GHQ検閲官』（葦書房）は数少ない証言である。

三十五歳の甲斐は、昭和二十一年十月に、博多の米軍第三民間検閲局が外国語の出来る者を百名募集している、ということを知り、応募した。「受験生の中には十五～六の少年もいたし、六十、七十の老人もいた。だが年齢も性別も前歴もここでは一切関係はない。肝心なのは実力、それだけである。この日の百名を超える受験生のうち第一次テストに合格した者は、恐らく半数にも満たないであろう。それがまた第二次テストで厳しく振るわれる。後で聞いた話では、テストの成績次第で採用時の本俸の額も変わるという。五百円、六百円、七百円と三段階に分けられている。」

甲斐は、「本俸七百円、手当二百円、土曜、日曜が全休で、外に月二日の公休。野菜や魚の公定価格での配給が時々ある」「Aクラスの待遇」で採用された。仕事は郵便の検閲と翻訳であった。

「おれは米軍の犬だ、とある時は自嘲し、ある時は、妻子を養うためにはいかなる汚辱にも堪えよ、と己を励ます。時には開き直って、よし、この機会にメリケンの正体を見極めてやろう、と唇を噛む。」という心境であった。

甲斐はそこに二ケ月間勤務した。

「私たち examiner（検閲係）の外に re-examiner（再検閲）というのが別にいて、これが検閲済みの手紙を、無差別抽出で、もう一度検閲する。」「私たちの勤務状況は毎日厳密に調査されていた。検閲した手紙が何通、翻訳したものが何通、そのうちテーブル・マスター（DAC）の修正を受けることなく無傷で通ったもの何通、と細かに記録され、其れがたちまち待遇に跳ね返ったのである。」とも証言している。

短歌雑誌の検閲の証言ではないのが残念だが、当時の日本人検閲者の事情を伝える貴重な証言である。

事後検閲における全文不許可、不許可の処分は、事前検閲の公表禁止、削除にあたる厳しい処分であるが、実際には不許可処分を受けた漫画本が、図書館などに所蔵されている事実について、谷暎子は、事後検閲の場合は出版社はCCDから「検閲に提出と同時に配布販売が許されていたので、検閲結果が判明するまでの間に配布、販売されたと推測する。」としている（『占領下の児童出版物とGHQの検閲』）。同氏はさらに「CCDは全文不許可とした本が既に流通していた場合、出版社にどのように対処したのだろうか。出版社の記録もなく、現時点ではつまびらかにできない。」と結んでいる。証言や記録の発見が待たれるところである。

むすびに

われわれは各分野にわたる少なからぬ書籍がGHQの検閲によって発禁になったことを知っている。しかし、日本の伝統的文化であり、庶民の文学である短歌の一首一首について、このような徹底した検閲が行われた事実を私は想像もできなかった。

戦前・戦中には日本にも検閲制度は存在したが、それは目に見える形で行われ、いわゆる見せしめ的な要素も感じられた。しかしＧＨＱのそれは、検閲の存在、検閲局の存在を秘めて行われた巧妙で不気味な検閲であった。

プレス・コード（日本出版法）がうたう「日本ニ言論ノ自由ヲ確立セントスル」「コノ出版法ハ言論ノ拘束ヲナスモノニ非ズシテ」というものとは裏腹の検閲の実行であったことが何倍も恐ろしい。

日本人の表現活動、ここでは短歌活動に限るが、その一首一首について四年余りにわたってここまで徹底的に検閲してきた米国の意図と意志について深く考えさせられた。

もちろん米国の東南アジア研究、日本研究は戦前から続いていたのであったが、戦争の決着に至って一層政治、経済、文化にわたっての日本改造の意志が強まったのである。

新聞、出版、映画・演劇、放送各界の思考は、検閲の終了した昭和二十四（一九四九）年十月以降解放されたのであろうか。

日本国憲法の第二十一条には次のように書かれている。「集会、結社及び言論、出版その他一切の表現の自由は、これを保障する。２　検閲は、これをしてはならない。通信の秘密はこれを侵してはならない。」

これは戦前戦中の日本の検閲の悪を徹底して排除する思想に基づいている。「一切の表現の自由は、これを保障する」という表現は、プレス・コードの「日本ニ言論ノ自由ヲ確立セントスル」という欺瞞に通じるものであってはならない。

また、出版、映画・演劇、放送界においても、検閲の時代における言論の委縮、自己規制、忖度などの残滓があってはならない。

しかし、プレス・コードによる検閲の実態は、当時の多くの歌人たちには十分感知されていなかったようにも思う。新型コロナウイルスの感染が拡大する、令和二（二〇二〇）年七月の日本の表現の世界にもプレス・コードの影がうっすらと伸びているようにも感じられる。

作品と作者が一体であるとされる短歌を一首ずつチェックしていく根気のいる検閲作業は、日本人の終戦直後の心情を探るのに恰好の資料収集作業であったろう。根強い国粋主義・右派思想と、台頭する左派思想の両面睨みの検閲であり、「民主主義日本」への改造の道でもあった。

私たちの歌会における一首一首は、その文学性において批評、評価される。この作品は「違反」であるとか、「削除」「不許可」が適切であるという評が出ることはない。

敗戦直後の日本人たちの苦悩と希望のこもった一首一首は、検閲局の検閲者・検閲官によって作品の文学性は全く排除されてプレス・コードに基づいて捌かれていったのである。

無数の働き蟻の中の不審な蟻を見極めてその一匹一匹を潰していく悪魔の手がイメージされる。一匹の蟻は一首の歌であり、一人の人間の心である。しかもそれは戦後の表現の自由を得たという人々の感動の高まりの、まさにその時期のことであった。

筆者は、GHQの短歌雑誌検閲のささやかな調査を終え、この小論を書き終えてほっとしたところだが、決して愉快ではない。敗戦の悲劇に加えて、もう一つの悲劇を自ら確認してしまったからである。

第二節　検閲関係資料

1　雑誌検閲票（MAGAZINE EXAMINATION）

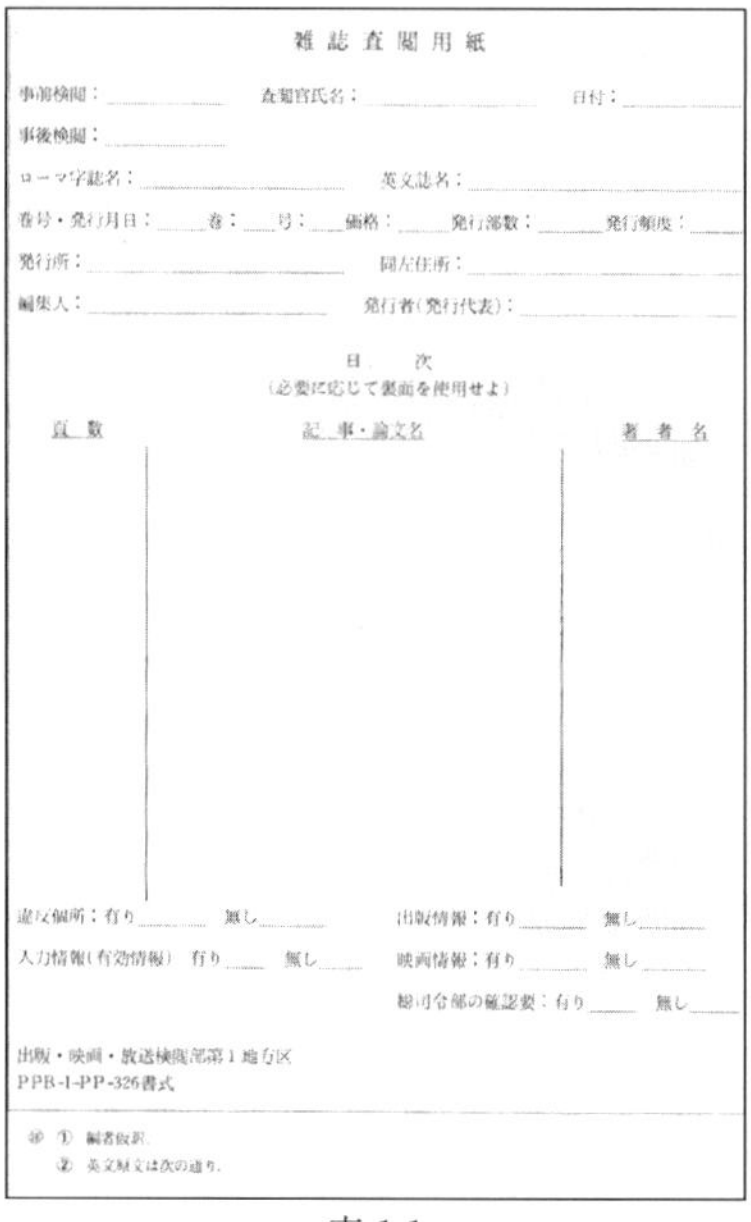
雑誌査閲用紙

事前検閲：　査閲官氏名：　日付：

事後検閲：

ローマ字誌名：　英文誌名：

巻号・発行月日：　巻：　号：　価格：　発行部数：　発行頻度：

発行所：　同左住所：

編集人：　発行者(発行代表)：

目次
(必要に応じて裏面を使用せよ)

頁数　記事・論文名　著者名

違反個所：有り　無し　出版情報：有り　無し

入力情報(有効情報)　有り　無し　映画情報：有り　無し

総司令部の確認要：有り　無し

出版・映画・放送検閲部第1地方区
PPB-1-PP-326書式

注 ① 編者仮訳.
② 英文原文は次の通り.

表1-1

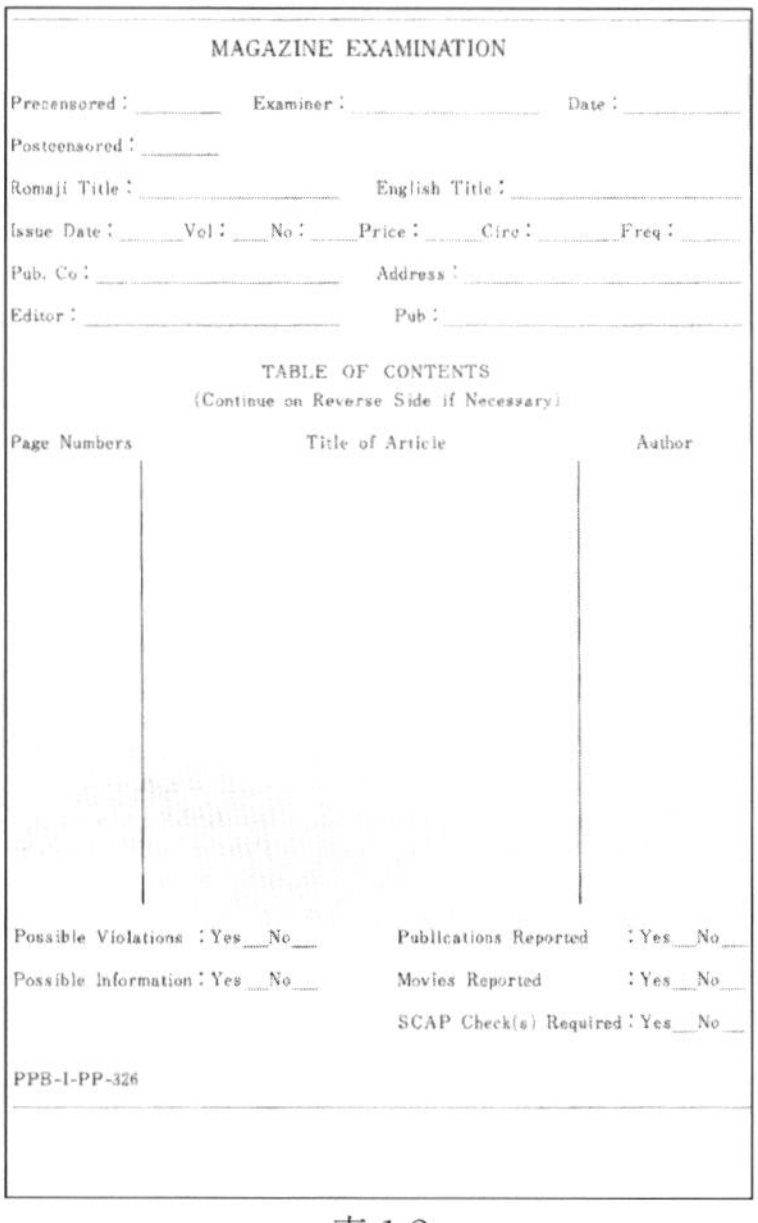
MAGAZINE EXAMINATION

Precensored :　Examiner :　Date :

Postcensored :

Romaji Title :　English Title :

Issue Date :　Vol :　No :　Price :　Circ :　Freq :

Pub. Co :　Address :

Editor :　Pub :

TABLE OF CONTENTS
(Continue on Reverse Side if Necessary)

Page Numbers　Title of Article　Author

Possible Violations : Yes__No__　Publications Reported : Yes__No__

Possible Information : Yes__No__　Movies Reported : Yes__No__

SCAP Check(s) Required : Yes__No__

PPB-I-PP-326

表1-2

（奥泉栄三郎編『占領軍検閲雑誌目録・解題』）

2 雑誌処理票（MAGAZINE ROUTING SLIP）

雑誌処理票

※誌　名：＿＿＿＿　※発行号：＿＿＿＿　※査閲官氏名：＿＿＿＿

該当する編集方針に（V）を付されたし：

※編集方針：

＿＿＿＿右翼的路線
＿＿＿＿中道路線
＿＿＿＿左翼的路線
＿＿＿＿保守的路線
＿＿＿＿自由主義路線
＿＿＿＿急進的路線

※雑誌の種類（記入のこと）

担当官頭文字　最終措置

発禁確認：
再確認：
（読み込み）

項目記入：
措置理由：
記　録：
保存記録：
分　析：
翻　訳：
ゲラ刷確認：
要照会：
所　見：

ゲラ刷提出日：＿＿＿＿
査閲完了予定日：＿＿＿＿
ゲラ刷返却日：＿＿＿＿
理　由：

※査閲記事・論文数：＿＿＿＿

※通検件数：＿＿＿＿
発禁件数：＿＿＿＿
部分削除件数：＿＿＿＿
出版法違反件数：＿＿＿＿
保留件数：
最終措置　理由　記録管理
保管　文書　確認

連載記事・論文：
※頁数　※回数　措置

※外国記事：
頁数　国名　出所

※査閲官が記入するものとする。
出版・映画・放送検閲第一地方区
PPB-I-PP-325書式

注 ① 編者仮訳。
② 英文原文は次の通り。

表2-1

MAGAZINE ROUTING SLIP

※Magazine：＿＿＿＿　※Issue：＿＿＿＿　※Examiner：＿＿＿＿

Please put check mark（V）opposite the appropriate editorial policy：

※Editorial Policy：
＿＿＿＿Right
＿＿＿＿Center
＿＿＿＿Left
＿＿＿＿Conservative
＿＿＿＿Liberal
＿＿＿＿Radical

※Category（Write in）

Initials　Action Completed

S/Check：
Review：

Markings：
S/D Log：
Recording：
File Record：
I & F：
Translation：
Galley Checks：
Watch List：

Remarks：

Galley Proof In：＿＿＿＿
Galley Proof Due：＿＿＿＿
Galley Proof Returned：＿＿＿＿
Reasons：

※Total No. of Articles Examined：＿＿＿＿
※Total No. of Articles Passed：＿＿＿＿
Total No. of Articles Suppressed：＿＿＿＿
Total No. of Articles Deleted：＿＿＿＿
Total No. of Articles Disapproved：＿＿＿＿

Held Articles：
Action　Reason　Recorded
DR　File　Survey

Serials：
※Page No.　※Installment　Action Comp

※Foreign Material：
Page No.　Country　Source

※To be filled in by Examiner.
PPB I-PP-325

表2-2

3 雑誌発行届

一九四七年　月　日

福岡第三検閲局雑誌部

殿

左記各項記入の上至急返送され度

1 雑誌名称及び所在地
2 発行人住所氏名
3 印刷人住所氏名
4 編集人住所氏名
5 発行部数
6 月刊週刊等の別
7 雑誌の種類
8 社主（又は夫れに準ずる者）氏名
9 経営主体（株式会社、個人経営等明記すること）

地名氏名其他の固有名詞には漏れなく「フリガナ」をつけること

4 新聞・雑誌傾向調査表

紙・誌名

調査日

発行所

記入要項　該当欄に×印を付すこと

1 支持政党

共産党　社会党　民主党　自由党

2　編集方針

	賛成↓反対↓保留		
a　主要企業の国営化	—	—	—
b　賃金・物価問題と政府の介入	—	—	—
c　経済集中排除法案	—	—	—
d　農地改革の現状	—	—	—
e　食糧（割当）配給	—	—	—
f　1800円賃上げ問題	—	—	—
g　天皇の地方巡業	—	—	—
h　労働者目的貫徹手段としてのスト	—	—	—
i　スト権制限	—	—	—
j　旧日本植民地の回復	—	—	—
k　北方漁業権の回復	—	—	—

3　対ソ観

a　親ソ的態度 —

b　友好的（場合によっては批判的）—

c　総じて批判的 —

d　反ソ的態度 —

e　立場保留（言及なし）—

4　対中国観

a　中国共産党支持 —

b　蔣介石と国民党支持 —

c　中国・中国人一般に好意的 —

d　中国問題に言及せず —

5　天皇観

a　今や天皇は〝国民の象徴〟であるが、国民一般より上位であり、その神性は不可侵であると信じている —

b　天皇は国民の尊敬を受ける事はあっても、先取特権扱いを受ける地位ではない —

c　天皇は日本国民一般と同等の地位である —

d　天皇制は廃止されるべきである —

e　天皇制について特に言及なし —

6　戦犯問題

a　将兵・要人の行動は軍規・法律によったまでで、選択の余地のなかったもの —

b　責任は特定の関係者というよりも日本国民全体にあると考える —

c　戦犯裁判は、世界に向って日本の罪をあがなうもの —

d　天皇も等しく罪あり、裁判に訴えるべし —

e　戦犯問題にふれず —

第二章　第一区検閲局（東京）の検閲

第一節　北海道の短歌雑誌検閲

1　「あさひね」（Japanese Poems）

昭和二十二（一九四七）年一月十日発行　一月号　第二巻第一号　三十二頁　五円
発行所　あさひね短歌会　旭川市五条通十一丁目右七号
編集・発行人　飯田佳吉　住所　同右
印刷所　其水堂印刷所（大澤俊男）　旭川市五条通十三丁目
事後検閲　検閲者　B.Inomata　再検閲者　S.Furuya
＊表紙に、1 disap と書かれてあるのは、一か所不許可（disapproved）の作品・文があることを示すものである。事前検閲期の事後検閲の例。

藤田瞠《みはる》の五首（三頁）中の一首。

新憲法うらにふろくのあることは思ひても見よつばきしてみよ

検閲者 Inomata は、この作品を違反の可能性〈Possible violation〉（以下「違反」）とし、その理由は、連合国軍総司令部批判の暗示（Implied Criticism of SCAP）であると考え審議のための英訳をし、検閲者ノート（Examiner's note）を記したのである。そのあと別の再検閲者 Furuya が異なる英訳と検閲者ノートを記した。検閲者ノートの英文の表現はかなり訂正されていて、つまり日本人は彼らが望む憲法を自由に解釈できないが、彼らは命令されているのでそうするほかはないのだ、ということである。これについてPPB第一区検閲局インターオフィスディストリクトから、コメントシートにはFuruyaのブリーフを使用すること、タイピストはメモの意味が分かるか、という指示メモが届いている。前年公布された新憲法に関わる作品なので検閲側としては神経を使っていたようすがわかる。

　一首の最初の英訳（B.Inomata訳）と二度目の英訳（S.Furuya訳）を次に記す。

（1）〈Just be cautious not to be deceived — the New Constitution has an appendix behind its lines.〉（ちょっと騙されないように用心しなさい。新憲法には行の陰に付録が付いていいます。）

（2）〈Just between the lines of the New Constitution, Read something hidden as if supplementing the text, Or you are deceived.〉（まさに新憲法の行間にあたかも本文を補足するかのように隠されているものを読みなさい。さもないと騙されますよ。）

（2）の英訳は、そのままYamamotoによるタイプの検閲書に採られている。

2　「現代短歌」（Modern short poems）

（1）「現代短歌」昭和二十一年一月二十五日発行
一月創刊号　第一巻第一号　二十四頁　定価一円
発行所　現代短歌社　室蘭市知利別町一八三番地
発行兼編集人　早瀬譲　同右
印刷所　（有）室蘭共同印刷所　室蘭市泉町
事後検閲　検閲者　Yuki Yamamoto

「凍光集」の天野廣治の「推移」（十四頁）中の長歌「おむすび」は、戦時の歌〈wartime poems〉という理由で不許可〈Article Disapproved〉となった。

　敵艦が打出す巨弾、地軸裂き身近く爆ぜて、烹炊所一角壊る。其の子等は既に声無し、声黙みて為す所無し。かかる時我がをさ、早瀬の課長、つとし起ち声音荒に。従業員一万余り、其の食事常とあづかり、此の期こそ絶やすべからず、今こそは死なば諸共、気おくれな我に続けと、激しくもむず握るに。其の子らもすはやと出でて、それ課長を独り死なすな、遅るな続けと、勢ひたちひたに握りき。既にして山と積まれし、おむすびはうづの白玉、空腹に待つらむ人へ、次々と運び行かるる、此れのむすびの尊かりける。

（2）「現代短歌」　昭和二十一年二月二十日発行

二月号　第一巻第二号　三十一頁　一円

事後検閲　検閲者　M.Tachino

「春雪集」（早瀬譲選）の小椋廣志の「あらたま」七首（二十頁）中の次の一首は、プロパガンダ（宣伝）という理由で不許可〈Poem Disapproved: Propaganda〉となった作品である。

今日よりは翼なき国天翔くる鷗見てさへ涙ながるる

（3）「現代短歌」　昭和二十一年六月十五日発行

六月号　第一巻第五号　二十頁　定価二円

事後検閲　違反か所なし　検閲者　Yamamoto

3 「短歌紀元」

昭和二十一年五月二十日発行　五月号　第十八巻第五号　十頁　一円

発行所　短歌紀元社　函館市杉並町五十九番地

編集兼発行人　白山友正　同右

印刷所　株式会社北海商報社　函館市豊川町

事後検閲　検閲者　Y.Kobayashi

検閲票には「事後検閲」にチェック（✓）が入っている。この時期は事前検閲であったがこの例は少なからずある。前の2「現代短歌」の事後検閲も同様である。

「黒耀集」の室蘭の齋藤せつ子の一首（八頁）は、国粋主義的という理由で不許可〈Quotation Disapproved —

Nationalistic〉となった。不許可はこの一例のみで、表紙にもそう書かれてある（1 Disapproved）。

学窓に君が代の声あるかぎり天皇政治ゆるぐことなし

4 「新墾」（にひはり・A New Clearing）

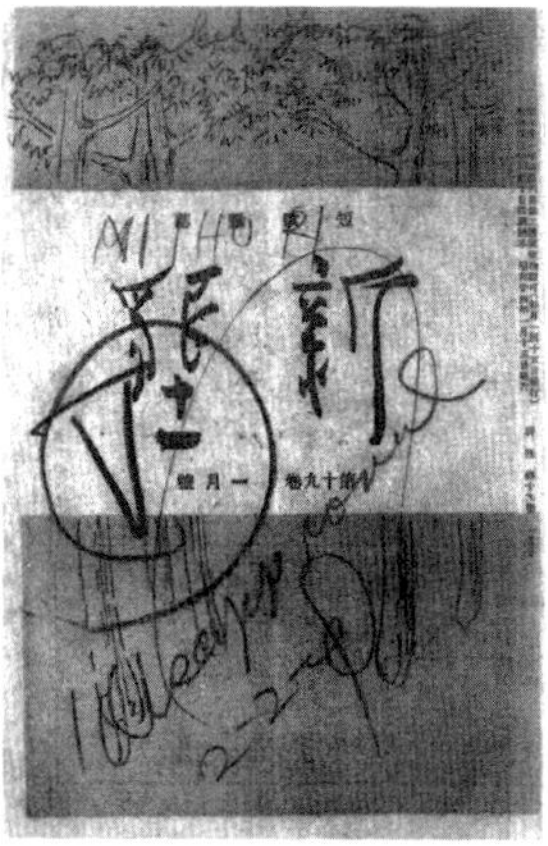

昭和二十四年一月十五日発行　一月号　第十九巻
三十五頁　売価四十円
発行所　新墾社　小樽市奥沢町二丁目六番地社ケ丘
編集兼発行人　小田哲彌（観螢）同右
印刷所　北海道印刷株式会社（石川清）小樽市東雲町
事後検閲　検閲者　Sugita　英訳　Nakada Masu
編集方針（Political tendency）センター（中道路線）

誌名はNIIHORI、社名はNIIBARIと処理票にある。
＊昭和五年一月　小田観螢・岡本高樹ら創刊

酒井文子「こがらし」の六首（六頁）が、検閲者によって違反〈Violation〉―不許可となった。理由は、国粋主義の宣伝（nationalistic propaganda）であるが、東京裁判に関わる作品である。

① 木枯にくるめく落葉の一としきり二十五人の断罪をきく
② 血の色に燃ゆる楓のかげくらし戦犯極刑あといく日ぞ
③ 網戸越し顔おしあて、父と子が遂の別れは言葉とならず（広田氏兄妹）
④ 極刑の明日の命を支へたる月よ今宵はくもりあらすな
⑤ 白き赤き薄くれなゐあり山茶花の花びらに寄す初冬の憂ひ
⑥ み冬づく光にたけて山茶花の花びらがもつ白き陰翳

この六首はすべて英訳（筆記体）されて検討されている。

Chilly　wind
① I heard the conviction of the twenty-five men as fallen leaves were whistling for a while owing to a chilly wind.
② The shadows of deep red leaves of maple trees like

blood seem dark and I wonder how many days are left before the criminals condemned to the maximum penalty will be executed.

③ The father's sons and daughters failed to express their farewell in words, pressing their faces against the braided door to each other.

④ I hope the moon as if symbolizing the lives of the criminals condemned to the maximum penalty and to end tomorrow, will not become cloudy at least to-night.

⑤ White, red and pinkish petals of the sasanqua are in bloom, and sorrows in early winter are expressed in them.

⑥ Receiving a lot of wintry sunbeam, white shadows have appeared in the petals of the sasanqua.

検閲者ノートには、要約（Summary）として、「これらの短歌は最も戦争犯罪に関わる。彼らへの共感と感傷がこの歌人にはある。」とある。

5 「八雲」

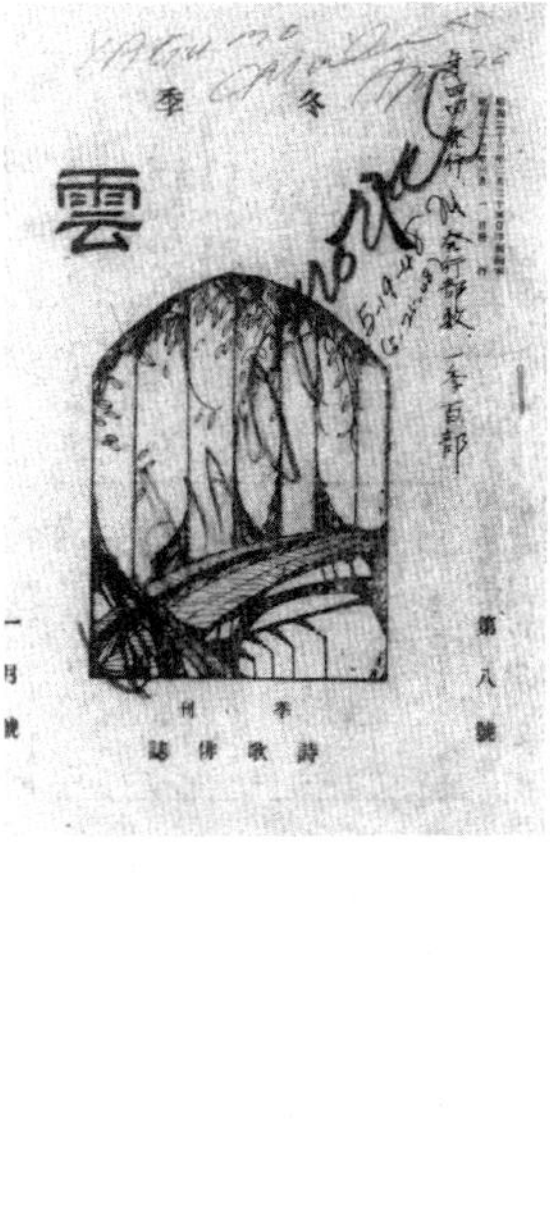

昭和二十三年三月一日発行　一月号　冬季号　第八号
　季刊詩歌俳誌　十八頁　七円　一〇〇部
発行所　八雲発行所　北海道空知郡芦別町頼城
編集兼発行人　矢野誠一　同右
印刷所　小玉印刷所　空知郡富良野町
事後検閲　検閲者　M.Tachino
編集方針　センター（中道路線）

大館の松本春雄「老松」五首（七頁）中の次の二首は、右翼の宣伝という理由で不許可となった。

氷雨降る皇居拝がむみ民われ大御心を慕ひ立つかな
千よろづの風雨に耐へし老松の梢の寂びを見ればかな

しも

同頁、標茶の木村正雄「ふるさとの雪」五首中の一首、不許可―右翼の宣伝。

破れたる国にしあれど此の乙女瞳はいよよ浄らにすみて

旭川の澤田清の五首（八頁）中の次の二首は、不許可―右翼の宣伝。

ひとけなき護国の宮のきざ（は）しに雀ら寄りて仕へまつるか

雀らの仕ふる宮に今日をも悲涙に堪へて国祈る身ぞ

同頁の中川薫の二首中の次の一首は、不許可―右翼の宣伝。

天地のむたとこしへに大君の辺に生くるなり志士の御魂は

次の「編集後記」（十八頁）の一文は、不許可となったものである。検閲者ノートには、検閲への遠回しな言及〈Indirect mention of censorship. To be disapproved.〉とある。

○八雲は刊行の都度進駐軍に提出してゐる。そんな訳から外国の人々の眼にふれる機会がないとも限らぬ。外国の人々にも共鳴共感を呼ぶやうな立派な作品で八雲を充したいものである。

6 「羊蹄」（Tanka Magazine）

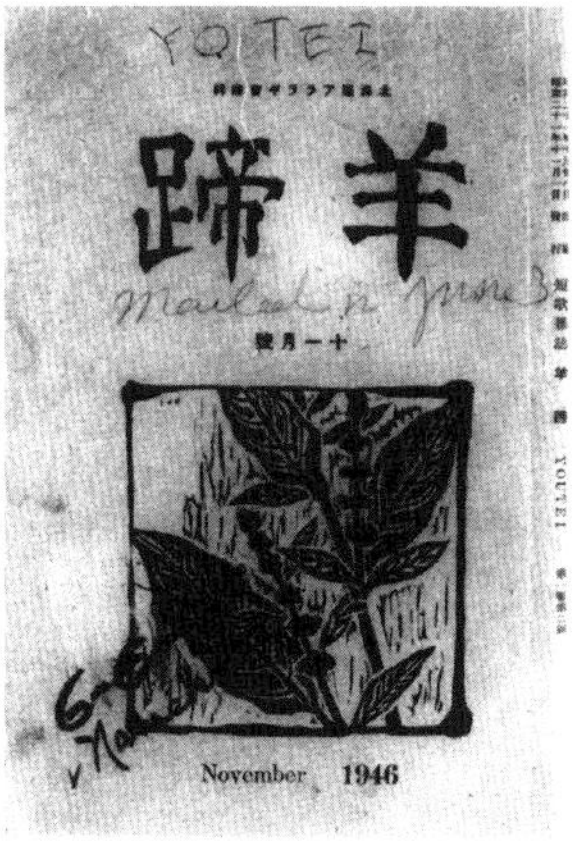

昭和二十一年十一月一日発行　十一月号　第一巻第二号　二十八頁　三円　アララギ系
発行所　羊蹄発行所　札幌市南十三条西十二丁目（樋口方）
編集兼発行者　北海道アララギ会　小森汎　同右
印刷所　山藤印刷合資会社（山藤国八）　札幌市南二条

事前検閲　検閲者　Oda.T　再検閲者　S.Furuya

吉田緑郎の五首（三頁）中の次の四首が筆記体で英訳され、上司の審議の結果、二首目は反民主主義的〈anti-democratic feeling〉として削除、他の三首は結局ＯＫとなったものである。

新しき時代《とき》に阿《おも》ね る一群の教員あり軍国の世もかくありき

さだめなき教育にむかふ新たなる思想のなかに惑ふしばしば

かつてわが思想を糾せる彼らに新教育をいふははかなし

新しき組合法を説く顔付きも昨日の彼を思ひ恃めなし

小森汎の「美瑛村」五首（四頁）中の次の一首は、軍国主義の宣伝（ミリタリスチックプロパガンダ）を理由に削除とされたが、上司の審議ののちＯＫとなったものである。

補充兵吾等かたみにかばひ合ひ敗れてかへる日に君はなし

豊福豊の六首（五頁）中の次の一首は、違反（possible violation）として削除となった。理由は怒り（resentment）。

米兵につきまつはれる幼等も何かたのみてこびるが如し

また、同頁の宮地伸一の九首中の三首は、軍国主義の宣伝という理由で違反―削除と判断された。

青山の間つばらに家が見ゆいかに苦しみたりし祖国か

雲の中に（低く）起き伏す島の列涙ぐましくなりて見てをり

批判すらひそめてただに努めたりきわが一生の長き空白

旭川の伊東良平の三首（十八頁）中の次の一首は、闇市〈Black-Market〉に関わるものとして違反―削除とされたが、審議の結果ＯＫとなった。

たくみなる日本語をつかひ人々は手に手に煙草持ちて寄りきつ

第二節　東北の短歌雑誌検閲

1 「歌と随筆」（Tanka Poem and Stray Notes）

（1）「歌と随筆」　昭和二十一年六月一日発行　六月号
第一巻第六号　四十四頁　三円
発行所　蒼明社　岩手県花巻町南館
発行者　三浦貞助　岩手県遠野町□町
編集者　菊池實　岩手県西岩井郡油島村字蝦島
事前検閲　　検閲者　Y.Onoh

「作品Ⅰ」岩手の菊池菁二「新生」八首（十頁）中の一首、削除。理由は天皇の神格化〈divinity of Emperor〉。

現神と畏るる心変らねど御言葉ききたるときのやすらぎ

（2）「歌と随筆」　昭和二十一年七月一日発行　七月号
第一巻第七号　四十八頁　三円五十銭
発行者　千葉完
印刷所　川口荷札株式会社（其田末五郎）　盛岡市八日町
事前検閲　　検閲者　Miura.　チェック　E.Shimizu

岩手の田代格の「市ヶ谷懐古」全三首（十四頁）、削除。理由は戦争犯罪擁護の宣伝。

法廷に居並ぶ見れば夢の如し事を遂げんと軍謀りき
衣食に民苦しめば国の為と謀りし事もあだとなりたり
極まりし生命と思へか法廷はあからさまなる裁き待つ間の

一首目は次のように英訳された。
"It seemed as if it were a dream, when I saw them sitting in a row at the Military Tribunal they who had plotted the war to gain a success."

（3）「歌と随筆」　昭和二十三年十二月三十日発行　十二月号　第三巻第九号　二十六頁　三十五円

発行者　関登久也
事後検閲
検閲文書なし　違反か所なし

2 「ぬはり」

（1）「ぬはり」昭和二十一年三月一日発行　三月号　第二十巻第三号　四十一頁　二円
発行所　ぬはり社　岩手県岩手郡大更村
編集兼発行人　菊池知勇　同右
印刷人　山口徳治郎　盛岡市
事後検閲　検閲者　Y.Yamamoto
＊昭和二年六月　菊池知勇ら創刊

吉里浪々の「吹雪」六首（十九頁）中の二首、不許可。

飢ゑ飢ゑて死線さまよふ人々を乗せては走る貧しき列車
むなしかる心叱れどいかにせむわれまた飢ゑしその一人なる

検閲者は、不許可の理由として一首目は、公共の平穏を乱すもの、事実でない〈Quotation Disapproved; disturbs public tranquility; untrue〉とし、二首目は公共の平穏を乱す〈Quotation Disapproved; disturbs public tranquility〉として違反と判断した。

「一月号選玉」（二十三頁）の水上赤鳥の選評。

この朝の明くるが怖し明けやらば飢ゑし子らみな起きて泣くらむ　横坂一歩

我等がひとしく恐れてゐる国民的困苦は、かくも身近に既に到来してゐるのだ。戦後の混乱は、国民をして生活の不安に戦かしめてゐる。然も今日の物価高は、明日の餓死を約束せしめてゐるやうなものだ。ひしひしたる現実感をもつて人心を抉る一首である。明日も食物が無いのだ。

「飢ゑし子ら」である。既に満足には食べてゐないのだ。三句以下が「この朝の明くるが怖し」をのつ引きならぬものとして、おしつめてくる。発想された事実でありな

がら、其れが余りにも深刻な真実性に根を据ゑてゐるからである。（後略）

この選評を英訳して、Y.Yamotoは、公共の平穏を乱すものとして、不許可と判断している。

（2）「ぬはり」昭和二十一年十二月一日発行　十一・十二月合併号　第二十巻第十一号　六十五頁　特価六円
事後検閲　検閲者　M.Ohta

「三月号原稿急告」文中の左記の「　」部分は、検閲に触れているということで不許可とされた。検閲当局から折に触れて検閲の文言は厳禁との指示があったにもかかわらず、このように明記している例が少なくないのである。

「東京以西は検閲で相当日数の遅着となりがちですから、特に急いでお送りください。（菊池）」

3 「季節風」（The Monsoon）

（1）「季節風」昭和二十一年十月二十七日発行　十月号　第二号　二十五頁　三円五十銭
発行所　季節風社　秋田県大曲町十日市二ッ森七
編集兼発行人　山形信太郎
印刷所　精巧堂印刷所（越中勝二）　発行所と同じ
事後検閲　検閲者名不明瞭　再検閲者　S.Furuya

大友孝二の「沈思」六首（五頁）中の二首は、現人神としての天皇という表現（expressed the Emperor as the Living God）が違反（violation）とされた作品であるが、再検閲者によって一首目だけが不許可となったものである。

うつしゑに仰ぐすめらぎ世の常の人の如くにうつりゐ

給ふ
すめらぎの今にゐ給ふ畏しさを人云ひしかばたゞにう
べなふ

「十月特選（栗林久生選）」の土崎の浅野寒風の一首（十五頁）は、中国批判として違反となったが、審議の結果OKとなった。

拳銃に囲まれながら重慶軍参謀と語れるは目に見ゆる
如し

同（山形信太郎選）岩見三内の田口政一の五首（十五頁）中の次の三首は、はじめプロパガンダ〈Above Three songs are Propaganda〉として違反と判定されたが、結局OKとなった作品である。

かへりみて尚耐へ難き思ありこゝに一年の月日流れぬ
敗戦の反動現象の一つにて若き男女の踊る夜毎を
哀れとも言はば言ふべしさだめなき世に生き逢へる若
き等の生活

（2）「季節風」　昭和二十一年十二月二十日発行　第三号
三十頁　三円五十銭
事後検閲　検閲者　S.Furuya

寺田伝一郎の歌評「同人集管見」（十一頁）の中の十月号の大友孝二の次の二首は、違反（Violation）—天皇の神格化（deify the emperor）とあり、さらにタイプ版では不許可（Disapproved）—神国の宣伝（Divine Descendant Nation Propaganda）と判定されたのである。

うつしゑに仰ぐすめらぎ世の常の人の如くにうつりゐ
給ふ
すめらぎの今にゐ給ふ畏こさを人言ひしかばたゞにう
べなふ

この二首は、栗林久生の歌評「二号読後」（十二頁）にも取り上げられていて、英訳された後に斜線で消されている。

森川震一の歌評「十月特選集」（十九頁）には十月号の浅野寒風の「拳銃に囲まれながら……」が取り上げられていて、英訳されたが結局OKとなっている。

4 「息吹」（Breath, Deep Breath）

（1）「息吹」　昭和二十三年五月二十三日発行　創刊号
　第一巻第一号　ガリ版刷　二十三頁
発行所　息吹歌道会　山形県西田川郡念珠関村□ケ関
編集・印刷発行人　高橋義長　同右
事後検閲　検閲者　M.Saito
編集方針　ライト（右翼的路線）

「再刊の辞」（一頁）の次の部分が違反―不許可―右翼の宣伝（Rightist Propaganda）という理由である。

　吾々の生きる絶対唯一の道は、剣と玉と鏡によつて現はせる、記紀、万葉の大らかな道即ち歌以外にはあり得ないのである。吾々はこのみちにすがりつつほのかなる心の燈を燃しつつ、御国再建の一道に生命捧げむと念願するものである。（富樫）

「明治天皇御製　道」七首（二頁）中の一首が、右翼の宣伝として違反（Violation）とされた。

　いとまあらば踏分けてみよちはやぶる神代ながらの敷島の道

三浦義一「初秋」七首（三頁）中の四首が同様の理由で不許可とされた。

　神ながら代々木の原にのぼる日を伏しをろがみて死ににけるはや
　代々木野に死にたる友の若きらを偲ばぬ日なし生き残りつつ
　悲しみは千年に生きむ益ら夫はむさしの野辺に朽ちはつるとも
　かかる日に逢ふとは誰かおもひけむ生きて悲しゑ死にて悲しゑ

影山正治「民草の祈り抄」六首（四頁）中の二首が同様に違反とされた。

　すべからく素直に歌は詠むべかり神始めましし日の本

の歌は

大神の御前祭りのさやかなる御神楽歌《おかぐらうた》と歌詠みまつらむ

茨城の菅原彌「息吹歌会に寄す」二首（八頁）中の二首が同様に不許可とされた。

日の本の息吹ぞと思ふみちのくの久米のゆく子の悲しかる歌

あしびきの山の息吹の如くにぞ息吹歌はむ日の本の歌

茨城の曽我忠三郎「現夢悲唱」五首（九頁）中の一首が同様に右翼の宣伝として不許可とされた。

戦は遠くやみたれさぶし世に茗荷の花はひそかに咲きつ

山漆の平藤記代「御巡幸奉迎歌」五首（十二頁）すべてが同様に不許可とされた。

大君を迎へまつるとまひくらふ街の大君にわれも並びき

み車の近づきあればおのづから胸おののきて頭たれにき

たえまなく帽子ふりたまふみ姿を泪湧きくる目にやきつける

終戦詔書《みことのり》たまひしこの日くすしくもみちのくの辺に迎ひまつるも

今もなほ年あらたなり大君のみこえは永久に忘れざらなむ

髙橋義長の「選後雑感」（十四～十八頁）の一部（保田与重郎のこと）が、右翼の宣伝として不許可とされた。

（1）皇神の道義が言霊に風雅に現はれるとの思想から、わが国の古典論は最も厳粛な意味に於て、創造的神話の思想であつた。その道義の現れは、悲痛なときも崇高なときも美であつた故に、わが皇国風の精神の学は文芸の注釈に於て、歴史を明らかにし、又創造の契点を云ふ美の学問であつた。先代に於ける万葉の学問は精密無比の註釈をなしあげたが、その註釈を今の人が単なる文献学概念で考へる時に国学に於ける古典論の精神はついに消滅に瀕し、僅かに伝るものがあつたに過ぎなかつた。

（五行飛んで、前文の続き）然しながら、我等も一応は万葉をかつぎ出し、各人各様のそれぞれ勝手至極な御題目をならべたてておるが、一つとして吾がいのちの深所にふれる何ものをも見出すことの出来ぬのはどうしたわけであらうか？　彼等は一様に異口同音、生活歌を云ひリアリズム歌を称へる。それは人間崇高な生命の探求を忘却した、物欲の生活、自嘲と虚無の上に立つ生活、求道を忘れ功利のみに走る生活、呪ひと絶望の生活、これが彼等の全て（といつても過言ではあるまい）であるからである。

さらに保田先生は、皇室を中心とする歴史精神の祈願的表情として解したやうなものは、この文明開化時代になると、彼らの生活中心の合理主義から見て、こじつけのやうに思つて了つたのである。古の人の志が庶民の生活の純粋なものに結んでゐた国民的自覚はなかなか理解されなかつた訳である。

古人はことを好んで我田に水を引いたのではない。彼等は文芸の歴史にあらはれた民の悲願を、己の志からよむことにより、国民の生活感情に占めてゐた宮廷といふもののの心の裏の奥までを解したのである。それは日本を支へたものであつた。日本の歴史の精神の民衆的表現であつた。

（二十行飛んで）しかしそれを知るためには日本武尊以降の精神史の中へ、後鳥羽院を大きく位置し奉るといふ道程が必要であつた。私はこのことを自分の文学の上で誇りをもつて口にせねばならぬことと思つてゐる。新古今集、古今集とさかのぼつて、再び私の眼前に万葉集があつた時、俊成がかつて、人麻呂は神の如しと云つて品評から外に祭祀した事情を讃嘆して実感したのである。もはや万葉集の中に固有思想を概念的に列挙する手続きは、私の文学の方法に合はないところとなつた。この云ひ方を非合理といふのは、我々の考へる歴史精神に於て今は無縁の衆生である。しかし刻々我々の脚下に押しよせては押し返してゐるアジアの運命と、そして日本の使命感がいつか万人を開眼せずにおかないと云ふことは、私の堅く信じてゐるところである。と云つておられる。

真に飾り気のない、一糸まとはぬ素裸となつた姿、うそ偽りのない素直な生活態度、即ち功利栄達を離れた、至高至純絶対なる一点への参入を願ふ熱き祈りと行の上にこそ真の歌は生み出されるのであつて、そのためにこそ吾々の日常生活のすべてが一途であり、ひたぶるであり真剣であらねばならぬのである。そこに於て始めておのずから純呼（ママ）にして純なる吾がいのちは育まれ、祖国再建への道は開かれるのである。

ただ世相の表面即ち流行の面のみを見刻々の動き行く方向にのみとらはれて喜憂することは大変なあやまりであると思ふ。吾々はこの変りつつあるものを自覚すると同時により変らざる万古不易なるものへの信頼を更に更に深め、皇神のまことの道をかしこみて、思ひつつ、思ひつつ万里彼方への旅路を共に行き行きたいものである。

高橋正芳「偶感」六首（二十四頁）中の二首が不許可―右翼の宣伝（Rightist Propaganda）。

七生の悲願を秘めて十四烈士《みことら》は代々木の原に神鎮ませる

十四烈士《みことら》の御霊をただにかしこみて益良夫の道行き行かむとす

（2）「息吹」昭和二十三年六月二十五日発行　第一巻第二号　二十九頁

事後検閲　検閲者　Furukawa

編集方針　ライト

「巻頭言」（一頁）の網掛け部分が不許可とされた。理由は右翼の宣伝である。

詩は志である。皇国の真の丈夫は詩人でなければならぬ。詩を解せぬ丈夫は、真の丈夫ではない。もののあはれを知らざれば　まことの　もののふとは云へない。

影山正治「大正天皇の御歌」（三〜十一頁）の中の次の「　」部分―不許可―右翼の宣伝。

「漢詩の御製に就いて極く一言を付加する。詠史の御製はいづれも感深く且つ題材にも富んで居られる。例へば菅原道真、北畠親房、楠正成、楠正行、頼襄等、吉野、金剛山、金崎城等詠んで居られるのだがそのうち正成公に関する御作四首までを拝することは特に感慨深い。」

これについて、検閲者ノート（英文）には、これは「不二」の五月、六月号から抽出された記事の一部である由が記されている。この「息吹」が右翼系雑誌「不二」の系列であることがわかる。

「会友詠草」の埼玉の資延望東男「地方のともと献上米つくりを志して」九首（十九頁）中の二首が右翼の宣伝として不許可となった。

耕すは土のみなれやくさかげのみ民の祈りここに開かむ

大君の瑞の新米献ぐべう朝も昼も励む民くさ

茨城の菅原彌「四月十八日詠草」五首（二十頁）中の一首が不許可―右翼の宣伝。

あられふり鹿島の神を祈りつつあはれや臣の言挙ぞする

東京の銅直利之「渓中酒」九首（二十一〜二十二頁）中の二首、不許可―右翼の宣伝。

いぶきのや篤胤《あつたね》大人《うし》があらみたまきびしきみちをあふがざらめや

ますらをのかなしみ継がむいのちとぞ大和の酒は飲むべかりけり

「編集後記（高橋記）」（三十頁）の次の文（四行分）削除―右翼の宣伝。

（前略）吾等よろしく大死一番、慎みて怠ることなく微臣の祈りを捧げ、行き行きて行き止《とど》まざるの決意を固むべきであらう。

（3）「息吹」昭和二十三年八月二十三日発行　第一巻第三号　三十四頁

事後検閲　検閲者　Saito

編集方針　ライト

「明治天皇御製」八首（二頁）中の次の二首が不許可―神道主義の宣伝（propagating stale Shintoism）。

国民のひとつこころにつかふるも御祖の神のみめぐみにして

あさなあさなみおやの神に祈るかなわが国民をまもりたまへと

大賀知周「ふるさと」十一首（十三頁）中の次の一首は、不許可―右翼の宣伝。

三河のやますらをなしと誰かいふ足□の次郎渡辺崋山

庄内山士の「撰後評」（二十六頁）の一部（網掛け部分）は神道主義として、不許可とされたが、結局OKとなった。

「歌を言霊として、玉鉾の道、数寄の道として守り幸ふ吾々として、自負と責任に懸けて厳かに歌ひ進みたきものである。」

高橋義長の「梅雨抄」三首（二十八頁）中の次の一首が神道主義の宣伝〈Shintoism Propaganda〉として違反とされたが、審議の結果OKとなった。

玉鉾のみちかきくらしぬばたまの梅雨《つゆ》しげの夜にひとりなげかふ

高橋義長の「編集後記」（三十四頁）の次の「　」の部分は、不許可―神道主義、極端な国粋主義の宣伝と判断されたが、結局OKとなったものである。

「……身に燃えせまる草いきれのその□□ただじつと耐へ忍びつつ祖国□□の祈り捧ぐる悲しくも雄々しき臣情もいつの日か必ずや天にとほりて、この混沌極まりなき常闇の世も□てかてに人類平和の岩戸開きの日や来たるらむ。」

（4）「息吹」　昭和二十三年十一月十日発行　第一巻第四号　三十五頁
事後検閲　検閲者　K.Tsujimura
編集方針　ライト

「太平への道」（一～二頁・作者不明）の左記の部分が不許可、理由は右翼の宣伝とされた。

単なる力と数が
一切を支配し総てを決定して
それで
この地上に果して
真の平和が齎《もた》らされるであらうか
（中略）
勝てばこれ官
負くればこれ賊
かかる中世時代の迷蒙が
今のこの世に
果して
公々然と横行してよいもので
あらうか
否　断じて否である
勝てるものの非違も
敗れたるものの非違と同様に
敗れたるものの真実も
勝てるものの真実と同様に
神のみ□に深く反省され
天日の下に明らかに容認されなければならない
（中略）
敗れたるものはただ勝ちたるものへの復讐のみを考へ
勝ちとるものの暴慢の位置を狙ふであらう
そして勝ちたるものはたゞ敗れたるものよりの復讐のみに備へ
勝ちたるものの驕傲の保持に狂ふであらう
かかる不義の盥廻しのうちに
かかる不徳の繰返しのうちに
どうして

真の平和があり得ると云ふのであらう

「文化時評」（十八頁・筆者不明）の次の七行分が、情報の可能性（possible information）としてマークされた。

　御退位の問題が伝へられるや期せずして全国的に御留位請願の国民的熱誠が湧きあがり、宮内府及／連合軍司令部には連名又は個々人によつて請願の書状が殺到山積しつゝある模様であるが、（例へ／ば愛媛県の学生三十名は忽ちにして県内六万の署名を得て八月十五日を期し直接提出した）九月十／一日に至り始めて「天皇退位の理由なし」とする総司令部側の意向が明らかにされ、一応問題は結／論に到着したやうである。該通信によれば、御退位のうはさは共産主義者と超国家主義者の宣伝か／ら出たものであり「天皇こそすべての日本人にとつての立派な模範であり、天皇が今后長く立派な／統治を続けるなら、それは日本国民及連合国の最善の利益に役立つであらう」と結論して居る。―道の友第二号より―

5 「あこがれ」（Yearning）

AKOGARE
あこがれ
「あこがれ」宣言
狐と凍豆腐の他
随筆

（1）「あこがれ」 昭和二十一年四月一日発行 第一巻第一号 月刊新聞 四頁 頒価一円

発行所 あこがれ歌人社 福島県太田町七四―一

編集兼印刷発行人 永澤輝夫 同右

印刷所 福島民報社 福島市

事後検閲 検閲者 M.Tachino

永澤輝夫の「あこがれ宣言」（一頁）の次の一行について、検閲者（M.Tachino）は、不許可（Disapproved）―神道の宣伝〈Shinto propaganda〉としている。

（前略）「天皇は絶対的尊厳であり、熱烈なる我等の信仰である。」（後略）

もう一つの違反か所は、「随筆」と題した阿部登記子の文章（二頁）の次の「　」部分である。

「敗戦といふ悲惨な現実に私達同胞が直面してから、もう半年が過ぎた。勝つ為に、勝つ為に私達は身命を投げて戦つて来たのだつたが―。私たちの短歌は如何だつたらう。平和な時代には及びもつかぬ、激しくほとばしる民族詩として短歌□戦つて来たのだつた。非常時故に民族意識をより強固にしたもののうちに短歌といふ伝統の詩が、何れ程大きく働きかけた事だつたか。実際南の果て北の果ての第一線の兵士も、銃後□闘配置についてゐた私達も、ひとしく短歌に依つて結ばれ、祖国愛に燃え、忠誠を誓つたのだつた。火花と散るその情熱からすぐれた歌が何れ程生まれたことだつたか。」（中略）

「私は石川啄木が日露戦争当時、歌作りを二の次にして講演をして歩き、戦争に参加出来ない事をさへ残念がつたといふ事を読んでほゝ笑ましい気がする。啄木は血と肉を持つた人間だつたのだ。そして枯木ではなく情熱を滾り持つて居たのだ。同胞と共に歌ふ愛を持つて居たのだ。そんな事を考へて来ると、私事ではあるけれども、戦時中も敗戦後も、現在血肉につながる同胞の苦難を避けて、自然諷詠に逃避したり、手の裏を返す様に、消化されない民主主義に便乗したりして作歌する事の出来なかつた自分への、申訳にもなりさうな気がする。」

これは、ナショナリズムの宣伝として違反と判定されたものである。検閲者は、同じくM.Tachinoである。

さらに次の三首（二頁）が不許可とされた。理由は国粋主義の宣伝である。

福島の宗像政喜の「陰曇（その一）」八首中の一首。

秋かぜはつれなやあはれひとりして東條大将飯食すところ

東京の坂田豊治の「遺書の中より」の二首中の二首。

かへらじとおもひはひめて征く朝のすみきはまれる空の碧かな

大君のみことかしこみいで征くに思ひのこさむ露もあらなく

（2）「あこがれ」　昭和二十一年八月一日発行　七・八月
合併号　第一巻第四号　四頁　一円
事後検閲　検閲者　Nakamura Shingo

編集発行人である永澤輝夫の「十字架」九首（二頁）中の一首が、軍国主義的（militaristic）と判断され不許可となった。

爆撃に追はれながらもねばりたる闘志は今も忘れがたかり

正式な検閲文書は、「12 Oct '46」とあるように、昭和二十一年十月十二日に作成されている。

第三節　関東の短歌雑誌検閲

1　歌道誌「つくば嶺」（The Summit of Tsukuba）

昭和二十三年十一月三十日発行　十一月号　第二巻第十号　通巻十六号　ガリ版刷　十六頁　非売品　発行部数二十五部
発行所　北面草洞　茨城県矢田部町仲城
編集兼発行人　廣瀬勝美　同右
印刷人　廣瀬芳男　矢田部町駒形
事後検閲　　検閲者　S.Watanabe
編集方針　ライト（右翼的路線）、コンサーバティブ（保守的路線）
＊表紙の 3 disapps（disapproved）は不許可が三か所あることを示す。

東京の長谷川幸男の「春愁記」—「御門辺」九首（三頁）中の二首、情報（ポッシブル インフォメーション）。

　やすみししわが大君のましませばしづけきかもよ春のさざなみ

　ひさかたの天雲つきてゆるぎなき大内山の瑞のみあらか

布川の小池赫山の二首中（四頁）の一首、情報〈information〉。

　終戦后三年にして公然と御旗を仰ぐ菊薫る日

鹿島の管（菅）原彌の「深秋賦」四首（四頁）中の一首、不許可（Disapproved）—右翼の宣伝。

　現し身に白刃を立てゝ死にゆきし友のおもひは継がざらめやも

那珂の黒澤暁月の「弔魂賦」四首（五頁）中の一首、不許可—右翼の宣伝。

　焼太刀の鋭刃の雄心深く秘め代々木の原に逝きにけるはや

廣瀬勝美の歌（十頁）は、前に「われをわれとしろしめすかやすめろぎの玉のみ声のかゝるうれしさ」という高山彦九郎の歌が置かれ、詞書に、「昭和二十三年十月下□道友廣瀬芳男君を伴ひ新穀を奉じて皇居に参□これ在京道友らが配慮に依るものなりしと雖も何時の日またかゝる歓喜に会はむや言なし」とあり、十三首が並ぶが、その中の三首がマーク（●印）され、その一首目が不許可となった。理由は、右翼の宣伝である。

　わが大君在すときけば露凍る寒夜のごとく心ふるふも

　踏みてゆく皇居の道の荒れたるをともと語りて泣きにけるかも

　荒れ果てし皇居のみちに立ちなげきせぐり来る思へ耐ゆるすべなし

2 「山柿」（Mountain Persimmon）

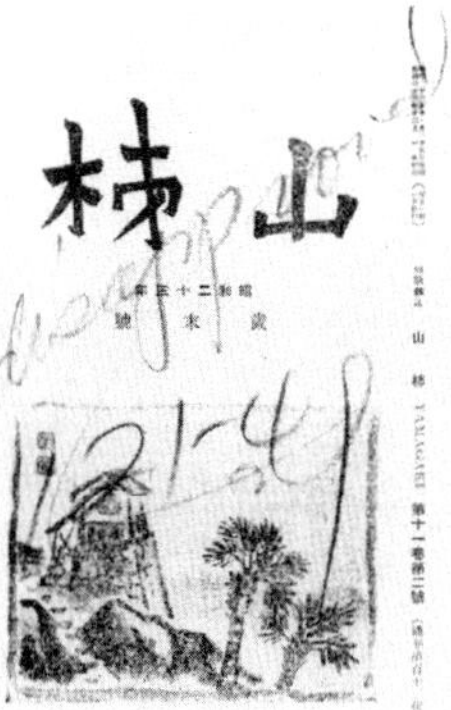

昭和二十三年十二月一日発行　十・十一・十二月号

第十一巻第二号　通巻一一三集　三十六頁　会員頒布
発行所　山柿会　茨城県真壁郡黒子村木戸
編集兼発行人　齋藤慎吾　同右
印刷所　田崎印刷所（田崎直三郎）　真壁郡下館町
事後検閲　検閲者　M.Ohta
編集方針　センター（中道路線）リベラル（自由主義路線）

茨城の齋藤慎吾「菊花唱」六十首（三頁）中の一首、連合国の方針批判（criticism of policy of the Allied state）を理由に不許可とされた。

天皇陛下は連合国の利益もて大き裁きに入らせ給はず

3　「山と湖」（The Mountain and The Lake）

昭和二十三年七月二十日発行　七月号　通巻第十八号
ガリ版刷　十九頁　十七円
発行所　山と湖社　土浦市田宿町　竹中芳秋方
編集人　斎藤巌　土浦市宍塚町
印刷所　不二印刷所　土浦市朝日町
事後検閲　検閲者　W.Sera, Mercola
編集方針　センター、コンサーバティブ（保守的路線）

鈴木修博「低吟」七首（八頁）は、違反—占領軍批判（Possible Violation — Criticism of Occupation Forces）として英訳して審議された。その結果ＯＫとなったものである。

抱かれゐる日本の乙女を見ずに行く広き窓磨かれし客車に沿うて
白線を引ける車内にゆつたりと座を占む窓の下押されゆく
青き眼の人にもたれてゆく乙女笑みつゝ低き短き英語
抱かれてホームに降りし日本の乙女別れの英語低くつぶやく
青き眼の人もつカメラに立つ乙女雑踏する吾らをホームの背景として
食ふ為に抱かれるならず乙女らは真実を青き眼に読み

てゐむ
国際愛に結ばれ海を渡る日の幸憧る丶若き女たち

4 「下野短歌」（しもつけ短歌・Shimono poems）

（1）「下野短歌」　昭和二十一年四月十日発行　復刊号
　十八巻一号　十六頁　一円五十銭
発行所　下野短歌社　栃木県下津賀郡南犬飼村安塚
　四一六
編集兼発行人　野澤学　同右
印刷所　両毛印刷所（松本寅吉）　栃木市室町
事後検閲　　検閲者　Y.Yamamoto
＊誌名英訳は発行者が付けることになっているから、〈Shimotsuke poems〉となるところである。

齋藤潤二の文「心の故郷へ帰れ」（十〜十一頁）の次の網掛け部分が不許可、理由は連合国批判（Quotation Disapproved; criticism of Allies）である。

　敗戦日本に対する峻烈なる連合軍の処理は、仮令民主主義国家建設に好意ある助成があるにしても、独立国家としての存在すら宥るされないこの現実に直面して、吾々は何の為に戦ひ何の為に戦意高揚の歌を作つたのかと、今更らながら空しきその努力限りなき哀愁と、戦争指導者に対する憤激を覚えずにはゐられないのである。

「四月集（その二）」（十四頁）の為川浩の四首中の次の三首が不許可となった。一、三首目は宣伝〈propaganda〉、二首目は間接的な占領軍の政策批判〈indirect criticism of occupation policy〉という理由である。

　二千六百年神と仰ぎし天皇をあげつらふ言葉聞かぬ日ぞなし
万葉集の歌を讃かることさへも憚らねばならぬ世がくる如し
いにしへの万葉集の精神《たましひ》を護りつぎ死なむうたびと吾れは

（2）「下野短歌」　昭和二十二年七月二十日発行　七月号
第十九巻第五号　十九頁　五円
印刷所　下野尚徳会印刷部（粕谷安定）　宇都宮市住吉町
事後検閲　　検閲者　S.Miyamoto

「十四人集」の宇都宮の渋谷行雄の五首（十頁）中の次の二首が不許可、一首目は占領軍批〈Criticism of occupation forces〉、二首目は国粋主義の宣伝〈Nationalistic Propaganda〉が理由である。

天皇の佳節に草莽の悲懐を述べて
国原を掩ひつくせる凶つ雲吹き払ふがに今朝は疾風しにけり
山河もよりて仕へし世を思ひここだかなしく祈りするかも

（3）「下野短歌」昭和二十三年四月二十日発行　四月号
第二十巻第四号　十九頁　十円
事後検閲　　検閲箇所、検閲文書なし

5 「新日光」（The New Nikko）

昭和二十二年四月三十日発行　創刊号　四十頁　二十円
発行所　歌壇新報社出版部　宇都宮市西塙田町（影山方）
編集兼発行人　山口コウ
印刷所　大平印刷有限会社（久保十郎）　宇都宮市西原町
事後検　　検閲者　M.Ohta
＊尾崎孝子《こうこ》創刊の季刊短歌誌

山田あき「指針一途」三十首（二〜三頁）中の二首が、それぞれ反民主主義、国粋主義的としてマーク（〇）されたが、結局ＯＫとなった。

毛沢東よトレーズよわれをひきまはせ日本のをんならはかなしみふかし

横文字の商標いま新らしく月かげはにがきおもひをきはだたしむる

「あらたま集」（平井二郎選）の愛媛の渡辺進の五首（三十六頁）は、国粋主義的〈nationalistic〉として不許可となったものである。

玉砂利を踏みつつ歩む神域に秋の陽ざしの澄みとほりつつ

秋の陽の暮れなむ頃をおごそかにみ霊うつしの式始まりぬ

拡声器より流るる声の神々しかがり火消えし斎庭のうへ

越智進の尊やはじめ千柱あまり鎮まりたまふ目には見えねど

真新しき草履の紐を結びつゝ涙ながせる翁もありぬ

6 「瀬波」（Waves on shallows）

（1）「瀬波」 昭和二十一年五月一日発行 五月号 第一巻第二号 二十一頁 二円

発行所 瀬波短歌会 栃木県足利市通四丁目二七九八

編集兼発行人 松葉直助

印刷所 小野里印刷所 足利市通六丁目

事後検閲 検閲者 Sugita

編集方針 センター（中道路線） リベラル（自由主義路線）

「編集後記（松葉生）」（二十一頁）の網掛け部分は、不許可―占領軍への怒りの宣伝（resentment of occupation force propaganda）となる。

敗戦は結果とは云へ道義も風紀も廃頽は世相をみるにつけて、文芸に携はる者の責務の重大さを感ずる。四等国?否　半植民地化したとは云へ、日本人の誇を失ひたくない。

削除された部分は、同じ十五文字分の「たとへ四等国と化したにしても、」という一文に差し替えられて発表された。削除の痕跡を残さないという検閲当局の方針に従った対応であった。

（2）「瀬波」　昭和二十三年九月一日発行　九月号　第三巻第九号　十九頁　二十二円
発行所　足利市通三丁目二七六二（西倉方）
印刷所　足利共同印刷株式会社　足利市通一丁目
事後検閲　検閲者　W.SERA
編集方針　センター

山崎一郎「戦後短歌に就いて」（十三頁）の中の大野誠夫の次の一首は不許可とされた。理由はフラタナイゼーション（兵士が敵国民と親しくすること）である。

羞恥なき黄色き皮膚よ抱かれて柳の垂れし枝くぐりゆく

一首の英訳は次の通り。文中の〈another's arms〉は、GI's arms の意味ととられている。
〈"A yellow skin is passing along in another's arms without shame, trough branches hanging."〉

7「民草」（The People-Poetical, Humble-Subject）

（1）「民草」　昭和二十二年一月十五日発行　一月号　第一巻第二号　二十頁　五円
発行所　民草歌道会　栃木県宇都宮市西塙田町三八五
編集兼発行人　荒川敏雄　同右（影山方）
印刷所　太平印刷有限会社（久保十郎）宇都宮市西原町
事後検閲　検閲者　Shingo.Nakamura　再検閲者　S.Furuya

赤石淳一「折々に詠める」八首（五頁）中の一首。
大君の炭鉱《すみやま》なれば尽くるなくいのちつぎゆく悔ゆるな
からむ

荒川敏雄「悲歌追想録」十五首（六頁）中の一首。
終戦の詔勅を拝受して
南海の孤島の浜にひれふしてわびたてまつるおほみ
こゝろに

唐谷喜□夫「拝御巡幸」五首（七頁）中の一首。
天地と窮まり知らぬ大君のみいのちの末をかしこみ生
きむ

再検閲者 Furuya のノートには、「以上の三首は雑誌の国粋主義的性格をかなりよく伝えている、最後の二首は違反となる場合がある」という表現がされているが、この二首は結局国粋主義的として不許可〈disapproved〉とされた。

清水比庵「笹目山小話」（十三頁）の中の二首は、それぞれ国粋主義の宣伝、国粋主義的として不許可と判断されたが、結局ＯＫと判定された。
歌よみてみ祖の神のよろづ代にたててしその名を歌よみ
継がまく
君が代は千代に八千代に歌よみてよろづ代までにかぎ
りあらめや

また、次の三首はそれぞれ国粋主義の宣伝、神道主義の宣伝（Propaganda of Shintoism）、国粋主義的という理由で不許可と判断されたが、結局ＯＫとなった作品である。

「作品２」の河田和子「山茶花」三首（十六頁）中の一首。
根の国の秋津島根のさゞれ石苔のむすまでみくにまも
らむ

「作品３」佐々木直敏「母の姿」三首（十八頁）中の二首。
古へゆ神祭る国ぞ敗るとも手振り忘れてよかるべきや
は
くりすます多くは知れどすめぐにのいのちの祭り知る
人なしに

（２）「民草」昭和二十二年六月十日発行　第一巻第五号
二十三頁
事後検閲　検閲者　Ueno. Fujii
「作品１」鶴見貞雄の「四月吟」十六首（三頁）中の四

首、不許可。三首目までは軍国主義的・極端な国粋主義（militaristic and ultra-nationalistic）という理由、四首目は軍国主義的（Militaristic）という理由による。

いまはなきますらたけをの御柱《みはしら》のみ名をよみつつ涙くだれり
霜こほる寒夜の地《つち》にすわるごとますらたけ男をいまに思ほゆ
益良夫のさぶしきはなを見たりけり桜吹雪と散りゆく花を
ますらをの鋭刃《とば》のさやけき雄心をもたでいかでか歌は詠むべき

次の一、二首目は宇杉蔦子「たへがたく」七首（五頁）中の二首、三、四首目は渋谷行雄「草莽悲懐」九首中の二首であるが、それぞれ、?マークが付けられている。検閲文書にはこの四首について触れていない。

ひとよさにしむるべきかややははだのたまくらかずへこくしむるらむ
まきばしらたをれぬいのちたにぎりてわがいくるよはもののもひもなし
のきつたふよはのひさめのねにたてるまなくぞいもの念ほゆるかも
あまおとのねにたつよは、いもいねずすめたみくさのいのりするかも

新井草堂「賦早春」六首（六頁）中の一首、不許可（Disapproved）—極端な国粋主義（ultra-nationalistic）。

敷島の大和の道はやまつみも大わだつみもこえて通ふを

「新春歌会報（荒川生）」（八頁）中の渋谷行雄の次の一首は、チェック（✓）があるのみである。

丈夫のいまはの叫《をら》び聞ゆがに天もとどろに寄する荒波

黒田哲夫の「丈夫のうた今様八首」（十八頁）の中の五首、不許可—天皇統治の極端な国粋主義の繁栄（ultra-nationalistic flourish of Emperor's rule）。

岩戸隠れの常夜ゆく闇の最中の時世にも真白に立てる
神富士の聖き姿ぞ仰ぐべし
思へば厳しき一すじの益良武夫の朝霜の道ふみゆけば
道の辺の白き花にもなげかるれ
天津日嗣の大君の深きみなげき思ほへば火にも水にも
入らなむとたけき心ぞ湧き出る
わが日の本のしきしまの道のまにまにつぎゆかむ嵐に

散りたる花の香や斃れし同志のその思ひ
足はなゆとも行き行きて斃れ伏すとも同志よ同志心一つに祈りつゝみ祭の灯を守るべし

検閲者ノートに、「栃木県宇都宮市で出版されたこの地方短歌雑誌は、東京で出版された右翼雑誌「不二」と関係がある。」と記されている。

「編輯後記（敏雄生）」（二十三頁）の次の部分と作品一首、不許可—国粋主義的。

○天長の佳節を期して諸国行脚の悲願を立て宮城前を発足せられた黒田哲夫先生から神富士を仰ぎつゝ箱根路にて詠まれた今様八首が送られた。
○岩戸隠れの常夜ゆく闇の最中の時世にも真白に立てる神富士の聖き姿を仰ぎつる大人のみ姿がきびしく、美しく、温く浮かんでくる。ともよとも足はなゆとも行き行きて斃れ伏すともひとすじにみ祭の灯を守り抜こうではないか。

天つ日の大き御業をかしこみて田邊《たなべ》の浜にかへり来にけり

（3）「民草」　昭和二十三年七月十五日発行　七月号　第二巻第三号　三十二頁　十五円
事後検閲　検閲者　M.Saito

編集方針　ライト

足尾町の鶴見貞雄「春愁雑詠」八首（十一頁）中の二首、不許可—右翼の宣伝。

たぎりくるいかりはたゞにたへにつつみたまのまへに額つきにけり
しぐれふるみ濠《ほり》のみづはさぶしけれ永久《とは》にかなしきたみのごとくに

みをのや正「みたままつり」五首（十八頁）中の二首、不許可—右翼の宣伝・極端な国粋主義。

ふるさとは忠魂のみたままつるがに木蓮の花山深くさく
いぬじものみちにふしてやすめかみのみいつかしこみ散りし□はも

「編輯後記」（三十二頁）の次の一文、不許可—宣伝(propaganda)。

「われらが努力は歌人たらんとの欲求か。はた民草たらんとの念唱か。革新か。維新か。」

（4）「民草」　昭和二十三年九月二十日発行　七・八月合併号　二十五頁　二十円

事後検閲　検閲者　M.Saito
編集方針　ライト

「民草通信」（四頁）の次の部分、違反（Possible Violation）―右翼の宣伝（Rightist Propaganda）。

十四士の御霊を祭る八月二十五日の三年祭には編集所から影山主宰の代理で荒川、足尾から鶴見、赤石、松本、桐生市から竹内、前橋から下山、その他篠原、荒川（定）、大河原等の諸君が上京御祭に仕へた後、奉納相撲大会に荒川、鶴見、赤石、松本の四君が出場奮闘した。

渋谷行雄「幽心抄」十三首（十二頁）中の一首、不許可―右翼の宣伝（Rightist Propaganda）。

生死七度たゞにおもへばくさかげのつたなきわれもたゝざらめやも

（5）「民草」　昭和二十四年三月十日発行　再出発号　第三巻第一号　通巻十三号　三十頁　五十円
事後検閲
編集方針　ライト

影山銀四郎「歳月抄」二十七首（三頁）中の一首、不許可―国粋主義者の宣伝（nationalist Propaganda）。

くだちゆく世を遠つ代のかみ国になさむねがひに鍬振ふなり

影山生「再出発の門出に」（四頁）の中の網掛け部分、違反（V）―不許可―右翼の宣伝〈Rightist Propaganda〉。

……吾々は現今の社会一般、殊に政界で対立してゐる、あかとかしろとか、右とか左とかの争ひの渦中に入ることなく、さういふ相対社会、骨肉相食むことを否定し、飽迄日本と日本人の象徴である日の丸の旗の清明を高く掲げ、錦旗のみ旗の絶対を信じて進み度いものである。

「白珠集」の中山潤「古道照顧」七首（七頁）中の一首、不許可―国粋主義者の宣伝（nationalist propaganda）。

天の御中八重の雲わけ天降りしてかたよらぬ道しめしたまへり

「新年歌会記（荒川生）（十四頁）の全文、情報〈Info〉。

快晴に恵まれた去る二月六日の本誌新年歌会は、東北地方の旅が終つて帰途にあられる影山正治畏師を真向ひに日光の連山を眺望する蒲生神社に迎へて厳粛に開催されたが、道友千里の道もまた遠しとはせず足尾、前橋、三依方面から参集し、主宰影山銀四郎師先生他二十三名が夕刻五時頃まで正治畏師をかこんで一日を過ごした。

当日の主な行事は、宮城遥拝、御神拝を執行して後、正治畏師によつて歌会詠草の御講評に移り、別欄の如く二時間有余分にわたつての御懇切な御訓へをいたゞき凛冽朝霜の道に心つゝしみいや更の精神を誓ひつゝ朗詠に入つた。

午後は伊勢神宮の式年遷宮に就て、やはり正治畏師から一時間の御講話を拝聴して後、一時間余の座談に入つて解散した。

歌会出席者
影山主宰、佐藤善助、上野福治、阿久津満、今井憲明、鶴見貞雄、奈良部清、右井辰雄、高橋あい、合摩ソノ、竹内研一、横塚茂登子、篠原甲子郎、榊原實、笹原重司、大河原巧、松田貞夫、宮澤庸元、荒川定行、西村儀之、新井次郎、青木久、荒川敏雄
影山銀四郎「鶉居書屋歌話11」（二十四頁）、情報〈Info〉。

小題「目にふれたこと」では、日本の言葉が創られた国初の言葉の発生ということを大切にし、どのようにして今日の言葉があり、仮名遣が行なわれているかを考え、発生の原初の考えを大切に生かしてゆきたいこと事を述べ、「非日本歌の横行について」では、現代歌壇の歌こそ、ヤミ世の現代を生き写しにしたてんやわんやの闇作品に他ならない。我等は一筋に国初源流の歌のしらべに参入し、現代流行の非芸術、非日本短歌に混入することなく、常に富嶽の清明を護りたいものである、とし、「子規の論と実作」では、子規は漢語・洋語も自由に駆使して詠んでいる。歌の本格のしらべを崩さぬばかりでなく、高いしらべを打ち出している。吾々はここのところをしっかりと肚にかみしめて、歌におけるしらべの重大さを考えねばならない、と言う。「道理と合理」では、現代流の合理というものには非常に危険なものがあり、例えば共産主義が進歩的であるというような考えは全く不合理な話で、唯物論が合理だと考えているのは全然道理に合わない、吾々はそういう意味で道理と合理ということをよく考えてみなければならない、そして道理に合った社会を造ってゆきいものである、と述べている。

次の「民草通信」（二十六～二十七頁）では二つの事項が報じられている。一つは、「大正天皇御集」のこと、もう一つは民草農場の創設のことである。いずれも「　　」で囲んでいる。情報〈information〉としての扱いである。
（a）御集に就いて
大正天皇御集（普及版）は十二月廿五日大正天皇祭当

日初版が発行となつたので、目下全国的に御集刊行会を中心に同志の手で頒布に当たつてゐる。会員諸君の御努力を切望する次第である。

現在、横塚茂登子氏をはじめ、荒川定行、鶴見貞雄、新井草堂、高田徳重、三尾谷正、阿久津満、小松北溟、飯塚清雄の諸君が頒布に努力されてゐる外、栃木県国警本部教養課でも協力して頂いてゐる。御集普及のことは一時的なことでなく、長く続けて吾等の微意を捧げてゆき度いものである。なほ上製本も近く出来る筈であり、普及版の第二版も出ることになつてゐるから、一層の御努力をお願ひしたい。

（b）民草農場開始さる

民草歌道会が昭和二十三年十一月に、栃木県河内郡大沢村小室地内に平地林約二十町歩を開墾して農場を経営し、「日本の道と歌とそれを貫く生活を確立してゆき度い」という意図を示したものである。

「民草大沢農場後援会規則」の始めは次の通りである。

本会は民草大沢農場後援会と称し事務局を宇都宮市西塙田町三八五番地影山銀四郎方に置く。

本会は民草大沢農場の育成後援を目的とし、同農場の育成助長のため物心両面の援助を行う。

本会員は民草大沢農場育成のため昭和廿三年十一月より昭和廿四年十月までを第一期とし、先会費を毎月納入するものとす。

1、普通会員　一ケ月　五十円
2、賛助会員　一ケ月　百円
3、特別賛助会員　一ケ月　五百円

（以下略）

8 「歌苑」（The flower garden）

昭和二十三年八月十日発行　創刊号　第一巻第一号

二十六頁　三十円

発行所　歌苑社　群馬県大間々町四の一三七三

編集兼発行人　佐藤力雄　同右

印刷所　大間々活版所（金子平一郎）大間々町

事後検閲　検閲者　Mitsu Tomita, Furukawa

編集方針　ライト

「八人集」今泉猛の八首中の五首（十六頁）がマーク（○印）され、一、三、四、五首目の四首が英訳され、タイプで打たれ、それぞれの理由で不許可〈Disapproved〉とされた。Furukawa の検閲者ノートによれば、違反の理由は軍国主義（ミリタリズム）に統一されたことがわかる。

あふれ落つ涙は止まず君も我も千人針を火にもやしつつ　（右翼の宣伝）

北斗星をろがむに似て眺めたり此の一瞬の夢にてあれど

戦犯の容疑者として引かれ行きし人の誠を知れば悲しも　（SCAPへの批判）

あらかじめ敗れることを知りゐしとほこらしげに云ふ人をにくめり　（右翼の宣伝）

無能にて用ひられぬを戦に協力せぬと誇りをる彼　（右翼の宣伝）

表紙下部に〈4 disapprovals〉と書かれているのは、この四首が不許可になったことを表しているのである。

武藤雅美「水害」十首（十九頁）中の次の一首がマーク（V印）された。Vは violation（違反）を示している。検閲者ノートによれば、天皇への忠誠という理由で不許可になったのである。

天皇のいでましたまふ記事読めば筏の上に涙落ちたり

さらに「白玉集」の尾上清の二首（二十三頁）中の二首がマーク（V印）されているが、検閲文書等には触れられていない。

退職せし娘は暗の買出しとなりて上野の地下に住むといふ

逃れ行くすべなくなりて居直れど何処か惜まる名もなき身なれど

9 「ケノクニ」（Province of Kozuke）

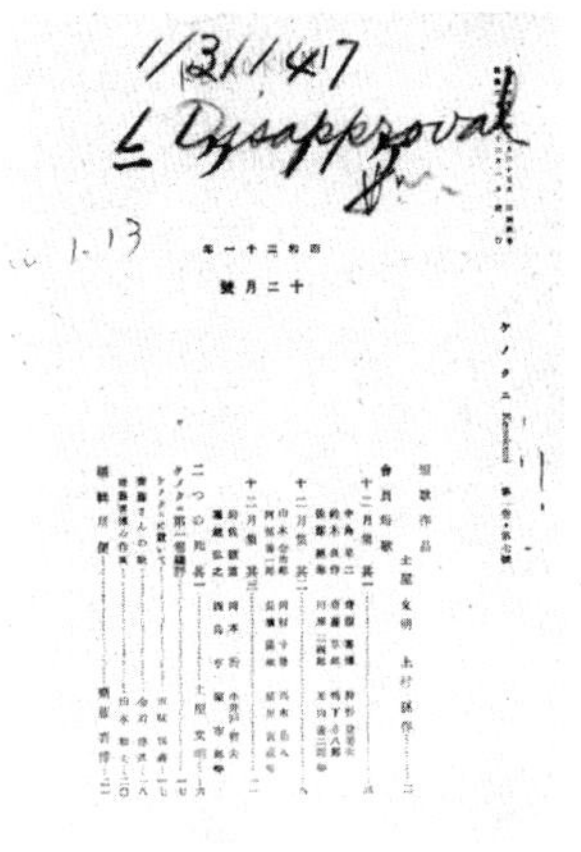

昭和二十一年十二月一日発行　十二月号　第一巻第七号　二十二頁　定価三円

発行所　群馬アララギ会　ケノクニ発行所　群馬県佐波郡芝根村
編集兼発行人　齋藤喜博　同右
印刷所　吉田印刷（吉田庄蔵）　伊勢崎市上泉町
事後検閲　検閲者　Furukawa
＊昭和二十一年　齋藤喜博創刊

違反〈violation〉とされたのは、次の二首である。

勢多の島村勇の五首（十頁）中の一首は、フラタナイゼーション（兵士が占領国民と親しくする）という理由で不許可とされたが、審議の結果はＯＫとなった。

　ジープに日本の少女乗りゆくを今日も素直に見て帰りたり

多野の西島亭の五首（十二頁）中の一首は、犯罪増加の宣伝（Crime-increase Propaganda）という理由で不許可とされたが、結局ＯＫとなった。

　をみな等はをみな等どちと犠牲《にへ》に立つ娼婦を尊き人と思ひぬ

「ケノクニ第一巻総評（2）」「齋藤さんの歌」（二十頁）において、金石淳彦が触れた、編集兼発行人の齋藤喜博の歌は、韓国への批判〈Criticism of Korea〉という理由で不許可とされた。

　日本民族を朝鮮系かと思ひいやしめ南芥菜の茎ひりつつ歩む

さらに山本和夫の歌評「齋藤喜博の作品」（二十一頁）における齋藤の同じ作品も同様の理由で不許可とされた。

10　「蒼穹」（The Blue Sky）

昭和二十二年四月一日発行　四月号　第二十集
三十七頁
発行所　蒼穹短歌会　群馬県桐生市諏訪町九二五
発行者　田島信雄　同右
編集者　岡野直七郎　東京都目黒区中目黒二—四八
印刷所　株式会社進光社印刷所（下山卯三郎）　桐生

市宮本町
事後検閲　検閲者　K.Izumi, Yamamoto

＊大正十五年六月　岡野直七郎創刊

原伊肚磨「この頃」六首（十五頁）中の次の一首は、不許可―軍国主義の宣伝。

航空母艦解体の業にあり慣れし我と思ふに日日に寂しき

11「峠路」（The Mountain Pass）

昭和二十一年七月十五日発行　第三号　ガリ版刷　十頁　非売品
発行所　坂本短歌会（永井一雄）群馬県碓氷郡坂本町大字坂本

事後検閲　検閲者　I.Hara

永井一雄の「雑記」（十頁）の下記の文は、検閲に関わるものとして不許可（Disapproved — reference to censorship）とされた。

四月二十五日附米国陸軍総司令部太平洋情報局民事検閲部新聞映画放送検閲課、陸軍大尉行政将校ジョン・ジェー・カステロ氏の名を以て連合国最高司令官の発令した日本出版法に基き、今後本誌を発行した場合はその都度二部づゝ届けるやうにとの通牒に接しました。

被占領国としての立場をお忘れなく御投稿ください。編者の選もこの点に忠実でありたいと思ひます。

これによれば発行者、選者はプレス・コードに忠実に選をすると表明しており、会員にも「被占領国としての立場」を意識させようとしている。「峠路」に限ったことではなかろう。

12

「山峡」（やまかい・GORGE）

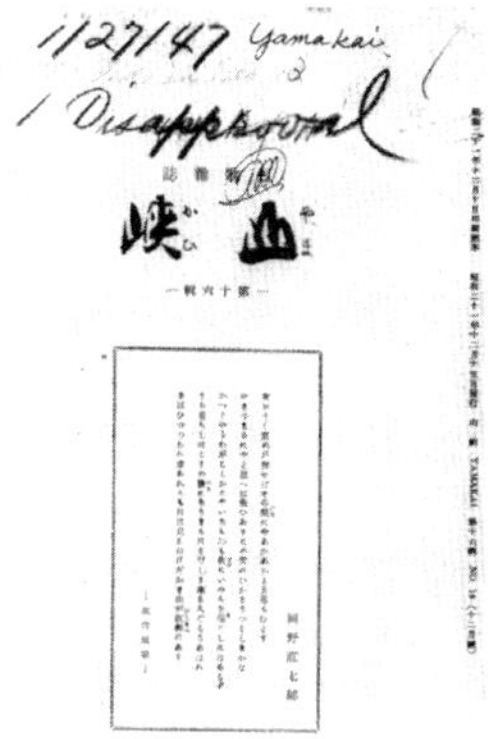

昭和二十一年十二月十五日　十二月号　第十六集　非売品　十五頁
発行所　山峡詩社　群馬県桐生市諏訪町九二五
編集兼発行人　田島信雄　同右
印刷所　進光社印刷所　桐生市宮本町
事後検閲　検閲者　Nakajima, Furukawa
＊表紙には1 Disapproval（一か所違反）とあり、検閲日は一九四七年一月二十七日であることがわかる。

松田韋山「陶房」十二首（十一頁）中の次の三首は傍線によるマークがされているが、検閲文書には処分等の記録はない。

大日本葛尾と祖父の作に見ゆ明治末期の陶かと思ふ
大日本葛尾の作と陶にすら明治末期の得意さ想ほゆ
大日本韋山と我れも書きてやらむ世には秋あり来む春もあり

渡邊長四郎の長歌「子を思ふ歌」（十三〜十四頁）の左記の網掛け部分が、ロシア批判として不許可となった。

明日はもと待つに甲斐なく、今は早年暮れなむとす、北の湖ゆ風の便りは、勇ましきソ連の兵の、島に来てわが兵を、打ちつれていつべさしてか、率てこそは行きしならめと、やるせなく耳に聞こえぬ、あはれ今詮こそなけれ、

13

「青垣」(Green Hedge, Blue Hedge, The blue Fence)

（1）「青垣」　昭和二十一年三月一日発行　復刊号　第十九巻第一号　第二〇一輯　二十四頁

発行所　青垣発行所　埼玉県北足立郡與野町大戸四八六

編集　橋本徳寿

事後検閲　検閲者　Terasawa

＊大正十五年五月　古泉千樫・橋本徳寿・三ヶ島葭子・北見志保子ら結成・創刊

「三月集」（三頁）の二首、不許可―占領軍への怒りを引き起こす〈cause resentment of occupation forces〉。

戦に敗れし国の吾らなり米国軍医の巡察を受《う》く　猪川喬興

疾走し去るジープをさけてわが佇てば惨めなる想ひ激ちて来る　小川晴江

玉田登久松「発行所便」（二十四頁）の左記の文の網掛け部分、不許可―占領軍の怒りを引き起こす、とあるが、明らかに検閲の存在を示すものである。

最近は検閲のため郵便物が遅延し、時々事故もあるやうだが、毎月月末（発行所到着日）までに送稿されたい。

（2）「青垣」　昭和二十一年五月一日発行　五月号　第十九巻第三号　八頁

事前検閲　ブリーファー（訳者）　Miura

「五月集」の故高桑菊子の四首（八頁）中の一首は、公共の平穏を乱す〈disturb public tranquility〉という理由で削除とあるが、鉛筆で強く消されていて判読しにくい。英訳は次の通りである。

〈"As the sound of the bursting and bursting is coming nearer and nearer, so it seems there can be no way to stop the enemy planes from burning my living land."〉（次々に破裂する音がますます近づいてくるので、敵機が私の住んでいる土地を焼くのを止める方法はありえないようだ。）

（3）「青垣」　昭和二十一年九月一日発行　九月号　第十九巻第七号　第二〇七輯

事前検閲　検閲者　Sugita　チェック　Furuya

チェック　Iwai　9.30 46

「九月集」の小黒俊次の七首（四頁）中の一首、削除―中国人批判。

堪へたへて中国兵に使はれし明け暮れに吾が案じゐしは何

（4）「青垣」　昭和二十一年十月一日発行　十月号　第二〇八輯

事前検閲　検閲者　H.Masa　チェック　Nobunari Ichikawa Nov. 5 1946

橋本徳寿「外地復員者の手記（二）」（十一頁）内の左記の「　」部分、削除—連合軍批判。

「時計はレンバン島に移される時に、連合軍の物品検査でとられてしまつた。殆んどの人がとられてしまつたので、島の生活は時計なしであつた。」

（5）「青垣」　昭和二十一年十一月一日発行　十一月号　第十九巻第九号

事前検閲　検閲者　Arima　チェック　E.Shimizu 12-13-46

橋本徳寿「外地復員者の手記（三）」（十頁）の網掛け部分、削除—連合軍の怒りを招く〈invite resentment〉。

退職手当は日本側では月俸の二十ケ月乃至二十四ケ月分を、出すことになつていたさうだが、連合軍が軍人軍属には出さぬことになつたのださうだ。

（6）「青垣」　昭和二十二年一月一日発行　一月号　第二十巻第一号

事前検閲　検閲者　Y.Sakai, Y.Takahashi 1/27/47

再検閲　Furuya

山上源次郎の六首（六頁）中の一首、削除—怒り〈resentment〉、誇張〈Exaggeration〉、アメリカ批判〈Criticism of U.S〉。

一食の米兵食が一日の米差し引きぬいのちたはやすき

西條の松木久の四首（十二頁）中の一首、削除—アメリカ批判。

汽車中に向ひあひたる無慙なる児童の顔は原子爆弾ですと言ふ

（7）「青垣」　昭和二十二年五月一日発行　五月号　第二一四輯

事前検閲　検閲者　K.Tsujimura, Grorning　チェック　Sugita

佐藤健の三首（三頁）中の一首、削除―占領軍批判〈Criticism of Occupation Forces〉。

　大声にウオルス大尉云ふ聞けばデモクラシーデモクラシーそれのみ理解

（8）「青垣」昭和二十二年八月一日発行　七・八月号
　第二一六輯
事前検閲　検閲者　Hayashi

片倉みなみ「左千夫歌集諸詞分類（八）」（十三頁）中の伊藤左千夫の十二首中の一首、削除―ロシア批判。作品を囲む鉛筆の線が太く不明瞭だが、英訳は次の通りである。

　□―□えみしロシアを天地の□―□誰か知らざる

〈"……All believe that Russia is the eternal enemy of Japan, for she intends to deceive our country……"〉（皆が信じている、ロシアが日本の永遠の敵であることを。というのは、ロシアはわが国をだまそうと意図しているから。）

14 「鶏苑」（Keion, Keien, Kock garden）

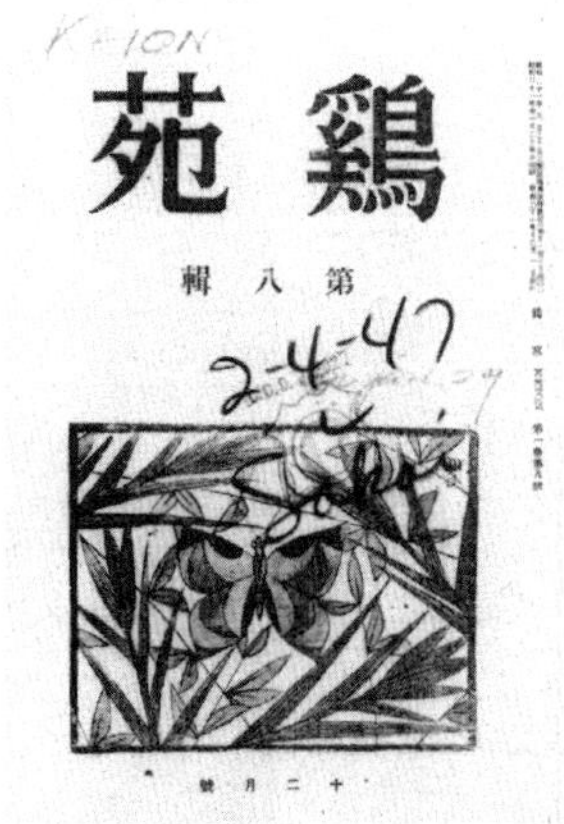

（1）「鶏苑」昭和二十一年十二月一日発行　十二月号
　第一巻第八号　二十四頁　定価三円
発行所　鶏苑発行所　埼玉県浦和市高砂町四―五十
編集兼発行人　常見千香夫
印刷所　株式会社星野印刷（金森光雄）浦和市真砂町
配給元　日本出版配給株式会社　日本出版協会会員 B211017
事前検閲　検閲者　K.Takahashi
＊昭和二十一年二月　常見千香夫・大野誠夫・加藤克巳ら創刊

「鶏苑作品集（其一）」の後藤良雄「感傷」五首（十七頁）

中の次の一首は、軍国主義の宣伝として削除とされた。

□□□きほひを感じつつ神風鉢巻□れば悲しも

この作品は一部判読不明だが、英訳は次の通りである。〈"The excitement of that time has cooled down and now taking on the head band of KAMIKAZE. I am on deep sadness of disillusion."〉つまり、（あのときの興奮は冷めてしまった。そして今、神風の鉢巻きを締めてみて私は幻滅の深い悲しみを味わっている。）という意味である。

この作品は、十四頁の「十二月集」に選ばれているのだが、ここでも削除とされている。

（2）「鶏苑」昭和二十三年七月十日発行　七月号　第三巻第七号　二十四頁　定価十五円

事後検閲　検閲者　Y.Sakai

編集方針　リベラル

「作品其二」の「堀正三の「花輪七首」（三頁）中の次の一首が不許可とされている

すでに外国教育と化すと手をふりて徳田球一叫べばわきたつ

Sakaiの検閲者ノートには、アメリカ批判の暗示〈Suggests criticism of USA〉であり、共産主義者徳田球一の行動〈this is communist Kuichi Tokuda's action.〉と述べられている。さらにFukakawaのタイプ調書では、連合国への一般的批判〈general criticism of Allied Nations〉による不許可としている。

（3）「鶏苑」昭和二十四年二月十日発行　二月号　第四巻第二号　二十六頁　定価二十円

事後検閲　検閲者　T.Iwasa

編集方針　コンサーベーション（保守的路線）

仲子義人の巻頭歌「某航空隊」三十三首（一頁）は、右翼の宣伝として一首一首英訳されているが審議の結果、削除には至らなかったものである。英訳はOharaである。

面影に今もなほ揺る陰鬱の兵舎をつゝむコスモスの群

死する迄空飛ぶ囚人我等にて食卓に並ぶ卵とミルク

青空の中より人の落ち来しを見し日も暮れてミルクをする

鮮かに人死にゆくを見たれども解し得ざりきしかも慣れにき

魂を入れむとぞ云ふ暴力に我が愛国もふやけ果てたり

人よりも操縦拙き我にしてそこより我の孤を悟りそむ

青空のさなかにひとり緩横転全《また》くなし終へ涙ぐみつも

飛行機を遠く離れて入る便所しみじみとして吾ひとりなり

きりもみに入りしと気づく一瞬に死の予感あり迫る海原

死の危機も過ぐれば心虚しくて急上昇に移りて居たり

大空にでんぐりがへり不時着し挙句の果に自爆せむかも

＊

この俺が死ぬと思ふかとつめよりしかの瞳《め》も青き海に入りけり

酔ひ来れば刀をかざして吊り床を切り落としたる彼も行きにけり

墜破せる戦闘機よりのつそりと出で来し彼も行きて還らず

緩降下特攻法習ひて夜となれば吊床並ぶ下に酒くむ

特攻の前途祈るといふことを司令はいたく素直に云へり

春風にマフラー揺れて居たれども彼等死ぬべく並びて居たり

殺伐の風《ふう》もなくなり虔《つつま》しくうら若くなりて並びて居たり

風防の中の別れのほゝゑみは我がつゝしみて推し量るなし

点火不調の一機もついに発動すおのれ死ぬべく努めけるかも

ゆるやかに脚《きやく》収めゆく離陸機に表情あれど解すべからず

脚入りて何に静けき特攻機相寄りにつつ編隊を組む

青空に区隊となり小隊となり中隊となり如何なればかく美しかりし

死を目ざしひとすじに飛ぶ機械なりあゝあの中に人間が居る

空おほひ轟き行きしが須臾にして春の海辺はもとの静けさ

手を振りて我が送りたる特攻の個々のいのちは想ふすべなし

外出をふつつりやめし我が周囲いつか静かなグループとなり

脱走兵の身上調書しらべつつ湧き来る疑惑にすべなくて居り

沖縄の住民は軍を憎むといふ我がとがのごと聞きておびえぬ

パイ缶の配給が明日はありといふそれより先の命は知らず

突然に放り出されし個のいのち我がものなるを怪しみ

にけり
真底の我の主体を含み得ぬ皇国といふに殉ぜむとしき
つきつめし対決もなく死を決めて如何なる死をば遂げんとせしや

15　**「新泉」**（New Fountain, New Spring）

（1）「新泉」　昭和二十一年二月十日発行　二月創刊号
第一巻第一号　三十三頁　二円
発行所　新泉発行所　埼玉県熊谷市大字熊谷一七五
関東アララギ会
編集兼発行人　鹿児島壽蔵　同右
印刷所　新興印刷製本株式会社（中村榊）比企郡大岡村
事前検閲　検閲者　Taniguti

＊昭和二十一年二月　鹿児島壽蔵創刊
＊表紙に捺されているCP印はPASS（検閲通過）の意味である。

「二月集」の茨城の方波見弘の一首（十五頁）は、削除—連合国の教育方針の批判〈deleted — criticism of allied educational policy〉となった。

悔なしと思ひながらも教壇に新日本を説くは苦しも

浦和の近藤吾郎の二首（十七頁）中の次の一首、検閲文書には（Refers to Prince Nashimoto）とあり、削除〈delete〉—事実ではない〈untrue〉と記されてある。

宮殿下の拘置所出頭の記事を見つこの厳しさの中に生きむ

（2）「新泉」　昭和二十一年十二月一日発行　十二月号
第一巻第九号　四十一頁　五円
編集所　熊谷市上之区前中西二四二七
事前検閲　検閲者　Nakajima　チェック　Sugita

近藤芳美「記憶」五首（二頁）中の次の二首は、中国人への批判（Critical of Chinese）という理由で削除とされた。一部不明瞭である。

彼等のみの籠球部を作□——□支那留学生の事思ひ出
づ

一首の英訳は、〈"I recollect now that they (Chinese students studying in Japan) organized only their own basket-team among them, and did not make friends with us, Japanese students."〉である。意味は、〈今私は思い出すのだが、日本にいる支那人留学生は彼ら自身のみの籠球部を作り、我々日本人学生と親しくしなかった。〉となる。

おごりたる其の頃の吾らの□——□留学生□をただに
疎みき

この英訳は、〈"We Japanese students, would intently shun the suspicious attitudes of foreign students studying in Japan with the proud mind of the Japanese then."〉で、意味は、〈我々日本人学生は、当時の日本人の自尊心を持っていて、日本にいる外国人留学生の疑わしい態度を一心に避けるのであった。〉となる。

狩野登美次の六首（三頁）中の次の二首は、怒り〈resentment〉を理由に違反とされたが、英訳され上司の審議の結果ＯＫとなった作品である。

一年に真似たる早き何々か爪くれなゐに細き眉引き

足組みて不敵なる姿態《ポーズ》は何に学びしか隠さず煙草吸ふ
さまもよし

同様に、「万緑集　其二」（佐藤佐太郎選）の防府の町田克治の次の一首（三十四頁）も、怒り〈resentment〉を理由に違反とされたが、英訳され審議の結果ＯＫとなった作品である。

街をゆきて占領軍の一人の兵無花果食ひつつ歩りくに
会へり

16 「むさしの」(Musashino, Musashi field, Musashi Plaines)

（1）「むさしの」昭和二十三年七月十一日発行　創刊号

第一巻第一号　ガリ版刷　二十二頁　非売品（五十部）
発行所　むさしの歌道会　埼玉県入間郡豊岡町　豊岡郵便局私書箱第四号
編集兼発行者　東野茂　同右
事後検閲　検閲者　Saito
編集方針　ライト

吉田松陰の次の一首（一頁）は、右翼の宣伝という理由で不許可となった。

身はたとひ武蔵の野辺に朽ちぬとも留め置かまし大和魂

以下の十三首は、右翼の宣伝として不許可と判断されたが、そのうち小林将・嵯峨野英子の作品は結局ＯＫとなった。

「客員詠草」の茨城の東ノ醜臣の二首（六頁）中の一首。

なつくさのしじにおひたるもしきのおほみやどころみるにたへめや

川崎市の山口寿美子「道」五首（九頁）中の四首。

過ぎし日々工場に通ひける道をゆきてなつかしさ限りなければ

みいくさのさびしき日々をかしこみてこれの大道《おほぢ》を通ひけるかも

みいくさに仕へまつらくひたぶるにきほひし心なほし忘れず

国の勝かたく信じて戦ひ居し日々はも恋しただに恋しも

東京都の河西勇雄「噫　至誠」六首（十〜十一頁）中の二首。

嗚呼忠臣楠子三基の字に籠る深きかなしび継がざらめや

わが大君なげきたまひそ南面のみこころ安く日は在しませ

埼玉の秋山秀一郎「述志」の次の二首（十二〜十三頁）。

地方の父と献上米つくりを志して

天つ日の照らすかぎりに神ながら瑞の稲穂の種はつきまじ

白菊は千歳に咲かむますらをの身は武蔵野に朽ちはてるとも

埼玉の小林将「迅詠」九首（十七頁）中の次の一首。

祭りの日近く
大神にしづかいのりの通へとぞ笛かきならす雨の降る夜も
東京の嵯峨野英子「近詠」七首（十九頁）中の一首。
あはれかつてこの大空を大海を皇《きみ》が御国とまさ目には見し
埼玉の東野茂の七首（二十〜二十一頁）中の二首。
駒とめて太刀洗ひたる武士《もののふ》を清き流れに偲びけるかも
益良雄の雄叫び今に忘れかね歌にぞこめむわが念ひかな
検閲者ノートは、この「むさしの」について、右翼系雑誌「不二」との関係性に触れている。

（2）「むさしの」　昭和二十三年八月八日発行　八月号
第二号　ガリ版刷　二十二頁　非売品　五十部
事後検閲　検閲者　K.Tsujimura
編集方針　ライト

次の三首はいずれも不許可、極端な国粋主義の宣伝という理由である。

埼玉の古川泰全「二月十一日早暁大日輪を拝す」二首（六頁）。
日の本の国の象徴《しるし》の天津日を心にしみて今仰ぐなり
草も木も靡き伏しけむ大御代と歌ひてあれば日は昇るなり
東京の河西勇雄の一首（八頁）。
大君のみ民なればかくばかり悲しみにつつ帰り来にけり

（3）「むさしの」　昭和二十三年十月十日発行　十月号
第一巻第四号　ガリ版刷　二十四頁
事後検閲　検閲者　T.Hamamoto
編集方針　ライト、コンサーヴァティブ（保守的路線 conservative）

影山庄平の「むさしのの歌」（一頁）の次の一首、不許可―国粋主義、神道主義の賞讃。
こんとんをひらきて今や天地の始発《はじめ》の時と祈り行くなり

この作品について、「Connected to Daito-juku」（大東塾）」と筆記体で記されている。大東塾は、昭和十四年に影山正治を中心に結成された右翼団体で、歌道の修養を人間形成の基本に置く。不二歌道会と一体のものである。

北多摩郡の荒井留五郎の「ほど近き護国神社に参拝して」（九頁）の次の二首、チェック（✓）のみ。

古志国に千本高知りておはします護国の宮に祝詞曰しき

畏きや宮居の社に一夜寝《ね》て飯《いひ》をも炊きて朝たちにけり

入間郡の東野茂「秩父の歌」七首（十二頁）のうち次の四首がチェックを受ける。一、二首目（✓）、三、四首目（○）。特に処分はなかった。

一すぢの念ひを秘めて朝な夕秩父が峰を仰ぎ見るかな

益良雄のかなしみひそとうち秘めて仰げば親しい秩父群山

むさしのに年を経ぬれば大いなる秩父群山われに親しも

朝な夕霧湧き立ちて秩父嶺は間近く見えて秋立ちにける

「道友消息」（二十二頁）の次の三つの文は、情報（インフォメーション）。

愛□□同□は□□奉仕団を組織し去る九月二十一日より二十四日まで宮城内勤労奉仕を行はれました。

「会報」（二十三頁）の次の文。

八月一日から國學院大學で開かれし「神道□会」ニ当歌会より古川泰全、秋山秀一郎の二名受講す。

「後記（草野記）」（二十四頁）の次の文。

先人の悲願を継承すべく巻頭歌「むさしのの歌」に十四士の遺詠を集録し又松陰先生の「留魂録」を連載していくつもりである。此の遺言こそは唯に知友門人へ対しての遺言書である許りでなく万代に渡つて日本国民である我々への遺言である事を思ひ各人それぞれ読みぬいて行つて頂きたい。

検閲者ノートには、この雑誌は強い国粋主義的色彩を持っている、と記されている。

また、情報として、影山正治の人物像、主要執筆者は、影山正治・東野茂・資延彌榮・資延（Motoo）・秋山秀一郎・小林将・荒井留五郎であること、東野茂は、「むさしの」の編集者であり、影山の追随者であることが記されている。

また、次の歌誌は、「むさしの」と関係あるものとしてあげられている。誌名はローマ字書きなのでひらがなに直した。

「ふじ」、「さわらび」（山形県）、「ひとすじ」（福島県）、「やくも」（北海道）・「やまとだま」（同）、「たみくさ」（栃木県）、「たみくさ」（茨城県）・「ひたち」（同）・「つくばね」（同）・「たちばな」（同）、「さがむ」（神奈川県）、「むさしの」（埼玉県）、「ほなか」（静岡県）、「あさじも」（愛知県）・「くまがし」（同）・「しらたま」（同）。「たかだて」（栃木県）・「あしかび」（同）、「ひこばえ」（群馬県）の三誌は「民草」に合同。

（4）「むさしの」昭和二十三年十一月十四日発行　第一巻
第五号　ガリ版刷　三十二頁　五十部
事後検閲　検閲者　K.Tsujimura
編集方針　ライト

「会友詠草」（三頁）の東醜臣の長歌の「　」部分、マーク（囲み）のみ。

ふるさとに遺骨を迎ふる歌（長歌）

……「たか光る　吾が大君の　大みこと　たゞにかしこみ　八汐路の　潮路はろけく　久方の　天の日□る　みむなみの　海のはたての　波さやぐ　島の荒磯に　草の葉を　□根を噛みて　玉鉾の　道ひとすぢに　ひたぶるに　つかへまつりて　たまきはる　いのち死にけむ」……

「不二の歌（二）」の比企郡の古川泰全の六首（四～五頁）、不許可―右翼の宣伝。

大いなる日は昇るなり神不二の高嶺に立ちておろがみにけり
神ながら不二の高嶺に昇る日を只に畏みおろがみにけり
大君の豊の御栄え祈りつゝ大いなる日をおろがみにけり
たゝなはる八重の白雲下にして神不二山は天にそゝりたつ
おろがみて仰ぎまつれば千早ぶる不二の□に真日の照り映ゆ
神ながら絶ゆるなしとふ神不二の嶺より出づる川の水はも

南博の「昔年懐古」の一首（八頁）、マークのみ。

むさし野のえはらが里の中延に常□—□八幡社□□

英訳は、〈"Oh, Hachiman god of army Ever reigning the shrine dedicated to the God at Nakanobe, Ebara of

Musashino."〉とあるから、□内は「常におはする」、「軍神」の意味であろう。

中央区の河西勇雄（九頁）の次の一首、違反—右翼の宣伝。

佐久良東雄大人を思ふ
かみたけび泣きいさ□つつ大君に仕へまつりし□き益良雄

英訳は次のようになされている。

〈"Oh the time man of loyalty! He saved great Emperor (Ogami) with matchless fidelity."〉

入間郡の東野茂「上京賦」（十～十一頁）の長歌の「　」部分と反歌二首、違反—右翼の宣伝。

「高光る　大君います　九重の　玉の宮居を　遥けしも　拝みまつる」……「すめらみことの　弥栄を　祈りまつれば　胸せまり　涙わきくる　願はくば　醜の民草　つたなかる　身にはあれども　大君に　□げし誠　あらがねも　貫き通す　一すぢに　よろづ代までも　仕へむと　今このよき日に　誓ひまつるも」

反歌
九重の松の緑の常盤なるごと千代八千代大君の弥栄祈りまつるも
降ちゆく世にしあれどもたゞ守らなむ御民われ大君に仕ふる誠心を

（5）「むさしの」　昭和二十四年一月二十八日発行　新年号　ガリ版刷　二十二頁

発行所　埼玉県北足立郡小和田町西堀
編集人　岩原正志
事後検閲　検閲者　Tsumura
編集方針　ライト

野村辰嗣命「十四士遺詠抄其四」（一頁）の一首が不許可—右翼の宣伝〈Rightist Propaganda〉。

み嘆きの深く鎮もるきみどりの大内山を見るに耐へめやも

（6）「むさしの」　昭和二十四年二月二十五日発行　二月号　第二巻第二号　ガリ版刷　二十四頁

事後検閲　検閲者　Sugita

「武蔵野の歌（十四烈士の遺詠）」（一頁）の次の二首が、違反—右翼の宣伝。

武蔵野の朝の露と現身の命を死して御國まもらむ

福本巳代治命
今更に何をか言はむ国の状大内山をみるに耐へめやも
吉野康夫命

（7）「むさしの」　昭和二十四年四月二十五日発行　四月号　第二巻第一号　ガリ版刷　通巻第十号　二十六頁　四十部
事後検閲　　検閲文書なし

福山市の東野茂「叔父の遺骨を迎ふ」四首（七～八頁）中の三首について、頁の余白に手書きで、〈V Rightist Prop〉（違反―右翼の宣伝）と書かれている。

みいくさに万朶の桜と散りにける貴きみ霊還り来ませり
国念ふ熱き心と迦具槌の火むらと燃えて征きし君はも
日の本の華と散りける丈夫の永久の祈りを継がざらめやも

（8）「むさしの」　昭和二十四年五月三十一日発行　五月号　ガリ版刷　二十二頁
事後検閲　　検閲者　S.Sawaki
編集方針　ライト

次の長谷川幸男「むさしの五月号　秀歌寸評」（十六～十七頁）は「　」部分が不許可と判断され英訳された。理由は、右翼の宣伝である。

「今月号は五名二十二首。数も少なく投稿者も少なかつた。然し決して悲観する必要はない。人数などは問題でないのだ。「まさに『正成一人』の覚悟こそ必要である。楠氏は一兵衛尉として僅かに六百たらずの手兵を率ゐて満天下の賊軍を相手に剣峻でこそあれ微々たる千早城に出籠つて戦ひ抜いた。湊川に赴いた時は満身創痍の一族郎党僅か六、七十にすぎなかつた。然し正成の悲願は今も測《（ママ）》々として生きてゐる。特にかゝる時勢になればなる程、正成の孤忠が尊く有難く回想されることである。少数であつたが、天下無敵であつた。正成を生んだかくれた先祖伝来の苦業、正成がかけた七生の悲願を思ひ、且つは無限に人臣の道のあかしとなつてゐる事実を見つめる時、不撓不屈の勇気が湧きあがつてくる。例へ目に見えぬ一兵衛尉であらうとたとへ味方少なからうと飽くまで堂々として祈りこめたきものである。後世必ず議論の公なることもあるであらう。

誰もが出来る時の御奉皇はだれもがする。然し誰もやらなくなつた時の御奉皇こそまことの御奉皇である。戦時中誰も彼もが楠氏を称揚し、吉田松陰を賞讃したがそんな時代には楠氏の精神も松陰の心も生きては居らなかつた。今の様な時世にこそ志士たちの苦節が躍々と躍つてくるのだ。」

「会報」（二十二頁）の次の文は、情報（インフォメーション）としてマークされた。

宮中御奉仕＝不二奉仕団による宮中御奉仕は、四月二十六、二十七、二十八の三日間、団長影山英男氏のもと延人数百九十九名によつて仕へ奉つた。むさしの会員の中では、大谷、飯田、荒井兄妹、南、山口、岩原兄弟の諸兄姉が各々参加された。尚、東野兄の令弟も大阪より参加され三日間懸命に奉仕されて居られた。

17 「あさひこ」（The Morning Sun, The rising Sun）

（1）「あさひこ」 昭和二十一年一月一日発行 復活号
第一巻第一号 十六頁 非売品
発行所 あさひこ短歌会 千葉県印旛郡木下町小林
編集兼発行者 大坪草二郎 同右
印刷所 明和印刷株式会社（松村保） 神田区神保町
事前検閲 検閲者 Miho

次の一首（十頁）は、作者・作品共に強くマークされていて判読不能だが、次のように英訳されて削除とされたものである。

〈"Although the severe fighting ended, the groups are still fighting hunger in Marayan Penninsula."〉

和訳すれば、〈激しい戦闘は終わったけれども、隊は今もなおマライ半島で飢えと闘っている。〉である。

検閲者 Miho のペン書きのノートには、これは降伏した兵士が勝利者によって虐待されているという誤った印象を与える、と書かれている。その側に、鉛筆書きで〈deleted disturbs public tranquility〉（公共の平穏を乱す）と明確に理由が書かれている。上司である検閲官の判定であろう。

次の作品（十二頁）も、強く消されていて判読不能であるが、英訳は次の通り。

〈"The holy war at last ended in surrender. I do not

know what to say or what to do, There is only the flowing of tears.”〉

和訳すれば、（聖戦は降伏して遂に終わった。私は何を言うべきか、また何をすべきかわからない。ただ涙が流れるのみである。）ということである。

検閲者ノートには、〈Holy war should be changed to battle（SENSO）〉（聖戦は戦争に変更されるべきである）と書かれたあとで鉛筆の線で消され、新たに筆記体で〈deleted — nationalistic〉（削除—国粋主義的）と判定理由が書かれている。これも上司の判定であろう。

（2）「あさひこ」昭和二十一年三月一日発行　三月号　第一巻第三号　十六頁

事前検閲　　検閲者　O.Otorii

「編集後記（草二郎記）」（十六頁）の次の「　」部分が削除となり、実際に発行誌の「編集後記」では削除されている。

○「①□□□の検閲を受けるために、毎月二回占領軍の②□□□を訪づれるが、放送会館六階の」事務室で事務をとつてゐる人達の態度や動作は、まつたく自由闊達で、ノビノビとしてゐる。これが皆軍人であるとは、到底信じられないくらゐである。

この文の中の□部分は強く消されて判読不能であるが、英訳は次の通りである。

〈① In order to have this magazine censored we have had the occasion to call on the various CI & E offices of the Occupation Forces. The manners and actions of those who are working in the offices ② on the 6 floor Radio Tokyo Building are so liberal and magnanimous and they are doing their duties so cheerfully that we can’t believe that they are all military men…….〉

（Underlined portions DELETED; untrue, censorship policy）

このアンダーラインの部分は、それぞれ〈①本誌の検閲を受けるために〉〈②ラジオ東京ビル（放送会館）六階〉という意味となり、これが削除の対象となったことがわかる。その理由は、事実でなく、検閲方針に関わるということである。検閲の事実と、その場所は秘さねばならなかったのである。

（3）「あさひこ」　昭和二十一年八月一日発行　八月号

第一巻第八号　三十二頁　四円

事前検閲　　検閲者　M.Taketomi

「八月集其一」の大井静雄「盛夏帰省」五首（三頁）中の次の一首は、中国人批判〈Critical of Chinese〉という理由によって削除となった。

　隣席の中国人らわれに対ひ時を得顔の振舞ひなすも

（4）「あさひこ」昭和二十一年九月一日発行　九月号
　第一巻第九号　三十二頁　四円
事前検閲　検閲者　E.Sugiura

「編輯後記（草二郎記）」（三十一頁）の下線部は、天皇の神格化、存続に関わることにより削除（Underlined portions Deleted; divinity of Emperor, and for continuity）となったのである。

〈①"Hitomaro's poem praising. Since the Emperor is a God, and〉天武天皇が「人妻ゆゑにわれ恋ひめやも」と詠嘆せられ、〈② are not at all inconsistent. The emperor 〈Emperor TEMMU〉赤裸々なる真実を吐露せられた歌にも、おのづからなる威厳や品格が備はつてゐる事は、上代の歌を観賞する何人もが認めるところであらう。

　下線の部分は強く消されていて判読不能であるので、英訳の部分を当てはめてみた。それを和訳すれば、〈①人麻呂の歌が天皇は神であるがゆえに賛美していて、そして〉、〈②全く矛盾していない。天皇（天武天皇）が〉という意味となろう。

　始め検閲者ノートでは、極端な国粋主義的（ultra nationalistic）が削除の理由であった。

（5）「あさひこ」昭和二十三年六月一日発行　六月号　第三巻第六号　三十二頁　四十円
発行所　東京都文京区高田老松町二八　堀瀬方
事後検閲　検閲者　K.Iida, Furukawa
編集方針　センター（中道路線）
＊この号から発行所が千葉から東京に移る。

埼玉の豊田武文の三首（二十三頁）中の一首が不許可――ロシア批判（Criticism of Russian）。

　幾月かしひたげられし北鮮を去りゆくことのかなしきは何ぞ

18 「花實」（Fruit, Flower and Fruit）

（1）「花實」 昭和二十一年十月一日発行　十月号　第五巻第七号　三十頁　四円
発行所　花實短歌会（平野方）　千葉県君津郡富津町字相野番
編集兼発行人　平野宣紀　同右
印刷所　善友印刷有限会社（井上村蔵）　横浜市南区
事後検閲　検閲者　Kitahara　チェック　E.Shimizu
＊昭和十五年　平野宣紀創刊

中村芝鶴の文、「境なき境」（八頁）の網掛け部分が削除となった。また、その前の「その頃は～持つてゐた」の部分には傍線が引かれ、○印がつけられている。ここも削除が検討されたのだろう。

（前略）その頃は未だ進駐軍に対して種々のデマが飛んでゐる最中あつたから私達も或程度の警戒の念を持つてゐた。終戦後私が初めて会つた米国人はニュースマンで私の家にも泊まつたからその人の話にとつて日本国民に対する米国の心情はよく諒解してゐたけれど如何に米国の人と□…□なかった。その三人連の兵の一人は若い兵士だったが、二人は相当な相当の年配で肥つた丸顔の人は顔に汗が流れてゐた。（後略）

削除の部分は強くマークされているので判読しがたいが、英訳は次のようになっている。

〈But among many there were some Americans with whom we still could not so trustingly associate.〉

つまり、（しかし大勢の中にはまだあまり信頼して交際できないアメリカ人もいた。）、という意味である。これは、占領軍批判〈Critical of Occupation Forces〉という理由で削除になったのである。

山口ふく子の五首（二十六頁）中の一首は、「七月十九日　被災してより一周年」と詞書がある。これも削除の例である。しかし、初句の「家焼かれ」まではわかるが、以下強くマークされていて判読しがたい。英訳は次の通りである。

〈"Even though my house was burnt down by the

violent air-raid and I had to sleep on the dry river-bed at night, I still relied without any doubt upon the decisive battle in Japan Proper.”〉

つまり、〈私の家は猛烈な空襲に焼き払われ、私は夜かわいた川床で眠らなければならなかったけれども、何の疑いも持たずにまだ日本本土決戦を頼みにしていた。〉という意味である。これは、国粋主義の宣伝という理由で削除とされた作品である。

ブリーファー（訳者）はKitaharaとある。

（2）「花實」昭和二十一年十二月一日発行　十一・十二月合併号　第五巻第八号　二十六頁　五円

事前検閲　検閲者　K.Izumi　チェック　E.Shimizu

石下源の作品一首（十二頁）についての井上村茂の「社内批評（八・九月詠草）」の次の全文が削除となっている。理由は、宣伝（プロパガンダ）とある。

大君は葉山の海の春潮のあさきうねりを踏ませゐたまふ　　石下　源

この歌はおそらく戦前であつたなら、日の御子は沼津の海の大波に笑まし泳がせ写されたまふ（十六年十月号同氏）と同じ□□を与へたであらうが、今日の私の感情からすれば、もつと新しいと云ふ現在の私共が感じてゐる人波に揉まれてゐる天皇のあり方を歌つて欲しかつた。氏のもつ独特の情緒もこの辺に線を画して一段と厳しいものに向かつてゆかないとマンネリズムに陥る懼がないとは云はれない。

検閲者ノートでは、削除理由を天皇の神格化〈deification of the Emperor〉とし、タイプ調書では、宣伝〈propaganda〉としている。

（3）「花實」昭和二十三年十二月一日発行　十二月号　第八巻第九号　二十八頁　二十円

発行所　花實短歌会　神奈川県横浜市南区宮元町四ノ八三（井上方）

発行兼印刷人　井上村蔵　同右

編集人　植木正三

印刷所　善友印刷株式会社（井上村蔵）

日本出版協会々員番号　B211031

事後検閲　検閲者　Sugita

編集方針　センター（中道路線）

「作品」の市川健次の十七首（五頁）中の一首が不許可（Violation）とされた。理由は、軍国主義的（ミリタリスチック）である。

一年あまり君が愛撫せし軍刀の行方を思ふ時ありや否や

次の杉山毅兒の四首（八頁）中の一首は、極端な国粋主義（Ultra Nationalism）で不許可とされた。

ぬけぬけと絞首刑七人を罵れる人居れど今日の自弁にすぎず

また、中山芙蓉の五首（八頁）中の次の一首は、右翼の宣伝（Rightist Propaganda）で不許可とされた。

眼熱く新聞の写真をみつめをり絞首刑七人のバス行くところ

さらに、市古金利の五首（十七頁）中の一首、これははっきりしないが、闇市や占領軍批判ということであろう。

あげられし闇屋のなかに女も居てせまきジープの席ゆづり合ふ

19 「神奈川短歌」

昭和二十四年八月か（発行年日不明）　八月号　第三巻第八号　通巻二十二号　ガリ版刷　十六頁

発行所　新日本歌人協会神奈川支部　横浜市保土ヶ谷区西久保町二十二

発行人　上村健太郎

編集部　髙橋とみ子他七名

事後検閲　　検閲文書なし

検閲文書がないので検閲内容は正確でないが、表紙に大きく「2 disapprovals 9-8-49」と鉛筆で書かれているので、昭和二十四年九月八日に二か所の違反が認められたことがわかる。それは三頁の「V leftist Propaganda」と手書きされた次の長歌の一部と六頁の二首と思われる。

わがつまけいすけの「このこうば」（3）

……このコーバ　いまや　はや　アメリカの　おおきな　カイシャとの　はなしあいもおおよそのところはきまり　シザイとカネお　うまうまと　てに　いれてシューチュー　セイサンお　おこなうと　ゆー、ねだんも　いつもの　ように　うまいぐあいに　きまるとゆーこの　コーバ　がたびしになって　しまったカピタリズムノ　しゃかいの　しくみの　うえで　アメリカからの　シャッキン　と、ジンミンの　ゼイキンの　たべものお　くって、もー　おれたちわ　ぜったい　だいじょーぶ　と　おもって、あー　ニホンケイザイフッコー　と　ゆー、でも　みろ　チューゴクお　セントウに　して　あらたに　たちなって《ママ》　くる　アジアの　すがたお　そして　われらの……

鈴木療養所の小林あきらの「デマ記事」二首。

ブル新聞のデマ記事　病床に読めば
いかりに　もえて
いつか　熱はあがっている

あくらつな　反動のデマに
今にみていろと叫びたくなる
病みて伏すベッドに
人民政府のこと　考える

20 「潮音」（The Sound of Tide, Current Sound, Tidal Sound）

（1）「潮音」昭和二十一年二月一日発行　二月号　第三十二巻第二号　十六頁　定価一円
発行所　潮音社　神奈川県鎌倉市扇谷四三四
編集兼発行人　太田貞一　同右
印刷所　大東社（鈴木宗一）愛知県中島郡起町
日本出版協会会員番号　A一〇三〇一〇番
事後検閲　検閲者　R.Kiriyama
＊大正四（一九一五）年七月　太田水穂創刊

兒島芳子の二首（四頁）中の次の一首は、不許可—宣伝(Quotation Disapproved; propaganda) とされた。

むつまじくマッカーサーと並み立たす一天万系の君を
おろがむ

R.Kiriyama による英訳は次の通り。

〈"I warship the Emperor of the whole heavens standing so intimately with Gen. MacArthur."〉

中村たかよの一首（九頁）はチェック（✓）のみだが、国粋主義的という理由で不許可の可能性もあった作品だろう。

五体裂け狂ふ思ひす玉音のラヂオの前にひれ伏して泣
く

（2）「潮音」昭和二十一年三月一日発行　三月号　第
三十二巻第三号　三十二頁　一円五十銭
事前検閲　検閲者　Otori チェック　Masayoshi.
Ohta

本号は二月号の事後検閲から事前検閲に変わっている。「潮音集（一）」の桑原滉の一首（十八頁）は、削除とされた。公共の平穏を乱す（poem deleted: disturb public tranquility）という理由である。

日本一千万人飢うといふ言葉の意義はおろそかならず

（3）「潮音」昭和二十一年四月一日発行　四月号　第三
十二巻第四号　二十二頁　二円
事前検閲　検閲者　T.Sasaki　ブリーファー
Y.Onoh

兒島芳子の一首（八頁）は、削除—宣伝（プロパガンダ）とあるが、強く消されていて作品は不明瞭である。

□—□焼野の原の□——□をみそなはす

英訳は次の通り。

〈"From the high up Heaven The Emperor descended To see the people on Fire ravaged town."〉（空高き天より天皇は降りてこられた。火が破壊した街の住民を見るために。）

高橋忠吉の論文「中道の自覚」（二十七～八頁）中の「天之御中主神の中」全文三十二行分（a）、「絶対理念と中思想」の全文三十一行分（b）、「中道の自覚」の全文十八行分（c）が削除となった。

（a）天之御中主神の中
中道に就ては日本理念の宗主とも云はれる古事記

を注意して見なければならない。天地初発の時に於ける天乃御中主神は祖先の宇宙観に依つて設定せる、未生胎蔵の隠り身の神であるが、この神の御名の包蔵するものは宇宙であり中心であり、主宰であつて、日本理念の根本を成すものであることを知るのである。中は宇宙全体を包摂するものであつてこの故に天乃御中主神は宇宙万有を主宰する絶対神である。天乃御中主神に次いで高御産霊神、神産霊神がある。この二神は産霊の事を掌る神で、日本古代理念に於ける最も重要な位置を占める産霊の原理がここにある。霊は（ヒ）とも、（ミ）とも云つて、霊駆る（光）微妙であり、美、麗である。産霊は醞醸醗酵で、無いものが自然に生じてくるむすの意味で、日本理念に於ける生成発展いのちの意義を開いてくれるものであるが、この産霊二神は宇宙の根本原理である天乃御中主神から分離分身したものであつてもともと一体のものであるから、根本と現象、体と用と云ふ形に於て常に融合一致するものである。

　尚具体的に云へば、古代理念は幽中顕をあらはすものであつて即ち次の如き形を示すものである。

神御産霊神　　幽
天乃御中主神　　中
高御産霊神　　顕

表から見れば神御産神、天乃御中神、高御産霊三神であり裏から見ると幽中顕となる。天乃御中主神の御本質である恒久不変を代表するものに神御産霊神があり生成発展を表現するものに高御産霊神がある。一は虚であり、空であり、幽である。一は実であり、現象であり、顕であると云つたならばどうであらう。

　これは二神の持つ能分の上から云つたものであつて、常に根本理念（中）である天乃御中主神の体の中に融合一致して円融自在の妙を示現するものであるが、これは日本理念に於ける帰納妙法とも云ふべき微妙なところである。

（b）絶対理念と中思想

　天乃御中主神は中であると共に全の義を負ふものであることは既に述べたところであるが、これは宇宙の全実態を指すものであるから、即ち空であるとも云ひ得るのである。

日本古代観念に於ては山川草木鳥獣魚貝はことごとく神としての御名を以つて親しみ称へてゐる。山川草木鳥獣魚貝はそのまま神格化して神の御名を持つ。これが所謂八百万神である。これは又宇宙の法則たる万有は一根より生ずると云ふ義と表裏一体を成すものであつて、此処にこの民族の汎神思想があるのであるが、又天乃御中主神の持つ偉大なる包容性を示唆するものであると云ひたい。

森羅万象は天乃御中主神から汎神的に分離分身したものであつて、天乃御中主神即森羅万象、森羅万象即天乃御中神であつて、又これを中心即全体、全体即中心と云っつてもよいと思ふ。この故に天乃御中主神は即ち中思想、全思想、空思想の絶対無限の世界を挙揚するものであつて、ここに日本理念は絶対原理の上に立つ中思想であることが分明するのである。

中思想であるから対立することが無い。個と個、自と他、人と自然と云ふ対立は凡て埋没して純粋活動の無限の広がりの中に□漫する。之を宇宙と個に於て説明するならば、宇宙は生命の無限の広がりであり又無数の個の集積である。宇宙と個の対立は生命を通じてその光の中に融合して無限に広がるのが□漫であり、個が生命を通じて宇宙と融合して各々小宇宙を形成して無限極小に集約するのが浸潤である。中思想はこの極大と極小とを兼具するものである。

この日本理念は支那哲学殊に老荘、儒学の滋養を吸収して自家薬籠中のものと成し、進んで印度佛教の精髄を絞り取つて内容を豊かにし、近世に至つては欧米思想と接触しつゝ、その偉大なる包容性を顕現して、盛りあがりうねりつつ複雑なる様相を露呈する。

（c）中道の自覚

今回の敗戦の原因は種々の面を有つものであるが大局から云つて根本理念の「中」を忘却して末葉の問題を重視せるところに重大過失がある。日本理念は天乃御中主神の宇宙原理にに高御産霊、神産霊二神の産霊原理を根本とする中思想（絶対理念）であるから、これを正しく認識するならば対立や衝突等を招くが如きことは絶対無いのみならず進んで絶対平和の愛好となるべき内容を持つのが日本理念であるのである。

吾等の祖先は天地初発の時に於て天乃御中主神を設定して中を確立し、日本民族の根本理念としてゐることに驚きを感ずるのである。天乃御中主神を有することに拠つてこの国が宇宙の理と一致し、この中が又同時に全体の義を負ふものであることを知る時、その包容性の偉大さは驚くべきものがある。即ち我が国はこの線に沿ふ限りに於てこの国の真の民主的形態が確立されるものであることを信ずる。これはまた自由の普徧確立と云ふものである。ここに中道の自覚がある。この国の文化の新建設は天乃御中主神の理念とその御名の包容性の偉大さとを再確認することに拠つて必ず成就される事を信ずるものである。（終）

この文は全てY.Onohによって英訳された。上司の審議の結果、引用文は削除―極端な国粋主義の宣伝（Quotation deleted: ultra nationalistic propaganda）と判定された。

（4）「潮音」昭和二十一年五月一日発行　五月号　第三十二巻第五号　三十頁　二円
事前検閲　検閲者　H.Ito

鈴木静の五首（五頁）中の次の一首は、公共の平穏を乱すもの〈disturb public tranquility〉として削除とされた作品である。

脈うちて去年の日記を流れゐる熱き血潮は今もわが持つ

伊藤光の一首（十二頁）は、占領軍の怒りを招く〈invite resentment of Occupation Forces〉という理由によって削除とされた作品である。

ジープ去る夜の街角にくづれゐる女の姿態紅の唇開き

「消息（光子）」の次の「　」内の文（三十二頁）は、検閲方針に関わるもの（Censorship policy）として削除とされた。

「最近本部もマ総司令部検閲局の検閲を事前に受けることになりましたために自然発行期日も遅れるやうになつてゐます。」

（5）「潮音」昭和二十一年七月一日発行　六・七月合併号　第三十二巻第六号　三十二頁　二円
事前検閲　検閲者・ブリーファー　Y.Terasawa

神林博視の次の一首（八頁）は、軍国主義的〈militaristic〉という理由で削除とされた。

戦犯か武士なればぞ本望と大和男の子は消えうせにけり

「推薦歌」の井上敏子の三首中の次の一首（十一頁）は、〈fraternization〉（被占領国民と親しくすること）という理由で削除とされた。とりわけ日本女性と米兵との交遊をうたう作品の例が少なくない。

紅濃ゆく咲きし撫子セーラーの胸のリボンに露落し泣く（教子）

英訳は、〈"A Japanese girl with rouged lips shedding tears upon a ribbon on the breast of an American sailor clinging to him."〉とあるから、「セーラー」はセーラー服ではなく、米水兵のことで、フラタナイゼーションになるのである。

「特選歌」の梅澤久子の三首中の一首（十七頁）は削除、理由はフラタナイゼーションである。

砂塵まくジープに乗つて得々とものを後り目に赤き唇ゆく

英訳は、〈"A Japanese girl with red lips was triumphantly sitting in a jeep running at full speed raising dust."〉である。

（6）「潮音」昭和二十二年二月一日発行　一・二月合併号
第三十三巻第一号三十二頁　五円
印刷所　清隆社印刷所（清水倉男）日本橋区蛎殻町
事前検閲　検閲者　Y.Onoh, Furukawa

「潮音集（一）」の江口まさ子の四首（三頁）中の一首は、怒り〈resentment〉により違反と判断されたが、結局OKとなった作品である。ただし、検閲において原子爆弾は微妙な存在であった。

また一つ瓦礫のなかに掘り出せし屍は誰ぞ秋の日向に（原子爆弾）

同　工藤静歌の三首（九頁）中の一首は、天皇の神格化〈divinity of Emperor〉として削除とされた。検閲者は、Furukawa。

晴れ高き秋津軽野に出雲なる神の御裔のみ子を迎ふる

「潮音集（二）」の冨永京村の三首（十六頁）中の一首、削除。

塵一つ余さぬまでに焼け果てて秋空ひろしわれの鹿児島

検閲者ノートには、削除〈Delete; Kagoshima city was burnt completely by Air raid. recommend deletion reason resentment〉（鹿児島市は空襲で全焼した。恨みを理由に削除）とあるが、審議の結果OKとなった作品である。

（7）「潮音」昭和二十二年四月一日発行　四月号　第三十三巻第三号

事前検閲　検閲者　Nakajima, Furukawa

太田水穂・若松伸子・四賀光子・太田青丘による「潮音短歌合評」（二十五頁）における太田青丘の一首についての左記の合評部分が削除とされた。

　民族のこの忍従が百年の卑屈となるをわれは恐るる

　　　　　　　　　　　　　　　　　太田青丘

水穂　前のは描写。これは抽象の□□であるが、感慨の波濤は一つの詩を形成してゐる。こゝに近代詩の向ふ新しい方向がある。

光子　今まで歌壇は身体描写を重んじてゐました。そのため歌が感覚的になつて来ましたが、一方に志が見えない歌が多くなりました。

水穂　理念が韻律をもつて運ばれる時、思想は詩になる。漢詩にはこのスタイルが極めて多い。

青丘　歌は情に溺れ易い。「詩は、志を言ふ」から、理念（道）に傾く。これは万葉と漢詩を比べてみても分明する。

水穂　この日本国は岩水姫、佐久耶姫以来、怨念を何かにかたどるといふ象徴表現が多い。象徴は概念の感覚化だから……。

伸子　今後の潮音には、かういふ行き方がもう少しあつてよいと思ふ。歌壇の描写偏重を救ふ方向がこゝにありはしませんか。

青丘　感慨の波になつて出るところでなかなか難しいが、こゝを行く人がもう少しあつてよい。

伸子　詩になりにくいですね。□な事の叙述になつてしまふから。

光子　花鳥風月が入ると理念が落付ので、そこに□□□の魅惑がある。

水穂　詩になるかならぬかは畢竟道、宇宙、真理に通じているか否かだ。

伸子　さういへば近ごろの歌壇の歌は大方単調平板に終る。一点への集中も、無限への拡がりも無いのが多い。

青丘の一首は、〈“I'm afraid lest（this submission of the Japanese race）should become a servile spirit for a hundred years to come.”〉と英訳されて削除となった作品である。

　検閲者ノート（EX's Note）には、次のように記されている。〈The above mentioned poem may cause the Resentment of Allies. If this poem is objectionable, the whole sentence（31 lines）followed it, regarding to the commentation on the poem is to be deleted.〉つまり、上

に述べた歌は連合国の憤慨の原因となる可能性がある。もしこの歌が異議のあるものならば、それに続く全文が、その歌の解説に関係しているので削除されるべきである、という意味である。

（8）「潮音」（Murmuring Tide）　昭和二十三年十一月一日発行　十一月号　第三十四巻第十号　五十一頁　三十円
印刷所　合名会社大川印刷所水田工場　横浜市中区日ノ出町
事後検閲
編集方針　センター

「霜月集」の西澤茂富の六首（五頁）中の次の一首は不許可とされた。検閲者ノートには、ロシア軍軽蔑〈disparagement of the Russian Forces〉とある。

　奪いとりし時計を玉のごとくするソ連の兵士憎まれなくに

土屋カツオの文「風雅の悲焔」（十〜十二頁）の次の「　」部分（十頁）が不許可となった。

「本当に正確にこの時代背景を再現するとなれば、特に戦争末期の代表的作品を多く網羅しなければならない訳であるが、現在の検閲事情と、恐らくは多くの人々の心情として、戦争短歌を再び世の明るみに出すことは好ましくないところから、このことは望むべくして不能の事である。」

違反の理由について、検閲者ノートには、キーログ2-5違反（The above to be disapproved because of key log Part 2 no 5）と記されているが、網掛け部分の「現在の検閲事情」「戦争短歌を再び世に出すこと」あたりの部分が特に問題だったのであろう。

（9）「潮音」　昭和二十四年九月一日発行　九月号　第三十五巻九号　五十一頁　三十五円
事後検閲　検閲者　Sawaki

「新涼集」の村上昭房の全七首（二頁）は、反共産主義（anti-communism）として削除とされた。

　ノルマなるものを課さねば成り立たぬ悲しき国が地の上にあり

　粛清と名づく血潮をなめつるかかのシベリアの雪の狼

　二十世紀の今にして千万を超ゆる奴隷を放たざる国

人類の史上に残すこの汚点如何なるミサも消すにすべなし
ツルゲーネフまたトルストイ今あらば如何なるものを書くにかあらむ
踊らされ噴火の山の口壁にある現実に気づかざるとは
マルクスもエンゲルスも詩を詠みしなり血走る眼ときには冷やせ

第四節　東京の短歌雑誌検閲

1　「あしかび」

昭和二十二年一月一日発行　一月号　第二十一巻一号
十二頁　三円
発行所　あしかび社　東京都杉並区大宮町一五八七
編集・発行・印刷人　土屋静男　同右
印刷所　三島印刷所　静岡県三島市
事後検閲　検閲文書なし

「作品　その三」の諏訪の池上博義「雑詠」八首（九頁）中の一首、チェック（✓）のみ。軍国主義や東京裁判に触れるところがあるが、処分には及ばなかった作品である。

尽忠の戦の庭を想ひつつ国際裁判の記事読み終る

「粉雪集」の福岡の國武鳴雲の四首（九頁）中の一首、チェック（✓）のみ。敗戦後の「悲しき平和」に検閲者は戦勝国批判を感じ取ったのだろうか。

遮光カバー雀おどしとなりはて、悲しき平和甦りきつ
（野路にも）

2　「アララギ」

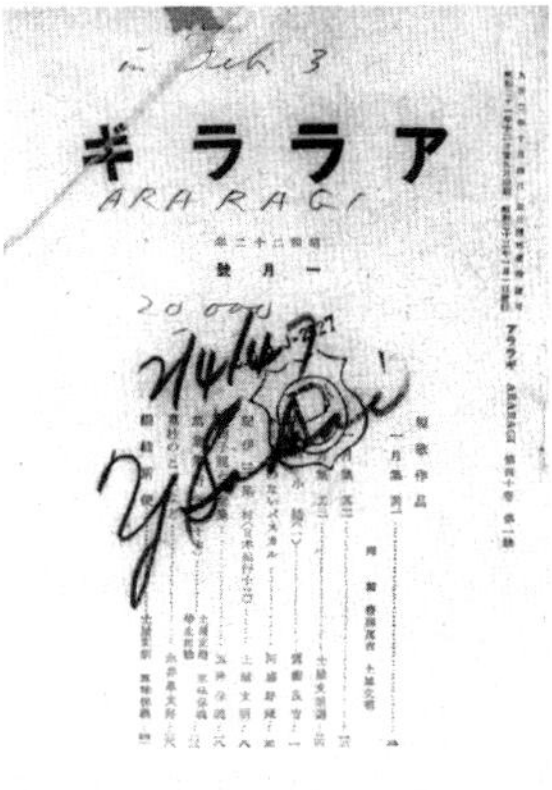

昭和二十二年一月一日発行　一月号　第四十巻第一号
四十一頁　四円
発行所　アララギ発行所　東京都世田谷区奥沢町一ノ二三二
編集兼発行者　土屋文明　同右
印刷所　明和印刷株式会社（發田榮蔵）東京都神田区神保町
事前検閲　検閲者　M.Ohta
＊明治四十一年十月　伊藤左千夫・蕨真創刊

鹿児島寿蔵の十六首（十二頁）中の次の一首は、反民主主義〈anti-democracy〉という理由で削除〈deleted〉と判断されたが、英訳されて審議の結果、削除には至らなかった作品である。

自力なくあたへられしと卑下したる民族に方向ありしや否や

五味保義の八首（十三頁）中の一首が削除となった。

棒立ちて日本人を入らしめぬ疎林《そりん》□ホテル□□□□下《くだ》□□

作品の後半のマークが強く判読できないが、検閲文書の英訳は次の通りである。

〈"There stands a notic-board of 'no Admittance to Japanese' in a grove, and a page is seen coming down out of the hotel."〉（木立の中に「日本人立入禁止」の立て札があり、そして給仕が一人ホテルから出て降りてくるのが

見える。）
検閲者ノートには、連合国への軽蔑を暗示するため削除（above Poem deleted Implies disparagement to Allies）とあり、さらにタイプ版では、怒りのため（causes resentment）削除と記されている。

神奈川の井上泰二の二首（二十八頁）中の一首は、フラタナイゼーション（敵国民と親しくすること）を理由に削除に該当するとされたが、上司の判定はＯＫとなった作品である。

吾前に来し処女子が突然に口すぼめチューインガムを
吐き捨つ

兵庫の廣瀬四十七の一首（三十二頁）中の一首は、天皇主義への言及〈mention of Tenoism〉として削除とされたが、ＯＫとなった作品である。

天皇を憧れの中心なりとふ美しき言葉の中に押し込め
むとする

奈良の喜多村隆三の一首（三十五頁）中の一首は、反民主主義として削除と判断されたが、審議の結果、ＯＫとなった。

戦争に負けてよき世が来向かふといふ吾の言葉を父は
いぶかる

大分の菅澤弘子の一首（三十七頁）が、検閲者によって国粋主義的という理由で削除に当ると判断され英訳され、審議の結果削除に至らなかった作品である。

天皇のために死なむといひし汝《なれ》がいまは打倒をとなふ
るかなし

同頁の丸田長次の一首は、削除〈deleted〉となった。理由は極端な国粋主義（ウルトラナショナリズム）とある。

戦死せざりし事が悔《くや》しく熱の如時たまにして吾を襲ふ
なり

「編集所便（土屋文明）」の一部（四十一頁）の次の「　」部分は、反民主主義を暗示する〈Inplies anti-democracy〉として削除と判断されたが、上司の審議の結果はＯＫとなった。

「文学・詩歌に対する障害迫害は軍国主義の世の中ばかりとは限らない。どこにでもあり、いつでもある。案外身近かにもひそんで居らう。中にはそろそろ毛色を表はした奴もあるやうだ。」

これは検閲文書には次のように英訳されている。

〈Obstruction and persecution against literature and poem seem to be found not only in the militaristic world but always in every other place. They may be hidden close to us, seem of which at sam to be gradually showing their "true color."〉

3 「歌と観照」（The Tanka and its Appreciation）

（1）「歌と観照」 昭和二十一年十月一日 九・十月号
第十六巻 通巻一六一号 三十二頁 三円五十銭
発行所 歌と観照社 東京都城東区大島町六―三八〇
（岡山方）
編集兼発行者 岡山巌 同右
印刷者 橋本茂一郎 盛岡市油町
事前検閲 検閲者 W.Sera

＊昭和六年四月 岡山巌創刊

永澤輝夫「終戦」九首（八頁）中の四首、違反〈Possible violation〉―削除とされた。一首目の理由は、国粋主義の宣伝である。

かなしみに心《うち》ひしがれて行く野辺に炎《も》えつぐ日□□目に暗み見ゆ

英訳は次の通り。〈"The Sun is shining as brightly as burning in the field, But to my sorrowful eyes, it seems brightless."〉

山は裂き太陽《ひ》に燃え狂へ何もかも消えてなくなれ吾哭けなくに

〈"The sorrow of mine is so deep that I cannot help to think. Break, the mountain. Burn down, sun; Go out, everything on the earth."〉（私の悲しみはとても深く考えないではいられない。山よ裂けよ、太陽よ焼き払え、出ていけ、地上のすべてのものよ。）

削除理由は、不安の助長〈incitement to unrest〉である。

よろめきつ腹つく這ひつ泥まみれ血みどろとなり戦捷

願ひ

削除理由は、軍国主義の宣伝〈militaristic propaganda〉である。

民族の光栄《はえ》を泥土にゆだねつつ得たるは何ぞいみぢかりける

削除理由は、国粋主義の宣伝〈nationalistic Propaganda〉である。

岡山巌「愚身抄」の長歌二首（九～十頁）、削除。その理由は、（一）が公共の平穏を乱す〈disturbs public tranquility〉、（二）は、誇張〈exaggeration〉である。

（一）民主主義、完成は遥けくも、彼方なるらし。成さむより、つぶさむ力、いよいよに、つのりゆきつつ、ぬばたまの、やみの方さへ、かくばかり、さかりさかりて、もろもろに、悪のもとひと、とりどりの、罪のねぎろと、其の果てを、年貢をさめか、一せいに、押へられしが、うつしよの、やみの市場は、うつしみの、眼にもみえず、うつしみの、耳に聞こえず、まがつ火の、もえのこりつつ、榾火《ほだ》の、もえいぶりつつ、いやさらに、やみよりやみへ、しらぬひの、つくるを知らに、もえにぞもえむ。

（二）食なくて、飢え死なむ時、初めてを、認識《し》りし吾らか、何故の、これのうえぞ、たれ故の、これのかつえか、敗戦の、故にしあらず、敗戦の、原因《もとひ》のゆゑぞ、其のもとひ、一つなりけり、それ故に、戦ひて敗け、よしえやし、勝なむときは、飢えはてて、死にたらむ時ぞ、あなあはれ、その故にしも、敗けはて、、いよよ飢えをり、飢えはてて、死にはてむ時、其の故を、初めて知りき、其の愚かさを。

「第二詠草」前田壽光の三首（十一頁）中の一首、削除―不安を鼓舞する〈incitement to unrest〉。

闇買ひの為し得てかかる飲食《おんじき》と吾を咎むな今も生きをり

「第四詠草」尼崎の大堀鳴鳳の四首（十二頁）中の一首、削除―闇市〈black market〉。

昇給を尻へに物価高騰し盛んなるかな自由市場は

（2）「歌と観照」昭和二十一年十二月一日発行
十一・十二月号　通巻一六三号　三十三頁
事前検閲　検閲者　E.Sugiura　12/2/46

岡山巌「短歌と其の周囲」（六十頁）の「マッカーサー元帥」（二頁）の次の部分が削除―マッカーサーに関係する事〈Mention of Gen MacArther〉。

元帥の確固たる自信は、背後に哲学があることを思はせる。その断乎たる行動は単なる意志の強さからではない。意志の背後に更に深い思惟があることを思はせる。（中略）為政と哲学とが元帥の人間の中で一つになつてゐる。このやうな人を、歴史の中でなく、現実の世の中で私は初めて見た。

有富星葉「世期《ママ》の足音」四首（八～九頁）中の三首、削除。

つつがなく生きつつ原子爆弾の患者に紛ふわれはうつつに

削除理由は、原子爆弾への言及〈Mention of an Atomic bomb〉である。タイプの調書の削除理由はこれと異なり、占領軍の憤りをかう〈Causes resentment of Occupation Forces〉に変わっている。

原子爆弾については検閲チェック項目にはなく微妙に避けられているのである。

むさむさと白夢のごとし虚を衝きて□――□

〈"It is just like a broad day light dream to recollect. we cried for joy when we heard of the victories won by our warriors making surprise attacks on the enemy."〉（思い出すとまるで白昼夢のようだ。われわれの戦士たちが敵に不意打ちを加え勝利したことを聞いてうれし泣きをしたのだった。）

この作品の削除理由は、軍国主義の宣伝である。

むかへうつわが一機だになき空を□みてあはれ勢《きほ》ひけらしも

削除理由は、ゲラの頁に手書きで〈militalistic〉（軍国主義的）と書かれているが、後にタイプ調書では、国粋主義の宣伝と訂正されている。

永澤輝夫の三首（九頁）中の一首、〈delete〉（削除）と頁の余白に書かれているが、内容的には処分に該当しない作品と思われる。英訳されて審議され処分に至った形跡はない。

茅つけし馬逝かしめて時雨降る山は空虚のごとく静《しづ》けし

岡山巌「危期《ママ》と自由」六首（十頁）中の三首、削除―闇市場取引への言及〈Mention of black market transaction〉という理由であるが、ＯＫとなった。

ぬばたまの闇の市場につどふ人み国を思ふいとまあらめやも

闇の糧にやうやく生命あがなへり衣服さへ脱ぎて悔ひざらむとす

被災者吾れなにをか売らむ闇の糧なにをか買はむ金なしにして

(3)「歌と観照」昭和二十二年二月一日発行　一・二月号
第十七巻　四十九頁　五円五十銭
事前検閲　検閲者　Kitahara 13/Feb　チェック
H.Masao

岡山巌「短歌とその周囲（六十一）」（三〜六頁）の次のマッカーサーに関わる「　」部分は、〈Mention of SCAP〉（連合国軍に触れる）として英訳されて審議されたが、結果はOKであった。

「マッカーサー元帥がマニラにゐた時、元帥の部屋に三つの額が掲げてあり、左右にリンカーンとワシントンの肖像、中央の額に詩人サムエル・ウルマンの詩から抜粋した幾□かが納められてあつて、……マッカーサーの如き偉人でも、つねに自ら打つ為に、つねに『眼に見えるところに』彼のような鞭をおいた。」

池田朋絵の五首（十頁）中の一首、削除―ミリタリスチック。タイプ調書では、ミリタリスティクプロパガンダ。検閲者 Furukawa。

己が身はかへりみまさぬみこころにあはれ停戦の聖断下る

岡山巌「人間敗北」六首（十二頁）中の次の一首、占領軍批判との理由で削除。

おのづから傾き来たる威圧にぞ吾れ耐へむとすあひ向かひゐて

三鬼實「短歌の本質とその動向」（二十三頁）の次の「　」部分、削除―連合国軍総司令部への言及〈Mention of SCAP〉。

……「今期の民主主義は進駐軍の実際の生活様式、及精神様式を現実の米国人によつて日本国土、日本の秩序の中で日日の動きのうちに見せられつつあると云ふことである。」

群馬の木村亀道の五首（三十七頁）中の一首、削除―国粋主義の宣伝とされたが、結局OKとなった。

敗れたる祖国を知らぬ英霊のそのすがしさをむしろ想

はむ

埼玉の小泉都甫の五首（三十八頁）中の一首、削除―公共の平穏を乱す（disturb public tranquility）。

　老将の露店主に逢ひて軍国に育し吾は痛く嘆きぬ

「面会室（編集後記・岡山巌）」（四十頁）の次の網掛け部分、削除―検閲に関すること〈Reference to Censorship〉。

雑誌を見て、出ると思つた歌が出ないことがあるのはやむを得ないが、当節は連合軍司令部の検閲があることを忘れないでほしい。又送るときも、大体じぶんでもふさはしくないものは略くのがいい。又郵便も近頃は衆知のやうに余りにひどい遅着、それに途中の検閲もあり、そこを考へてそれ丈早く投函の必要あり、

傍線部は削除の指示はないが、ここも発行誌では削られている。

（4）「歌と観照」昭和二十三年五月一日発行　五月号
第十八巻第三号　通巻一七〇号　三十五頁　十五円
発行所　歌と観照社　江東区大島町六―三八〇（岡山方）
印刷者　中島大　横浜市南区永田町
事後検閲　検閲者　W.Sera
編集方針　センター

前田壽光の六首（三十頁）中の一首、不許可〈disapprove〉―右翼の宣伝〈Rightist propaganda〉。

　一人の天皇ありて民吾等個々の命のしるしをぞ思ふ

（5）「歌と観照」昭和二十三年八月十五日発行　七・八月合併号　第十八巻第四号　二十八頁　二十円
事後検閲　検閲者　Uehara
編集方針　センター

「歌と観照」日鉄支社第五回歌会詠草における野寺の作品（十八頁）、不許可―不安を鼓舞する〈Incitement to Unrest〉。

　米ソ風雲急と伝へらる日夜米機のあまた飛び交ふ

4 「藝苑」（The Garden of Art）

（1）「藝苑」　昭和二十一年二月一日発行　二月号　第三巻第二号　五十四頁　二円
発行所　株式会社巌松堂書店　東京都神田区神保町二ノ二
発行人　波多野一
編集人　堀江義衛
印刷所　大日本印刷株式会社（小坂孟）　牛込区加賀町
会員番号　A一〇六〇〇四号
配信元　日本出版配給株式会社
事前検閲　　検閲者　Y.Yamamoto
＊文学総合誌の例

野溝七生子「阿兄何涙讃」（二十四～五頁）の二頁全文、公表禁止〈Suppressed〉―宣伝。

　陛下が　戦争やめえ　と仰せになりました。日本は負けたのだ　と仰せになりました。お前達　朕の五内は引き裂けるのだ　もはや戦争はやめて呉れえ　と仰せになりました。

　雲の彼方なる永遠の教会の窓硝子の裡に、嘵々と鳴りやまぬ『ああ我罪過』の大音楽の、悲しくもなつかしき御声は、熱月八月の狂へる者、幾万の魂を鎮め救ひました。

　八月十四日の深夜、なほ空襲警報のサイレンは鳴り響き、敵機はわが東京周辺を襲ひ焼き、まだその炎も消えぬ暁闇の中に、宮城に最も近い首相官邸を、狼火と化した放火者の気のちがつた謀反人のユダども。この時、かのコウカサスの嶺に、禿鷹が来て肝臓を食ひ破るプロメラの苦悩を、独り、自らのものとし給へる、荒廃せる吹上御苑のうちの悲痛なる『ゲツセマネの禱り』を如何に聴聞したか、したか。

　――若、かなはばこの杯をわれより離ち給へ。されどわが心の従《まま》を成さんとするにあらず。聖旨《みこころ》に任せ給へ。

　かくて、葦のずゐに燃ゆる一本の燈火をかかげて『いと高きところ』から従容として、気ちがひの群がる中に、唯一人の覚めたる現身をお現はしにたつたお方は、手づから剣を折り、大元帥の制服をお脱ぎになつて、古ながらの、禊する白□の御衣の肩に、十字架を背負はれたのでした。

そのお方は、その日までの日本国民の何人もが敢へてよくせざる、素服、面縛して草莽の中なる帝王の道をとほり、まつすぐに、敵将マッカーサーの、且、その人が代表する世界五十三か国の軍門に、降り跪き、御軀を以つて罪ある国民の、一人一人に代り給はんことを希ひ給うたのでした。

戦争よ。偉大なるものの触手よ。人類が進歩発展の道程にかけられたる大いなる天の篩よ。人類が最高の叡智の、かかる灼熱の、酸鼻の形態もて□された凄まじき□よ。葦の附け木もて、全地球を一塊の炎と化し、人類を駆つて神々と悪魔の全能にまで追ひ立て、自らを、鳥となし獣となし、雷霆となす。かくも恣に造物主の稜威を犯すものよ。

戦争よ。かかる無惨の大殺戮が、また、知恵の火を盗める人類の責罰であり使命であるのか。まだうら若い聖セバスティアンの麗しい身内を貫く千本の槍の受難は、また、彼が天よりの使命であるのか。——神よ。かくて失はれたる幾多の青春を憐み給へ。かかる犠牲を神がとり給ふところならば、せめて宥し給へ。——人類よ。あ、心はやはり地を這ふものよ。蛇のごとく賢《さか》しきものよ。賢くあれ。更に賢くあれ。神のごとくに賢くあれ。

（以下略　英訳者　Y.Yamamoto）

二頁にわたるこの文は、全て削除されて代わりに太田千鶴夫の短編「路—ある戦犯者—」が置かれたのであった。

（2）「藝苑」昭和二十一年六月一日発行　六月号　八十頁　四円

事前検閲　検閲者　Morimura, Izumi

若杉慧の小説「第一課」（四十三～四頁）中の「敵機」〈Enemy plane〉を「米機」〈U.S plane〉に変更指示（五か所）、「敵機」削除—占領軍への怒り〈deleted; causes resentment of the occupation Forces〉。

検閲者ノートに、〈"Enemy plane" is mentioned five times in this prose (pp43 44), which □——□ be changed into "U.S plane"〉とある。

（3）「藝苑」昭和二十一年十月一日発行　十月号　八十八頁　五円

事前検閲　検閲者　Sugita　チェック　E.Shimizu

渡辺一夫「幸福について」（十二〜十六頁）の「　」内網掛け部分、削除―民主主義への攻撃〈Attack on democracy〉とされたが、再検閲者は、削除の理由を、反民主主義の宣伝〈Underlined Portion deleted; anti-democratic Propaganda〉と変更している。

堯のごとき名夫子の治世には、人民は帝堯の存在を考へやうもせぬのが心理である。「東條大将のポスターが政府の命令によつて日本国中に貼られた時代は、決して良い時世ではないし、自由主義民主主義とやかましく言はれる時も、さうなのである。」幸福論は、不幸な時世の所産である。ブリーファー（訳者） Sugita

5 「国民文学」〈The National Literature, Nations Literature〉

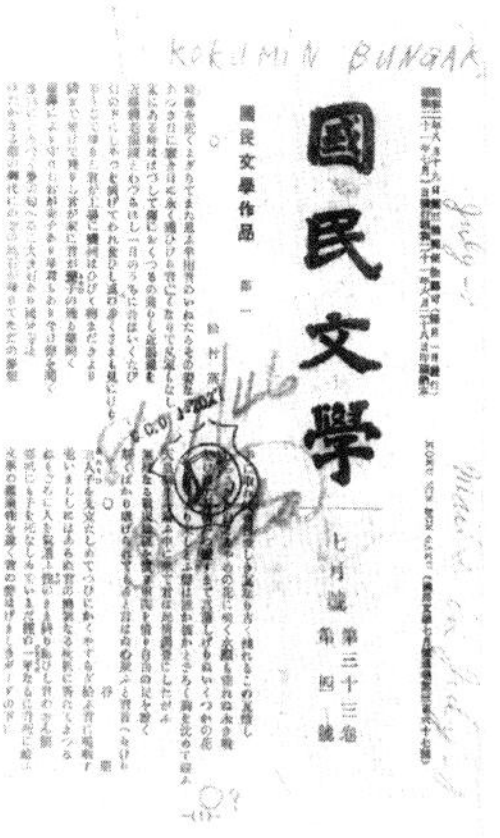

（1）「国民文学」昭和二十一年七月一日発行　七月号第三十三巻四号　通巻三六七号　二十四頁　一円五十銭

発行所　国民文学社　東京都世田谷区松原町三の一〇九六

編集兼発行人　松村英一　同右

印刷所　牧野印刷所（牧野一雄）愛知県丹波郡布袋町

事前検閲　検閲者　T.Ono

＊大正三年六月　窪田空穂創刊、松村英一ら継承

「七月集」長野の篠原貞昭の次の作品一首（十八頁）が、削除と判断され、発行誌には掲載されていない。

敵たりしアメリカ兵と唐紙を一重隔てて今宵寝むとす

T.Onoによる英訳は次の通り。

〈"I am going to fall asleep this night, while on the other side of the paper-screen American soldiers who were enemies formerly are seen"〉

削除理由は、アメリカ兵の怒りを招く〈invite resentment of G.I〉である。同号での削除はこの一首だけであるが、削除候補と思われる鉛筆によるDマーク（deleted 削除）が付けられ、さらにOKマークがつけられた作品が四首見える。英訳は付けられず、第一段階のマークだけに終わった作品と思われる。

帰り来て山水に手を洗ひをり破れたり負けたりと今日を嘆きて（二頁）　渡邊周一

日並べて潮の如く復員し吾が陸海軍はやすでになし（三頁）　高見楢吉

身に重き装具をつけて田家鎮攻め落せしは六年前か（二十二頁）　愛知　長村定吉

米軍の午報の鐘か焼跡に響き透るをわが立ちて聞く（同）　遠江　山内　了

（2）「国民文学」昭和二十一年九月一日発行　九月号　通巻三六九号　二十七頁　二円五十銭

事前検閲　検閲者　S.Ozeki　チェック　Iwama

10-14-46

菊池劍の五首（二頁）中の次の二首が削除と判断された。

職やめて何れ渡らむ台湾と恃みしものを失ひにけり

良しといひ悪しともいふ台湾の治安は吾娘の上にかかはる

そこはマークが強く判読しがたいが、検閲文書に記された削除理由は、一首目が公共の平穏を乱す〈disturbs public tranquility〉、二首目が不安を扇動する〈Incitement to unrest〉である。しかし、この二首は、発行誌には掲載されているのである。ただし、十月十四日に検閲局に提出されたものには削除されている。その理由や、発行誌のチェックによる再処分などについては不明である。

因みに検閲者によるこの二首の英訳は次の通りである。

〈“Ah, now we are forced to part with the very Isle of Formosa, Though resultant upon the inevitable fate of defeat, Its the Isle I once dreamt to cross, When I come to Live a Life of retirement!”〉

〈“The public peace of Formosa, though some people say it is good and others say bad, has the direct relation upon my daughter in that Isle.”〉

（3）「国民文学」昭和二十一年十月一日発行　十月号第三十三巻第七号　通巻三七〇号　三十六頁　二円五十銭

事前検閲　検閲者　Ichikawa　再検閲者　S.Furuya

「国民文学作品第一」の梅澤伊之助の七首（四頁）中の次の一首。

勝ち得ざる戦なりしか今日の日を泣かむがための戦な

りしか

この作品について、検閲者Ichikawaは、次のように英訳し、怒り〈Resentment〉を理由に削除と判断している。検閲局に提出された同号には削除されているが、発行誌には削除されず掲載されている。

〈"has the war promised to have had the worse and has it also promised to have obligation to people to weep in cry on their future miserie."〉

これに対して、再検閲者（RE・EX）のS.Furuyaの英訳は次の通りである。

〈"Were we destined to fight the war only to lose it? Were we destined to fight the war only to weep in miseries of these days."〉

さらにFuruyaは検閲者ノートに次のように記している（一部不明箇所あり）。

〈The real purpose of the poem does not make up a violation. The poet is only crying over the miserable experience after the war. But the working has something in it that may make lay readers（　）that there may be smelt a regret for the lost war. Pradence may opprove the deletion of the piece.〉（歌の本当の意味は違反ではないのだが、歌人は戦後の悲惨な体験について泣いているだけだが、その歌には敗け戦に対する後悔があるかも知れないと素人の読者に思わせる何かを含んでいる。）

このノートは、削除という判断に変わりはないものの、作品解釈の上でIchikawaよりも柔軟で深いものになっているようである。

同　西原重敏の七首（四頁）中の一首、削除―闇市（Black Market）。しかし検閲官によってパス（passable）と判定されたものである。

銀米《ぎんまい》の腹もちのよきゆたかさは闇買しつつ知りはじめけり

この作品についても前の例に従って、検閲者と再検閲者の英訳とノートを見ておこう。

①Ichikawa訳

〈"I have learnt the delicious taste of silver colored rice which has much riches in satiety since I bought it in black market."〉（闇市で買ってからずっと満腹感のある銀色のご飯の良い味を知った。）

②Furuya訳

〈"How rich and substantial to my taste the rice in silver lustre is! This I came to realize only after I began to get it at an unreasonable cost."〉（銀色の光沢のあるご飯はどれだけ豊かで充実した味わいであることか。これは

不当なコストをかけて初めて実現したのだ。）

　作品の「闇買い」について、①は「闇市で買って〈bought it in black market〉」とはっきり闇市としているのに対して、②は銀飯を賛美し、それはコストをかけたためとして、「闇市」を用いていない。

　ただし、Furuyaは、その再検閲者ノートに〈One may feel the black marketing being encouraged by this poem. But the moderate expression much relieves the seriousness of the situation.〉（この歌によって闇市が奨励されていると感じる人がいるかもしれない。しかし、中程度の表現は状況の深刻さを軽減するものだ。）と記している。闇市には美味い銀飯があるということだけは否定しないでおきたいということか。ほどほどに闇市に触れることも可とする微妙なところを再検閲者は見せている。

　このようにゲラ刷に最初に目を通す検閲者と、それをチェックする再検閲者との間に、作品解釈の差異があり、当然に英訳のずれが見られるのである。

　この例に限らず、それはすべての雑誌の検閲において少なくない。二者双方に検閲の正確さが要求され、緊張感が漂う検閲現場であったことがうかがわれるのである。

　「国民文学作品第二」の関得一郎の作品四首（七頁）中の一首、削除―闇市〈Black Market〉と判断されたが、審議の結果ＯＫとなった。


　闇売りの米の値の幾升に如かぬ月給をいかにかもせむ

　札幌の水木一江の作品二首（十六頁）中の一首、削除―怒り〈Resentment〉。しかし、審議の結果ＯＫとなった。

　　戦に死なぬみ命事了へて飢ゑて死ぬちふつはものあはれ

　この作品について、Ichikawaの英訳は、〈"The Soldiers are very pitiful who are starved to death though they had saved their lives several times in many battles."〉（兵士たちは非常に哀れである。多くの戦いで何度も命拾いしたのに飢え死にした。）

　Furuyaの英訳は〈"a soldier and my dear husband, you have survived the war in which you might have faced many a death, only to be starved! what a pity."〉（兵士の私の夫、あなたは多くの死に直面したが戦争を生き延びました。しかし、餓死してしまいました。何と気の毒なことよ。）

　この解釈は、Ichikawaのように「兵士たち」ではなく、兵士である夫を詠んだとするものである。続く二首目の「還る日を待つ思ひだに切なきに一日一日を餓ゑたまひしか」を踏まえれば、適切なものである。Ichikawaの理解が浅いということになる。

そして、Furuyaは、次のようなノート（英文）を記して、この作品はOKとしている。

　歌人の夫は南に送られた兵であり、戦争終結後多くは南から送還され、歌人は夫を見つけることを期待していたが、夫はなくなっていた。歌は軍国主義的ではないようだが、読者の怒りを招く可能性がある。

「十月集其二」の神奈川の篠崎不二夫の二首（十七頁）中の一首、削除—怒り〈Resentment〉。審議の結果OKとなった。

　塩さへも乏しく我等戦ひぬ軍にはあつき米、酒、砂糖

Ichikawaの検閲者ノートには、次のように記されている。

〈The above translated Japanese Tanka poems（of 31 syllable）should be deleted because of the reasons attached to each translation.〉（上記の翻訳された日本語の短歌（31音節）は削除されるべきである。それぞれの翻訳に付けられた理由のためである。）

また、FuruyaのP・S（追記）には、次のように記されている。

〈The last two poems were etterly misunderstood by the first examiner, who seems to be no expert in this line.〉（最後の二首は最初の検閲者に全く誤解された。彼は決してこの分野の専門家ではないようだ。）

検閲者と再検閲者・検閲官の英語力の差があったことを表す例である。

（4）「国民文学」　昭和二十一年十一月一日発行　十一月号　第三十三巻第八号　第三七一号　三十六頁　二円五十銭

印刷所　光雲堂印刷所（石原良一）名古屋市千種区覚王山通

事前検閲　　検閲者　M.Ohta

「国民文学作品第二」の藤本精路の二首（三頁）中の一首、削除—戦争の宣伝〈War Propaganda〉。審議の結果OK。

　古新聞のふと目にとまる大き文字かく戦へる時もありしか

「十一月号集其二」札幌の水木一江の四首（十八頁）中の一首、削除—帝国主義〈imperialism〉—審議の結果OK。

　天皇は神にまさずとなさずとも尊かりけり君が子吾は

名古屋の木村重夫の三首（二十三頁）中の一首、削除―戦争宣伝への言及〈Implies the defense of war propaganda〉。英訳され、審議の結果ＯＫ。

　敗報に疑ひもちて暗闇の道を急ぎぬ航空無線台へ

（５）「国民文学」昭和二十二年二月一日発行　一・二月
合併号　通巻三七三号　四十頁　五円
事前検閲　検閲者　S.Yonemura 12. feb. 47

　事前検閲日が二月十二日と記録されていて、これは奥付の「二月一日」の発行日と整合しない。発行事実の遅れと見るべきだろう。

「国民文学作品第一」の白井善司の五首（四頁）中の二首が削除と判断されている。その理由は、フラタナイゼーション〈Fraternization〉（兵士が敵国民・被占領国民と親しくすること）である。多くは米兵と日本女性との交遊がうかがわれる場合である。

　アクセントこゑは日本の女にて夜を異国の人と連れだつ
　片言の異国語もちてものかげにものを貰へるをみなごのこゑ

　しかし、削除とされたこの二首は、二月二十八日に検閲局に郵送された「国民文学」には削除されているのだが、発行誌にはそのまま掲載されているのである。ゲラ刷による削除の指示が発行者に正確に伝わらなかったということなのか。「国民文学」にはこのような例が少なくない。

　同号の削除の判断は、作品だけではなく、松村英一の「後記」（三十九頁）にも及んでいる。

○前号でも申し上げたが、雑誌の遅刊はもう暫く御辛抱お願ひしたい。印刷所を改め、鋭意回復に努めてゐるが、新印刷所も何分初めて手掛けることであるし、さう思ひ通りに行かぬと思ふ。然し、本誌の為に新鋳の活字を用意し、誠意を以つて運んでゐるやうだから、一二ヶ月の中には、発行期日を正確にすることも出来るであらう。その関係からか、近来原稿締切日が余り守られず、兎角不規則になる傾きがあるから、御注意願ひたい。編輯上の都合で締切日も十日から毎月五日に繰上げたし、更に郵便物の遅配のことを考へると、いくらでも早目に送つて頂く方がよいのである。

　この文は、提出された発行誌のものだが、印刷所の都合で毎月の発行が遅れがちであることを嘆き、原稿は早目に、と呼びかけるもので、その苦労はわかるが、検閲に関わるような文言は見当たらないように思える。しかし、ゲラ刷の段階では、この文中には三文字が存在したのである。網掛け部分の「更に郵便物の遅配」に続く三文字であるが、強く鉛筆で消されていて判読できない。削除審議のための英訳を見ると、その部分は〈Reference to Censorship〉（検閲への言及）とあるので、ゲラ刷のこの部分には「検閲」の文字があったと思われる。検閲に触れることは厳禁であったので当然削除対象になったわけである。

しかし、会員向けの発行誌では、この部分は「更に郵便物の遅配、検閲」と書かれているのである。「検閲」に触れることは厳禁であり、削除の判定があったにもかかわらず、削除されなかったのである。その経緯と処分の有無は不明である。

（6）「国民文学」　昭和二十二年五月一日発行　五月号
第三十四巻第四号　通巻三七六号　四十四頁　五円
事前検閲　検閲者　Nakajima

「国民文学作品其二」（三頁）の松村英一の無題十九首、谷鼎の無題十首に×印が付けられているが、それについての文言はなく、そのまま発表誌には載っている。英訳もなく、マークのみに終ったものと思われる。

同欄の菊池剣の五首（四頁）中の一首は、削除〈Quotation on Deleted〉とある。理由は、戦争犯罪の擁護〈Defense of War Criminal〉である。

ふるさとに畑うつわれかわが友は多く捕れはた縊られぬ

検閲者ノートに〈The above mentioned tanka-poem may cause the resentment of the Occupation Forces.〉（上に述べられた短歌は占領軍を憤慨させる原因となり得る。）とある。この一首も削除の指示に反して発行誌には掲載されている。

東京の内田小巌の六首（十九頁）中の一首は、削除判断の後に審議されてＯＫとなった。

嘗ての日み軍人とたたへたる此の若きらのいたく振舞ふ

検閲者ノートに、〈The words of the abovementioned tanka-poem show Nationalistic militaristic Propaganda.〉（上に述べられた短歌のことばは国粋主義的軍国主義の宣伝を表している。）とある。

（7）「国民文学」　昭和二十二年十一月一日発行　十一月号　第三十四巻第十号　三十六頁　八円
事前検閲　検閲者　T.Fukushima, H.Masao

編集方針　センター、リベラル

「国民文学作品第一」井上健太郎の作品五首（四頁）中の一首、削除—右翼の宣伝（ライティストプロパガンダ）。しかし、提出発行誌には削除されておらず、検閲者は改めて〈delete〉（削除）と手書きしている。発行誌には掲載されている。

　ハンカチを洗ふが如くこの皮膚の白くもなると思ひをるものか

松村英一「現代の短歌」第二回（十三頁）の次の「　」部分、チェック（✓）のみ。

『藝林』もそんな訳で、発行活発といふ工合には行かなかつた。先頃二冊一緒に送られたので、大分順調になつたなと思つたら、それは何れも合併号で、一つは昨年の十、十一、十二の三月分、一つは本年の一、二月分であつた。」

「十一月集其二」東京の小池進美の三首（二十五頁）中の一首、削除と判断されたが、結局ＯＫと判定された。

　シベリヤのシエンホークは捕らはれし父は知れども子は知らずけり

（8）「国民文学」昭和二十二年十二月一日発行　十二月号　通巻三八三号　第三十四巻第十二号　三十六頁　十円

事後検閲　検閲者・ブリーファー　Y.Sakai, Furukawa

編集方針　センター

「国民文学作品第一」梅澤伊之助の作品四首（六頁）中の一首、不許可—ＯＦ（占領軍）批判。

　敗戦の月日かなしくありへつつ皮膚くろき子を彼女は生めり

（9）「国民文学」昭和二十三年六月一日発行　六月号　第三十五巻第五号　三十六頁　二十円

発行所　東京都新宿区西大久保三―一二八

印刷所　日本果糖新聞社（山下久四郎）東京都中央区蛎殻町

事後検閲　検閲者　Mitsu. Tomita

編集方針　コンサーバティブ（保守的路線）

「樹蔭集」の島根の掠（椋）木彬文の三首（十九頁）中の二首、マーク（〇印）のみ。

近々といより給ひて注ぎます優しき御目ただに畏し

御野立のあとを清めて町人が記念の松を植ゑむとぞする

「六月集其一」の千葉の安田竹一郎の作品四首（二十五頁）のすべてがマーク（○）されたが、違反とは判断されなかった。

端下米を集めて供出を完了し村に食へる者遂になくなれり

惰農らと罵るもよし保有米出して足らざる小農われは

保有米残らず出して完納す食なきものは吾のみならず

子に飴をくるるが如き政策の長く続きて国は衰ふ

検閲者ノートには、次のように記されている。

〈Brie: The four tanka poems express a cry of a small farmer who dares to give even The last grain to complete delivery of rice. He has a deep grudge against the goverment of polices.〉（概要　この四首は米の供出を完了するために最後の一粒さえもあえて差し出す小さな農民の叫びを表現している。彼は政府の政策に深い恨みを抱いている。）

食糧政策批判というところだが、かろうじて処分を免れたという例であろう。

「六月集其二」富山の牧野弘道の三首（二十九頁）中の二首が違反〈violation〉―不許可―右翼の宣伝（Rightist Propaganda）という理由である。しかし、発行誌には掲載されている。

古志の国に大みめぐみの営みを日日に続けて生命をもやす

天皇様迎ふと妻も出で来り我がゆく道にをれば愛しも

山梨の大森昭壽の一首（三十三頁）が不許可、右翼の宣伝。

戦闘帽といふ帽子かぶり遠き日を想ひ淋しむ幾日かがあり

(10)「国民文学」昭和二十四年一月一日発行　一月号　第三十六巻第一号　三十六頁　三十円

事後検閲　検閲者　Sugita

編集方針　センター

以下の七首はチェック（✓）のみ。

「国民文学作品第一」西原重敏の「帰かん船 V-26」七首（五頁）中の二首。

幾たびも人にわたりて次々に掻き探されつ我がポケッ

トを
リバーチ型舩梯たかく負へる荷に我の喘ぎて罵られつつ

「国民文学作品第二」月原信雄の作品七首（七頁）中の一首。

わが手もて運ぶ遺骨に立ち止り道行く人は礼し給へり

「国民文学作品第三」在米武田露二の作品「インタビュー余滴」四首（十七頁）中の一首。

吾問ひに口固く閉ぢてありし娘天皇制に及べば急に泣き出づ

「一月集其一」静岡の川村暁美の作品五首（二十一頁）中の二首。

闇の衣料提げて山越え売り歩く君は台湾電気技師引揚者

干しあげし煙草葉吊す天井裏曇り日の午後匂ひにむせぶ

「一月集其二」の埼玉の岡安昭一の三首（二十七頁）中の一首。

天皇陛下のみ声かなしく折折に思ひ出されて経にし三年

6 「心の花」（The Flower of heart, The Flower of Soul）

（1）「心の花」昭和二十一年二月一日発行　二月号　第五十巻第二号　三十一頁　一円五十銭

発行所　竹柏会　本郷区駒込西方町十

編集兼発行者　角利一　東京都大森区田園調布二ー七二六

印刷所　信濃毎日新聞印刷所（南澤幸勇）長野市南縣町

事後検閲　検閲者　T.Iwasa

＊明治三十一年二月　佐佐木信綱創刊
＊表紙に、2 Disapprovals と手書きされているのは、不許可が二件あることを示す。

猿石道伯「正しきまこと」の三首（十四頁）が検閲の対象となった。

神国《かむぐに》の現つみ神のかむごころつつしみ念へば畏かりけり
神国の正しきまこと外つ国に知らせむ秋ぞ吾ら忍はむ
大詔畏みゐやまひ新しき大日の本の国つくりせむ

三首とも同旨の作品でありながら、一、二首目がプロパガンダという理由で不許可と判断されたのは、「神国」に検閲者が強く反応したためであろう。事前検閲期ではあるが、本号は事後検閲扱いである。

（2）「心の花」昭和二十一年四月一日発行　四月号　第五十巻第四号　五七〇号　十七頁　二円
印刷所　細川活版所（北川武之輔）京橋区銀座
事後検閲　検閲者　Iwai

須貝徳之輔「噫石榑正兄」五首（六頁）中の一首は、違反〈Violation〉とされたが、審議の結果ＯＫとなった。

戦は無慙なるかなや燃え狂ふ炎の中に君を亡ぼす

山田由幾子「女らも」三首（八頁）中の第一首目が違反とされたが、結局ＯＫとなった。ノーマークの他の二首も比較のためにあげておく。男女同権・民主主義思想を踏まえた作品であるものの、「男神と女神肇めし国」が問題であったのだろう。

男神と女神肇めし国にをみなのみ口噤まさるる理由《いはれ》あらむや
女らも議会に召さる日の如き熱き言吐く闘士も出でよ
白梅の香をただよはし手搦女がまじる議会はすがしかるべし

（3）「心の花」昭和二十三年一月一日発行　一月号　第五十二巻一号　三十三頁　十円
事後検閲　検閲者　Sugita, Furukawa
編集方針　センター、リベラル

「一月集（その二）」の小畑雄吉「モーニング」二首（八頁）中の一首、不許可―キーログ3（占領軍の不当な関わり）違反ということである。

口紅の色こき女見るごとに亜米利加人と遊ぶかとおも

ふ

この一首について、①Sugitaの筆記体訳と、②Furukawaのタイプ訳とを比較して見よう。〈a playmate〉と〈flirting〉に微妙な差異が見られるのである。

①〈"As often as I see a woman with thickly rouged lips, I consider her a playmate of Aamericans."〉（厚く紅をつけた口唇の女を見るたびに、私はその女がアメリカ人たちの遊び友だちだと見なす。）

②〈"Whenever I see a woman with redly-painted lips, I imagine them flirting with Americans."〉（赤く塗った唇の女を見かけると、いつも私はその子はアメリカ人たちといちゃついていると想像する。）

（4）「心の花」昭和二十二年六月一日発行　六月号　第五十二巻六号　十五円　十七頁

発行所　大田区田園調布二ノ七二六

事後検閲　検閲者　W.Sera

編集方針　コンサーバティブ（保守的路線）

早川柿生「掛時計を修繕に出して」四首（十七頁）中の次の一首は、違反―連合国批判。

B29とおぼしき爆音に夢さめて思ひは米ソの間に及ぶも

7「しきなみ」（新繊南美・Incessant Waves）

（1）「しきなみ」昭和二十一年七月一日発行　七月号

非売品　ガリ版刷　三十三頁

発行所（兼印刷所）しきなみ短歌会　世田谷区深沢町一丁目三四一〇　丸山敏雄方

編集兼発行人　青山一真　世田谷区玉川用賀町二丁目二二二

事後検閲　検閲者　Ukai.Eiji

東京の田島常三の「玉音」四首（二頁）中の一首、不許可―占領軍、特にアメリカへの怒り（resentment of the Allied powers, especially America）。

星雲をひくく襲ひ来敵の機の銃響しきりなり天明けんとす

（2）「しきなみ」 昭和二十二年一月一日発行　一月号
五十五頁　ガリ版刷　非売品
印刷兼発行所　しきなみ短歌会　世田谷区玉川用賀町
二丁目二二二　青山一真方
編集兼発行人　青山一真
事後検閲　検閲者　E.Sugiura

「新年歌会誌上詠草発表」五十六首（四十八～四十九頁・作者名なし）の中の一首―不許可―ロシア批判〈disapproved ―Criticism of Russia〉。

母父《おもちち》は餅食みますや障へなしやオロシア人の情なしと聞くに

さらに別の検閲者Furukawaのノートには、〈This poem pictures the concern of a child over the safety of his parents who have been detained in U.S.S.R.〉（この歌は、ソビエトに拘禁されている両親の安全に対する子どもの懸念を描いている）と記されている。

8「抒情詩」（LYRICS）

昭和二十四年四月一日発行　十六頁　三十円
発行所　抒情詩社　北多摩郡調布町下石原一六三六
発行者　内藤鋠策　同右
印刷所　内田印刷所　北多摩郡神代村
事後検閲　検閲者　Y.Iwasa

片岡庄介「世紀の宣言」十七首（一～三頁）中の三首、不許可。一、三首目はプロパガンダ、二首目は、連合軍批判〈Criticism of the Allied Powers〉という理由である。

英雄とたたへられたる七たりの日本人の死も近き日
賢明なる裁決くだるしかれども吾が感情は単純ならず
民族よ自衛のための責任を放棄してはならないと詞を

残す死《しに》に臨みて

9 「抒情短歌」（The Lyrical Short Poems）

（1）「抒情短歌」 昭和二十一年八月十五日発行 創刊号
第一巻 二十四頁
発行所 抒情短歌社 目黒区中目黒三ノ九六〇
編集者 窪田助男 東京都渋谷区代々木初台六七七
印刷所 南信印刷株式会社（細江忠逸） 飯田市鈴鹿町
事後検閲 検閲者 M.Fuji

奈良の伊藤正治の十首（十三頁）中の一首、不許可—軍国主義の宣伝〈militaristic propaganda〉。

聖断は降りしものを待ち待ちし大号令にあらぬ悲しさ

（2）「抒情短歌」 昭和二十三年三月一日発行 三月号
第七巻第三号 十五頁 十円 四〇〇部
発行所 抒情短歌会 八王子市三崎町二十 大熊方
編集兼発行人 大熊量平 同右
印刷所 カクチョウ印刷株式会社 中央区日本橋小伝馬町
事後検閲 検閲者 W.Sera April 9 1948
編集方針 センター

紅林茂夫の三首（五頁）、不許可とされたが、二、三首目は、審議の結果ＯＫとなった。一首目はＳＣＡＰ批判（key Log No8）。

集中排除法は夜に入り国会にかけられぬ自主性なき国民に止めさす如く

ＧＨＱ政策批判が米国の与論の一部となりて年越す

Kaufmann の Scap 批判に希望的観測を下して安らぐは誰

10 「真人」（The Real Man）

昭和二十二年四月一日発行　四月号　第二十二巻第三号　二十頁　十円
発行所　雄山閣　東京都千代田区富士見町二―八
編集兼発行者　細井子之介
編集所　真人社　木更津市高柳砂村二八三三
印刷所　木更津日報社　千葉県木更津市本町二丁目
事後検閲　検閲者　Kazuko.Mizuno　再検閲者　Shimazaki　検閲官　Groening
＊大正十二年七月　細井魚袋・市山盛雄ら創刊

木下英子の一首（五頁）、チェック（✓）のみ。

敗戦に結果されたる惨めなる命の果を何と見るべき

小島宏平の一首、不許可〈Disapproved〉―連合国軍批判。

資本主義末期の社会に吾ら生きて真実を貫かんとすれば飢うるのみ

島崎舜治「短歌の領域」（十頁）の網掛け部分が違反と判断されたが、審議の結果ＯＫとなる。

この新東京詠風物詠の低調さはあながち短歌のみが負ふべきものでもなささうである。（中略）十九世紀末の近代フランス印象派の作つた山、それからの下り坂を如何とも救ふ術がない様に。短歌も亦、下り坂になつて外から与へられた民主主義をもてあましてゐる現代日本文化の一つの流であつてみれば致し方ないことだと思へる。

「真人作品その三」藤川素生の一首（十七頁）、不許可〈disapproved〉とされたが結局ＯＫとなった。

一昼夜に十五里あまりあゆみけり六才の子も七才の子も

「同人作品」佐竹安子の五首（二十三頁）中の二首、不許可―ロシア批判。

南無帰依佛救ひ給へと子を抱きてソ連兵の持つ灯りの中へ
よしたとへ射たるるまでも逃げなむと子を抱きしめて思ふひそかに

この二首と、先の小島宏平の一首は、Groening の検閲調書に、機密〈Confidential〉として扱われている。

竹治渓泉の一首（二十四頁）はチェック（✓）され、不許可—ロシア批判。

ただ一目日本を見たしと子は言ひぬ明日を死ぬべき夜空の下に

11 「人民短歌」（People Short Poems, Peoples Waka Poem, People Tanka）

（1）「人民短歌」　昭和二十一年九月一日発行　九月号　第一巻第八号　六十六頁　四円
発行所　新興出版社　東京都小石川区林町四三
発行者　山田松太郎　同右
編集所　新日本歌人協会　東京都世田谷区北沢三—一〇七二　大地堂書店内
編集者　渡邊順三　同右
印刷所　新興印刷製本株式会社（中村榊）　埼玉県比企郡大岡村
事前検閲　検閲者　Ukai.E

冷水茂太「而迷抄」九首（十八頁）中の一首、削除—プロパガンダ。

カント、ヘーゲル、ベートーベン、マルクス□□中にヒトラーの名もとどむべし

□□には、英訳からすると、「等の」「その」などが入るだろう。検閲者ノートには、〈This is an adoration to Nazi, and should be deleted.〉（これはナチ崇拝、削除されるべき）とある。

山野井博史「白・断・紅唱」九首（十八〜十九頁）中の二首、連合国軍批判を理由に削除とされたが、審議の結果二首ともOKとなった。

しらじらと輝く富士を左に見てＢ29編隊のきらめく白さ
あをあをと澄みわたりたる空ゆくやＢ29編隊は白くまた紅く

渡邊順三「歌壇暴力団記」（五十頁）の網掛け部分が削除とされたが、英訳されて検討の結果ＯＫとなった。

……そして軍国主義、国家主義を謳歌する歌人が巾をきかすやうになり、八紘一宇などといふ空中楼閣にもひとしい幻想に有頂天となり……。

「八紘一宇」は、〈the Four Corners Under One Roof〉と英訳されている。

（2）「人民短歌」昭和二十二年二月一日発行　二月号　第二巻第二号　六十六頁　十四頁　七円
事前検閲　検閲者　Sugita

赤木健介「釈迢空氏の『近代悲傷集』について」（十四頁）の中の迢空の引用歌、削除―軍国主義的。その後上司の判定によりＯＫとなる。

しんがぽうる落つ。青菜　麦の芽雪かづく畠はせめぐり　叫ぶ姥《ウバ》にあふ

平野大「悼青江龍樹（1）」（二十二頁）の一首、削除―連合国批判〈General Criticism of Allies〉。英訳され審議の結果ＯＫとなった。

次々に
小包の様に渡される
遺骨を抱えて
憎しみも新たに

（3）「人民短歌」昭和二十二年五月一日発行　五月号　第二巻第四号　五十頁　十円
事前検閲　検閲者　M.Fujii

小泉俊吉「進駐軍余剰トラック置場」四首（十頁）は、削除の判断（連合軍批判）となったが、結局ＯＫとなった。

進駐軍よじやうトラックすう千だいおしならびふりしぶくあきのあめ
西神奈川反町《たんまち》二ツ谷新町とうずめつくしてトラック並ぶ
よのふけのまどにたまゆらひかりしはトラックおきばかめぐるジープか

さむきあさはたきびにしたかガソリンをそそぎて黒人
　羅兵らたむろす

「五月作品集（2）」の太田遼一郎「冬日過ぎゆく」五首（二十頁）中の一首は、削除の判定となり五月号に載ることはなかった。その他、次にあげるハットリ・トモジ、足立公平、一條徹の作品の削除理由も、宣伝〈propaganda〉である。

　　　太田遼一郎　　冬日過ぎゆく

青行隊員
しづかにビラを剝いでいる
一月三十一日深夜のある駅

同集のハットリ・トモジの「ゼネスト・前夜」六首すべて削除となった。

　空も凍る夜
労働組合の幹部を
傷つけたおしたテロリストふたり。
　　×
ゼネ・ストのビラが、
トウキヨウじうにはられた、
ニツポンじうにはられただろう。
　　×
こおるような風のなかに、
びつたりはられたゼネストのビラ、
もつとふけ北風。
　　×
北風のなかで、シンジュク駅の群衆にうつたえている
二六〇万人のゼネストのビラ
　　×
青い冬の空
インターナショナルのブラスバンドが、
きこえてきた、足音がする。
　　×
『あの歌を、アカハタの歌を、おしえてください』
若い女たちわもうたまらない。

足立公平「会をこさえよう」五首（二十三頁）中の一首、削除。上司の審議の結果ＯＫ。

二人の結びつきが、
君の端につながるものと
僕の端がにつながるものとの
丸い輪になる時を

一條徹の「二月一日前後」四首（二十四頁）すべてが削

除。理由は共産主義者の宣伝。
——革命はネブスキイー通りの□□□
平坦な道ではない　レーニン
吹かば吹け
嵐ふくとも　青年の
つかんだ　真理だ。
その□宇がいう。
×
一歩前進
二歩後退くりかえす
わかきおとめの泪
いとしく。
×
なんの動ずるいろなく
中止きいている瞳のいろ。
前進はあかるい

一條の作品の次に赤木健介の五首があり、最後に渡邊順三の三首が置かれているが、共に削除の対象にはなっていない。その中の各一首を記す。

赤木健介　反省
ぼくにも、
日の光うすれる夕方があるのだ。
わがエゴイズムを、皮膚でかんじるときに。

渡邊順三　街頭演説
五百人に余る聴衆に
トラックから
呼びかける僕の声は
いつか激してゆく

（4）「人民短歌」昭和二十二年十二月一日発行　十二月号　第二巻十一号　五十頁　十五円
事前検閲　検閲者　Sugita
編集方針　レフト

熊野喜久男「闘争の歌」六首（六頁）中の三首、不安の鼓舞〈incitement unrest〉という理由で削除とされたが、結局ＯＫとなったものである。

交渉決裂の帰途を嘆けとうたひ出すインターナショナルぞいざ闘はむ
何を好みてわれらストを行ふや悲憤は常に貧しきものに
口嗽ぐとき視界に入れる空の蒼に敵愾ぞ湧く湧けば放

てり

門信雄「原子ケロイド」四首（十六頁）、チェック（✓）を受けたが違反の判定はなかった。

わが前に頭巾とりたる醜形《ケロイド》は春琴のごとく生きるをとめか

つゞまりは結婚にかゝはることなれば母熱心に醜形《ケロイド》を訴ふ

をとめ等の顔に植皮してことごとく成功せしはペニシリン使用の一群

進駐軍供試のペニシリン仕合はせにをとめ等の植皮かろく縫合す

一條徹「明暗抄」五首（三十三頁）中の一首、削除―プロパガンダ。結局ＯＫ。

屈辱に抗して起ちし
中国の
かの闘いは
われのものなり。

東京の金城薬子《やくし》の二首（三十九頁）中の一首、削除―連合国批判。審議ののちＯＫとなった。

宣伝の巧みさありて救はれゐる如き世界が我をしめぐる

馬酔木祀《ひさし》「ニュルンベルグ裁判記録」五首（四十二頁）、削除―裁判批判。英訳し審議の結果ＯＫとなった。

虚偽の罪悪に充ちたかくも醜悪なる書物『ニュルンベルグ裁判記録』

ヒットラーがゲーリングがリッペントロップが何をやつたかを見直し、も一度彼等を憎み直すのだ

汚線あざやかにニュルンベルグ、市ヶ谷の一線を画してあたら歴史恥かしめる

まさに合鍵はニュルンベルグにある方途あやまりなく東京裁判をりかいするもの

ルドルフ・ヘス気違ひを偽れば日本のヘスはあはれ東條のはげ頭を叫《（ママ）》き

（5）「人民短歌」　昭和二十三年二月一日発行　二月号
　第三巻第二号　五十一頁　二十円
事後検閲　検閲者　S.Nakajima
編集方針　リベラル

クボカワ・ツルジロー（窪川鶴次郎）「第二芸術論に与う」（八〜十五頁）の「　」部分が不許可〈disapproval〉

—左翼の資本主義批判。

「周知のごとく、第一次世界大戦を通じて激化した資本主義の内在的矛盾と労働者階級の階級的勢力の成長とは、深刻な経済恐慌や労働者階級の生活ようごのための広汎な闘争とを現出し、資本主義社会の階級対立は、明治以来の近代文学の上にも反映せざるをえない段階に到達した。」

「特選作品」（中野菊夫選）の石塚郁三の二首（三十五頁）中の次の一首、不許可。審議ののちＯＫ。

獣の体臭が流れて五六人の洋婦が入り来終発電車

この歌について、検閲者ノートには次のように記されている。〈The Phrase "several foreign women" does not openly imply allied women.〉（数人の外国人の女という語句は、あからさまに連合軍の女性たちを意味しているわけではない。）

「人民短歌」欄の松尾和一の一首（四十八頁）、不許可—米の配送プログラムに対する間接的な批判〈Indirect criticism of rice delivery program〉。英訳し審議の結果ＯＫ。

昨年は闇米買つて完遂す今年も又かわが栄村

この歌について、検閲者ノートには次のように記されている。〈The composer, AKIRA FUKUSHIMA seems to appeal that the rice delivery quote was not adequate last year.〉（作者フクシマアキラは去年の米の配給割当は十分でなかったことを訴えているように思われる。）

しかし、この作品は松尾和一の作品であり、これの前に置かれた作品の作者が鍋島章である。それをフクシマアキラと読み誤ったのであろう。検閲の疲労と緊張のせいであろうか。

（6）「人民短歌」　昭和二十三年六月一日発行　六月号
第三巻第六号　六十七頁　三十円
事後検閲　検閲者　Saito　18 June 48
編集方針　レフト

「六月作品集」の辻村武「ある生活と感情」五首（十五頁）中の次の一首、不許可。

無計画なる外資導入を悲しみと思へる人はわづかにしあらむ

検閲者ノートには、共産主義の観点〈standpoint of communism〉とあり、鉛筆での書き込みにはＳＣＡＰへの間接的批判〈indirect criticism of SCAP〉とある。

「人民短歌」欄の明水洵志の一首（六十六頁）、不許可―アメリカ批判としたが、英訳し審議ののちOKとなった。

　葉巻吸ふ人らに諂ふこの国の政治家たちを罵ふ夜かな

検閲者ノートには、「『葉巻吸ふ人ら』は、アメリカの資本家を意味している。」とある。

（7）「人民短歌」　昭和二十三年七月一日発行　七月号
　第三巻第七号　十五頁　三十円
　事後検閲　検閲者　Saito
　編集方針　レフト

佐奈田太郎「勝利のメーデー」五首（二十頁）中の一首、不許可とされたが、英訳し審議の結果OKとなった。

　ビルの屋上から　太陽から
　スローガンが　はねかえつてくる
　「売国芦田内閣打倒！」

検閲者ノート（英文）には、不許可とした理由が次のように書かれている。

　上記の歌、最後の部分は、作者が外国資本を導入するための芦田内閣の宣伝に関して間接的に米国批判をしているため、違反とされる。

渡邊於兎男「降版《ママ》（服）時刻」五首（三十三頁）中の一首、削除―検閲への言及。

　検閲の通らぬゲラに寄り来しがひくくもの言ひ人離れゆく

この作品は、「人民短歌」のゲラ刷の検閲が返されてきて、違反を指摘された部分を編集者が集まって注視し、何らかの反応を見せて離れるという場面をうたっているのだろう。どんな言葉が吐かれたかは不明だが、検閲を受ける側のリアルな反応を伝えるとも言える。

久保田安治「六三制現状」四首（三十六頁）中の一首。削除―SCAPにかかわること。結局OKとなる。

　軍政部マーシャル氏をよろこぶぼろぼろのわが中学を
　視て望多き助言をのこせり

作品の上に〈SCAP〉（連合国軍総司令部）と鉛筆で書かれている。「軍政部マーシャル氏」という要人の氏名の出ることに検閲者は過剰に反応したものと思われる。従って削除と判断したが、英訳され審議の結果OKとなったのである。

検閲者ノート（英文）には次のようなことが書かれてい

る。

上記の歌は中学校の校長によって詠まれたものであり、その軍事的運動の場所は不明である。

松山ぼくの詩「都会の人々へ」六十九行（三十九～四十頁）の中ほどの六行部分、不許可―米の供出割り当てへの左翼の抗議。審議ののちOKとなった。

しかし　おらたちのところへ供出割り当ては来たのだ。
反あたり二俵半。
どうしておらたちにそんなこめが出せるか。
しかし出せないと云うおらたちの口を、強権発動と云うぶあつい手がおさえたのだ。

伊豆公夫「講座農村問題入門」（五十九～六十五頁）、不許可〈disapproved〉―連合国軍総司令部認可の計画批判〈Criticism of SCAP Approved Program〉。

六十二頁の次の「　　」部分を検閲者はアメリカ批判（criticism of the US）としたが、検閲官が改めて、左翼の宣伝（Left.Prop）としたものである。

しかし、敗戦によって植民地と市場をまるまるうしなってしまった現在では、その方針は変化せざるを得ない。「外資導入によって買弁化しつつ、その勢力回復をはかろうとしているのは、その一つの方向であるが、」

同じく六十三頁の次の「　　」内の文は、不許可―左翼の宣伝・米の配送〈rice delivery〉計画批判。

「斯様な動きの中で、耕作農民（中・貧農・小作人）にとって、大きな負担となって来るものは、国家・地方自治機関による重税と、供出制度であろう。地主勢力は後退しても、この二つのものは、なお半ホウケン的な性質をふくんで農民の上におもくのしかかっている。」

「中農や貧農は国家官僚の強力によって、不公平な重税をとられ、また自家食料を保有できないほどに一方的供出命令をしいられているのである。かれらの生活は、破滅があるのみだ。」

同じく六十四～六十五頁の次の「　　」内の文、不許可。審議の結果OK。

「さらに重要なことは、農村への独占資本主義の強力な侵入にともない、農民も労働者とともに、独占資本主義に直接対立しなければならなくなったことである。日本の民主主義革命は、その完成を通じて社会主義革命へすすむ条件をはらんでいるといわれるが、農民の主要な敵が資本主義にかわりつつある今日では、農民も社会主義による解放を考えないわけにはゆかなくなつてくる。ここにも労農テイケイの民主戦線の必然がある。」

検閲者ノートには、〈The above portion is recommended as violation for being leftist Propaganda.〉（上記の部分は、左翼の宣伝であるため違反とされる。）とあるが、上司の判定でOKとなったものである。

本号の検閲資料として、以上の違反に対する始末書と思われるものが付けられている。

始末書

人民短歌編輯者

渡邊順三

「人民短歌」七月号作品中、編輯者ノ不注意ニヨリ不穏当ノ個所ガアリマシタコトヲ認メ今後十分注意スルコトヲ誓ヒマス。

昭和廿三年八月二日

検閲部出版係御中

（8）「人民短歌」昭和二十三年九月一日　九月号　第三巻第九号　六十七頁　四十円

事後検閲　検閲者　S.Watanabe

編集方針　レフト、リベラル

「人民短歌」欄の井伊山彦の一首（二十四頁）、不許可―左翼の宣伝。その後に連合国軍総司令部承認プログラム批判と判定されて、タイプ調書が作られたのである。

土地私有の誤りを今に繰返す農地法に我あきたらずコルホーズを思ふ

結城久史の一首（二十五頁）、マーク（囲み）のみ。

炎天に馬草刈る兵日本の兵みな日に灼けて痩せゐたりかなし

「不連続線」の「ミネルバの弟」と「木瓜（kyuri）」の二人の文（四十四～四十五頁）一頁（八段中五段）分は情報という扱いである。内容は主に歌道雑誌「不二」についての批判である。全文を次に記す。

◇「短歌研究」六月号で埜澤宏が「短歌の危機」を書き「戦争十年の不毛に荒れた歌壇が、今こそ本来の芸術をとりもどし美しく花ひらく素地を培養すべき時」その無知と思ひ上がりから、今日の短歌の混乱を招来した民主短歌人製造の総元締「人民短歌」の罪悪は看過すべきでないと大変な御高説を述べてゐる。
◇埜澤によると渡邊等の説く短歌大衆文学説や林田のいふ短歌二律背反止揚説は短歌の「蕪雑」化と「低俗」化を推進する何物でもなく、短歌はその本質に於てぜいたくなものであり「個の到達が短歌の高さにとゞいたときにのみ接近しうるもので、作者のひゞきに大衆が共和しえてはじめて短歌の理解はなされる」とおつしやる。
◇そこで埜澤にきゝたいのは「本当の芸術」といひ「短歌の高さ」といひ「作者のひゞき」といふのは一体何のことか。それを伺つてから徐々に我々の意見を述べて見たい。埜澤のいふ「本来の芸術」「短歌の高さ」「作者のひゞき」が我々の主張する民主短歌の実現化とどう関係するのかは、これは重大且つ興味深い問題だと思ふ。

○

◇「鶏苑」七月号で大野誠夫が近藤芳美の「早春歌」について書いてゐる。その中で「傍看者」「理性」「小市民インテリ」などの言葉が出てゐる。近藤の批評としてはさういふ言葉の出て来るのも尤もとうなづかれる。うなづかれるけれども、さういつてゐる大野がさういふ言葉を愛し、さういふ立場を自己弁護してゐるやうで、どうにも歯がゆい。我々の問題は小市民インテリの弱さを、どうして強く逞しくして行けるかにかゝる。
◇近藤の歌集については「短歌往来」六月号でも前田透が書いてゐる。前田によると近藤の手法の二つの武器は「現実への切込み」と「省略」にあり、これが同世代人の共感を買ふところだといふ。しかしこの「現実への切込み」といふことが気にくはない。近藤の傍観者的態度なればこそ、さういふことになると思ふが、吾々生活者にとつては「切込み」などいふ現実を対象視したものではなく、「実践の成果としての現実」といふ工合に、自己が現実と一つになつたものになる。
◇この前田はなかなか珍妙な言辞を弄し、近藤の歌は貴族的であり同時に大衆的であるなどゝいふ。おいおい大体全体その大衆とは誰のことをいつてゐるのだい。一寸その大衆にお目にかゝつて、その顔が見たいものだ。
（ミネルバの弟）

○

「昨年度は宮城勤労奉仕、新穀献上、新年御勅題詠進の三つの念願を無事果たすことが出来、まことに神明の厚き加護の賜と、畏れ恐み」（「不二」二〇号編集後記）
「惟ふにこのたびの新穀献上のことは道統と血統の一如を身を以て行じた事であり、最も重要な年中行事の一つとして毎年この祈り心を捧げあひたきものである」（一九号）
これらの文章が、白日の下で書かれてゐるには、ポツダム宣言受諾後のニツポン「多数の戦争犯罪人が釈放されてゐるかどうか」（六月十八日、朝日新聞、南京十六日発、UP＝共同、孫科立法院長談）が、外国から疑はれてゐるニッポン、国際間で、天皇制廃止への要望が依然として強い関心として監視されてゐるニッポンにおいてである。

そのニッポンの、内閣用紙割当委員会が、民主主義的原則によつて、用紙を割り当て配給し、公然と発行を許可してすでに通巻二五号に至つた雑誌「不二」においてである。しかもそれは「歌道雑誌」と肩書して、短歌を作る人間を集め、その作品を発表する雑誌においてである。

毎号天皇のうたや、古事記、祝詞の文句などをもつて来て「宮柱太敷く立てん」といふやうな巻頭言をしるし、主宰者影山正治をして「一つには諸方主要の神社に祖国再建の祈願を籠めますことと、一つには自刃十四士を始め今は亡き友らの遺族を歴訪慰問」（二〇号）する為に全国徒歩行脚をやらせるほどの連中の仕事である。

この雑誌の主要メンバアは、影山正治、黒田哲夫、長谷川幸男、原田春乃、などである。歌は「一字一句神前に奉るわが祈りの結晶である。愚そかにしては申訳がない」（一六号）といふわけで、投稿原稿は毛筆で書かせ神社や天皇の墓場に集まつて歌会をひらき「中食後、聖蹟□荘を拝観同荘の玉座に隣する部屋で歌会に移り、長谷川先生約二時間に渡り保田先生の『天杖記』によつて、ありし日の盛んなる大御代の大みこぶりのさまを説明され、一同の感概は一入であつた。」（一七号）としてゐるのである。

のみならず彼らは東京青山に、不二出版社といふものを設け、影山の戦犯歌集「みたみわれ」よりの自選歌集「涙紺痕抄」、影山編の「終戦時代々木原頭に静かに散つた柱之命等」の歌集「白菊抄」、その他の出版活動を行ひ着々と、短歌、文学のみならず、より広範なファッシズム陣営の勢力挽回にと一歩も二歩も歩み出してゐるのである。その故当然彼等は、戦犯文学者、保田与重郎、浅野晃らと連携を密にし、例の献上新穀の分け前を贈つたり寄稿を得たりしてゐる。

ところで「不二」はさらに「民草」といふ姉妹雑誌をもつほどの組織力を現実的に発揮していてゐることをも吾々は忘れてはならぬ。これも同じに「歌道雑誌」と肩書し影山銀四郎なる人物の主宰する、宇都宮の荒川敏雄の発行する雑誌である。

一九四六年十二月創刊、第二巻、第三号に至つてゐる。「かむむすび」といふやうな欄を設け会員の誌上交歓機関としてゐると言つただけで、どのやうなものかは大方想像がつかう。新に「大正天皇御集刊行会」といふものをつくり、川田順などと並んで、齋藤茂吉、窪田空穂がその顧問に名をつらねてゐる。
「不二」や「民草」に鼓舞されてゐる歌壇雑誌はその他にも少なくないだらう。その明らかなひとつは、齋藤瀏が復活してはじめた「短歌人」である。

　変転の世なるが故にまつあるを恃みて今に心朽たさじ（四月号）

といふやうなうたを自分でつくり、弟子の村田摘水に

　心深く識るはなくして戦犯と師をあげつらふ笑はれますか（四月号）

といふやうなうたをつくらせることによつて、戦犯歌人齋藤が、「まつある」ものは何であるか、「心朽たさず「恃み」にしてゐるものは何であるか。「不二」が昨年十二月号の巻頭言「送年の辞」において、戦後「三年の終りはまさにあらゆるものの総決算さるべき重大な歳晩で」あるから「願はくば同憂宜しくこの偉大な神機に格□して、総整理、総準備を完了し、一すぢの道ますます明らかに愈々雄々しく万里行脚の第一歩を印せられよ。任重く道は遠い」としるしゐるのと符合するのである。そして、その符合した彼らの行先を、吾々は直視することを忘れてはならぬのである。（木瓜）

（9）「人民短歌」　昭和二十四年一月一日発行　一月号
第四巻第一号　六十四頁　四十円　七五〇〇部

事後検閲　検閲者　K.Tsumura
編集方針　レフト

山田あき「歌壇時評」の網掛け部分（十四頁）、不許可——連合国批判。

……無形のその然るにわが国内の状態はどうであろうか。植民地化しようとするさまざまの弾圧下にあつて、有形圧力はわれわれの家庭の隅々にまで及んでいることは言うまでもない事実である。

「不連続線」（五十五頁）は、情報〈Information〉としてマークされた。筆者の（W）は渡邊順三であろう。

▽十二月十二日午後、六十八歳の森田草平氏が野間宏君などと一緒に御茶の水駅前の街頭に立つて高倉テル釈放の演説を一時間にわたつてやつた。また森田さんは十二月八日の日付で全日本の文化人に向かつてアッピールを発表した。そのなかに「二十日間取調べもしないで抑留して置くというのは人権じゆうりんであつて、日本は再び軍国主義の暗黒時代に返つたとしか思われません。文化人ならだれしも私と同じような憤りを感ずることでしよう」と書かれている。このアッピールに応えて渡邊

一夫、中島健蔵、大佛次郎氏らも賛成の意志表示をした。民主的文化団体は抗議運動に起ち上がった。私は今朝新日本歌人協会の名で上田警察署長あてに「高倉テル釈放せよ」の電報を打った（W）。

（10）「人民短歌」　昭和二十四年二月一日発行　二月号
　第四巻第二号　六十四頁　四十円
事後検閲　検閲者　Nakada　Feb 28 1949

山形良和の八首（二十六頁）中の一首、違反（violation）として不許可—占領軍批判〈Criticism of Occupation Forces〉。

　橋暗く渡り終へしに音たててキッスをする奴日本人にあらず

（11）「人民短歌」　昭和二十四年三月一日発行　三月号
　第四巻第三号　六十四頁　四十円
事後検閲　検閲者　M.Saito
政治的傾向（Political Tendency）　レフト
訳者（Translator）　Akamatu.Eiichi

「人民短歌三月作品（4）」の森川平八の全二首（五十頁）、不許可—連合国軍総司令部批判。

　真実の報道をなしたればファシストに圧殺されぬ東京民報
　東京民報終刊はたゞそれだけの出来事でなし祖国危うし

（12）「人民短歌」　昭和二十四年四月一日発行　四月号
　（啄木特集号）第四巻第四号　八十頁　六十円
事後検閲　検閲者　A.Kaneko
政治的傾向（Political Tendency）　レフト

一條徹「石川啄木以後—短歌革命の前進のために—」（八～十四頁）の次の「　」内の文、Vマーク。Vは違反〈Violation〉の意味である。ただし処分を記す文書がないので理由は不明であるがアメリカ批判と言えよう。

「今日啄木のもつていた矛盾と動乱は形を変えてはいるが、植民地化されようとする日本の現実に生きる大衆のこころに根ずよくのこつている。」

「人民短歌」欄の赤木健介「那須野」の全八首（十五～十六頁）、マーク（囲み）されたが、検閲文書がないので処分の有無は不明である。

　一九四八年十二月那須野の

土方農場えゆく

年暮れて
土方與志と、
那須野にきたり
葉の落ちつくした栗林をあゆむ。

＊

フランスの
オート・サヴォアの農民の家を、
ここに模《うつ》して建てられた家。

＊

マキくべて、
へやはほかほかあたたまる。
語りつぐ夜ばなし
いつまでもつきず。

＊

相共に、
囚人として会つた日のこと、
深くは語らず、
心通じ合えば。

＊

古い日の恋物語も口に出し、
ふつとおかしく、
とちゆうでやめる。

＊

このひとの感覚するどい表現を、
酒に酔うごとく、
あじわつてきく

＊

犬つれて、麦畑こえ、
見送りに、
塩原街道まで案内してくれた。

＊

那須・日光。
うすく雪刷《は》く奥山も、
見えて、
その上に青い冬空

小松力夫「炉辺」全五首（十八〜十九頁）、違反―プロパガンダ。

「事実は頑強なものである」
スターリンがよく使うとゆう諺。
くり返し、くり返し
ポケットからアカハタを取り出す。

＊

熊手のような手を
炉火にかざして、うなずく

百姓たちの顔――
語るおれが、引き込まれてしまう。
＊
「今度こそ、共産党を書くべえ。
バカでもチョンでもだまされねえど
イケダ、ミネオと
でかく書いてくべえ！」
＊
「共産党を落としたらすまねえ」
悪税に悩んだ人たちの
一語、一語に
ことばつまり、涙ぐんでしもう
＊
白い、大根漬
しやりしやり　と　嚙めば
よる　が　ふけてゆく――
じんみんの　くに　の　はなしつずきて

上村健次郎「一月の歌から」の全四首（二十一頁）、違反―プロパガンダ。

入党して　晴々したと云う
この先生たちの　その日までの苦悩
よくわかるのだ　ぼくには
＊
入党の　かんげい会の写真
目をこすつても　ぼんやりしている
先生たちの顔が見たいと思うのに
＊
受持の　父兄にげきれいされて
入党した　先生たちを
ほんとかしらと思ひ
うらやましく思う
＊
家庭訪問して
入党のあいさつをすると
こもごも語る
先生たちの声のあかるさ

司代隆三「文化工作隊」全五首（二十二頁）、マーク（囲み）のみ。

古家榧夫に
アカハタの元旦の写真は
海ぞいの道をゆく
八丈島文化工作隊、
君の姿もみえて
＊

文化工作隊全国にちり
不毛の地
南の孤島にも
ひるがえる赤旗
　＊
人民の勝たねばならぬ闘いだから
海をわたつて
文化工作隊、君たち
　＊
年の瀬も正月もなく
部落から部落へ
文化工作隊、君たち、
みんな楽しそうに
　＊
みんな元気で、
意気高らかに、
旗なびかせてゆくから
思わずぼくは拍手をおくる

岩手の泉沢俊の全三首（三十五頁）、V（違反）マーク――プロパガンダ。

ガッチリと
スクラムお組み
インターお
うたつて去つた
砲口の下――。
　＊
砲口に、胸ぐらお向け
せいぜんと
労働者わ、去る。
うたごえ　たかく。
　＊
突然、踏みにじつていつた
キヤタピラ
――野菜お、キヤタピラが
――野菜お、キヤタピラが
と野婦の叫び！

「人民短歌四月号作品（3）」（五十一頁）中の千葉の中里治（一首目）、岡崎の辻村武（二首目）の各一首、V（違反）マークのみ。

所得申告に標準定めてのしかゝる税制貧農を暗くまどわす
植民地となりたる後の不幸福を思ふ私は強く主張する

「後記」がマーク（囲み）されている。情報としてマークされたものであろう。

☆この間東京に於て、歌人懇話会が成立し、平和を守る宣言が発表された。こんなことは当然なことであるが、それをも敢て声明しなくてはならぬほどの時代であることを考えなければならぬ。この日の会合は、在京の各歌の結社から多数の出席者があり、歌人が如何にこのことに関心をもつているかを表明した有意義なかいごうであつた。従来歌人はあまりにもこの種のことに無関心であつたが、文壇に一歩おくれてではあるがともかくもここまで来たことに自他とものためによろこばねばならぬ。

（13）「人民短歌」　昭和二十四年五月一日発行　五月号
　第四巻第五号　六十四頁　四十円
事後検閲　検閲者　K.Tsumura
編集方針　レフト

「人民短歌五月作品（2）」の司代隆三「退庁時」六首（三十八頁）中の一首、不許可─連合国軍総司令部批判〈Criticism of SCAP〉。

虎の威をかり
四十八時間制をおしつけて、
こんどは
首キリ三割とことももなげにいう

（14）「人民短歌」　昭和二十四年九月一日発行　九月号
　第四巻第八号　七十二頁　六十円
事後検閲　　検閲文書なし

「人民短歌」欄の稲葉宗夫「書記長」五首（三十四頁）中の三首、マーク（囲み）のみ。

同志トクダが叫ぶこと
農民が「そうだ」という心
その二つが
長い拍手となる

＊

急にこわくなり
急にやさしくなる書記長
その視線に
農夫ら　じつと動かぬ

＊

「党員は謙譲なれ」と
二度も三度もいう
いわれるたびに
書記長の心　あたらしい

同　三木政市「公安條例反対デモ」四首（三十六頁）中の二首、マークのみ。

アゴひも、ピストル
コン棒持つた七百が
二百のおれたちを
取巻いたのだ。

＊

おされ、ひしがれ
旗竿つかまれ
だが、奪われなかつた
自従のハタ

同　上村健次郎「折々」の三首、マークのみ。

校長に反対する　若い先生の
意見は正しい
四十三のぼくも
口下手なぼくも
だまつておられぬ

＊

物をうり
妻とあらそい
子をしかる

この暗い生活も
あかるく　つよい
コトバでうたおう

＊

ついコトバが　それで熱する
食えない話
食える社会を　闘いとる話
——国語の時間に

同　ささ・いさむ「中央メーデーに参加して」三首（三十七頁）、マークのみ。

「徳球がんばれ！」
人民広場に　わきたつどよめき
その中に、おれの拍手も
手のさけるほど——

＊

花のように咲いた
赤旗・赤旗・赤旗……
その大波の中にあり
一目、
おいた母にみせたいともおもう

＊
この　たかまり、
だれが、さえぎれるものか！
プラカードの波から　目をそらし
涙おさえている。

12 「多磨」（TAMA, Magazine of Tanka Poems）

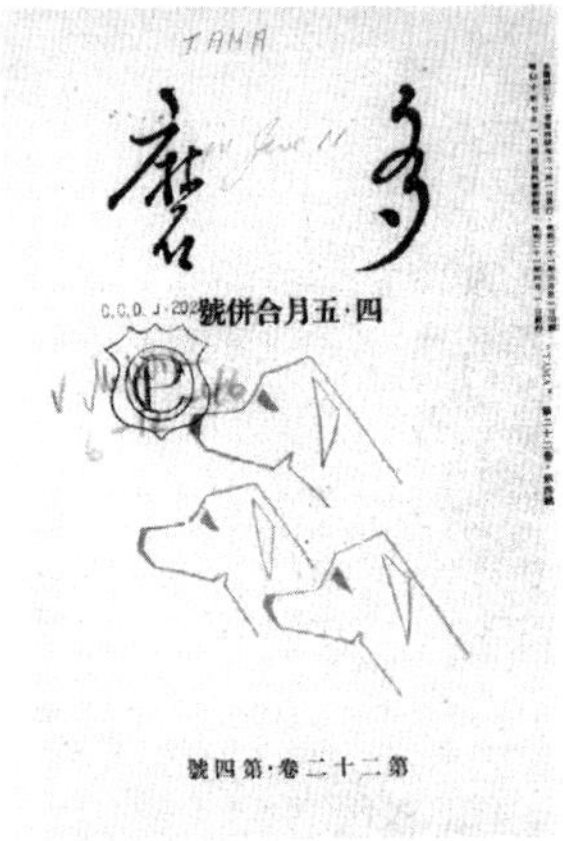

（1）「多磨」　昭和二十一年四月一日発行　四・五月合併号
第二十二巻第四号　　三十二頁　三円
発行所　多磨短歌会　杉並区阿佐ヶ谷五―一
編集兼発行人　北原キク
印刷所　株式会社秀英社（小島順三郎）　神田区小川町
事前検閲　検閲者　R.Kiriyama　チェック　S.Miura

＊昭和十年六月　北原白秋創刊

「黄玉地帯　第三部作品」（中村正爾選）（十頁）の埼玉の石原尚の三首中の次の一首は、マーク（○）され違反とされたが、上司の審議の結果ＯＫとなった作品である。

炎なす肝の怒りのなにならむことすでにして寒き焼原

「赤陀麻」（錦木孝選）の群馬の安居津木夫の一首（十四頁）、マーク（○）―ＯＫ。

七十路を越えたまふ身に拘置所の霜夜いかにか耐へておはさむ

検閲者ノートに、上の歌は削除、これは梨本皇子を示唆し、彼を刑務所に入れた人への怒りを意味する、とあるが結局ＯＫとなった。

中村正爾の「『白南風』覚書―復興新版の上梓に当り―」（二十八頁）中の網掛け部分が削除とされた。検閲方針〈censorship policy〉に触れるという理由である。

……かくて復興新版たる本書は、四度目の上梓であり、全然新組の改版である。装幀は前同様恩地画伯を煩した。内容はもちろん文体に於て前版と変りは無いが、たゞ今回は終戦後のことであり、いろいろと国内事情の上にも幾多の大変革があったため□——□検閲方針に準じ作品中の皇室並に国体に触れて詠まれてあるもの、また特に主題が軍関係の向きの作品は、すべてをこの際、思ひ切つて、割愛することにした。すなはち、長歌一篇、短歌九拾五首である。

□——□部分の英訳も不鮮明だが、次のように読める。〈we followed the present censorship policies of the publications and〉（私たちは出版物の現在の検閲方針に準じ）

これは明らかに検閲制度の存在を記しているので、削除判定は当然であるが、検閲については極秘の徹底が図られているにもかかわらず、このような例が散見するのである。検閲側の苛立ちが思われる。

（2）「多磨」　昭和二十一年九月一日発行　九月号　第二十三巻第三号　三十二頁　三円

事前検閲　検閲者　R.Kiriyama　チェック　Iwama

「黄玉地帯」（中村正爾選）の東京の梅田正嗣の五首（八頁）中の一首、削除—プロパガンダ。

肺疾みて死にし一個人を想ふとき松岡洋右はわれに親しゑ

「米川稔追悼の記」（二十六頁）の中村正爾「米川さんの消息」中の網掛け部分、削除—プロパガンダ〈Quotation Delated — Propaganda〉。

……彼は、彼の魂魄はすでに鎌倉に帰還していちはやく寿福寺の土に寂かに瞑つてゐたのだ。そして、思ひ切りのい、落ち着いた口調で「あなたがたは、今度の敗戦のすがたを知らな過ぎますよ。そんな生やさしいものぢやなかつたんです。だから私は終戦などを待たずに、お先に堂々と戦死しましたよ。」などと、まるで冗談のごとも鷹揚に、にこにこと地下で皮肉な微笑ひを笑つてゐるやうな気もする。彼はやはり確かに戦死したのである。

ブリーファー　R.Kiriyama

（3）「多磨」　昭和二十一年十二月一日発行　十二月号　第二十三巻第六号　四十頁　五円

事前検閲　検閲者　M.Ohta　チェック　Nakamura Shinzo

初井しづ枝「いとなみ」九首（三頁）中の一首、削除—フラタナイゼーション。

茹豆の莢の一つを食べて見せぬわがDwyerにすすめむとして

宮柊二の「蠟炎」十首（三頁）中の一首、国粋主義〈nationalism〉として削除と判断されたが、のちOKとなった。

耳を切りしヴァン・ゴオホをおもひ孤独をおもひ個人と戦争をおもひて眠らず

因みに英訳を記す。〈"Recalling Van Goch who cut his ears. The thinking of my solitude, and of "individuaism and war", I cannot fall asleep."〉

〈Van Goch〉は〈Van Gogh〉の誤りだろう。

検閲者ノート（EXノート）には〈MIYA TOJI〉とある。さらに次のような記述もある。和訳すれば、「日本の戦争敗北を忘れてしまった作家は国粋主義的（または軍国主義的）であると考えられている。軍国主義的な人のほとんどは過去の戦争時代にはまっているかもしれない。」ということである。

松戸の梅田正嗣「耐旱」の四首（七頁）中の一首、削除—公共の平穏を乱す〈Disturb public tranquility〉。

一首は強くマークされていて判読不可能なので、英訳とその和訳を次に記しておく。

〈"Nobody would dare say that the battle-field is the only place where sick and weak when nobody would look back are destined to die first."〉（誰も敢えて言おうとしないことだが、戦場とは、振り返ってみよう、病人と弱い者がまっ先に死ぬ運命にある唯一の場所なのだ。）

「第三部作品（荒木暢夫選）」（三十六頁）の小丸和衛の一首、削除—軍隊への怒り（Resentment against enemy）。

己が言葉にさからひもせぬ子なりしが敵の爆弾に命おとせし

（4）「多磨」昭和二十二年十月一日発行　十月号　二十

第五巻第三号　三十二頁　十五円

事前検閲　検閲者　Sugita, Zahn　チェック S.Nakamura

編集方針　センター（中道路線）

中村正爾「無題」九首（二頁）中の一首、削除—占領軍批判（Criticism of Occupation Forces）。

唇紅き夜のをみなか地下道のよりよりに寒しとつくにのこゑ

検閲者Sugitaは、フラタナイゼーションとしたが、上司のザーン（Zahn）は、占領軍批判と判定したのであった。検閲者と検閲官とではしばしば解釈を異にすることがあったが、これもその一例である。調書には極秘（Confidential）と手書きされている。

（5）「多磨」昭和二十三年八月一日発行　八月号　第二十七巻第二号　三十五頁　三十円
事後検閲　検閲者　Uehara
編集方針　センター

「作品第一部」の松本亮太郎「推移」二十四首（三頁）中の次の三首がマーク（囲み）されている。一首目は不許可、二、三首目はOKとなった。「修」は木俣修であろう。

柿若葉輝けい征く君が背に　修
柿若葉昏れゆく隣の窓前《まどさき》に占領軍のラジオ賑はし
杳けかる憶ひも疼け葭簀越しにGIぞ騒めくビアホールあり
愚劣なる嚀嘲ふごと向つ家に夜々ジープ来て娘等の声

兵庫の曾澤弘寿の五首（十一頁）中の一首、不許可―極端な国粋主義。

悠久の大義に果てし魄のゐる祖国に還り主義者ら鼓腹す

13「短歌往来」（Tanka poem Traffic）

（1）「短歌往来」昭和二十二年四月一日発行　創刊号
第一巻第一号　五十四頁　十円
発行所　鼎書房　東京都千代田区神田司町二ノ九
発行者　藤見正巳
編集者　高木一夫
印刷所　長尾大海堂印刷所（長尾多郎）静岡県磐田郡磐田町
事前検閲　検閲者　Sugita　Mar 1947　チェック　Nakamura Shingo 10 Apr 47

初井しづ枝の下記の座談会形式の文（四十八頁）の

「○○○」の部分、違反。○○○を埋めよ（fill in）と指示されている。

火野さん　　初井しづ枝

A　○○○（詩誌）を火野さんに送ったら速達で「もっと人間にぶつかれ」ゆうてきたんや、我々の仲間は「そら大野のジェスチュアや」とゆうんやけどどんなものやろ

（2）「短歌往来」　昭和二十二年七月一日発行　七月号
第一巻第四号　四十八頁　十三円
事前検閲　検閲者　N.Ichikawa, Yamamoto

柳田慎太郎「短歌紀要」（自二十二年四月至二十二年五月）の文（四十一頁）の網掛け部分の削除―検閲への言及。

ちかごろ世に送られる歌集は、ほとんど例外なく戦争にかかはりのある作品を除いて編まれてゐる。この出版事情のもとでは、さういふ種類の歌を編むことは憚らねばならぬ理由のあることを十分承知しながらも、自分の作品行動の発展史である歌集のなかからある特定の系列にぞくする作品をすこしも未練なさげに、しかもこの場合は数のうへからも決して少なくないはずのものを、あつさり除外してしまへるといふことは、私にはふに落ちない。

網掛け部分は次のように英訳されている。〈……I will understand that under the present situation concerning publications, there is reason to refrain from printing poems written during the war……〉

14「短歌季刊」

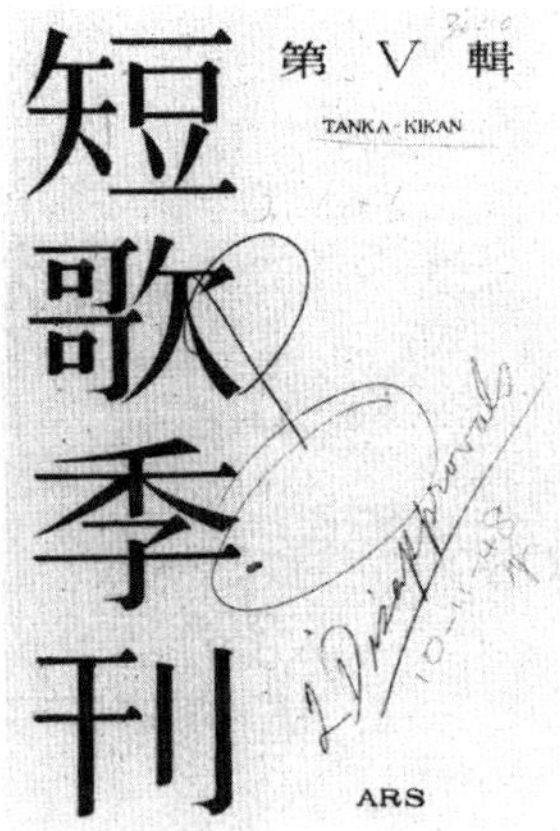

昭和二十三年九月二十一日発行　九月号　季刊第V集
九十四頁　七十五円　三〇〇〇部
発行所　株式会社アルス　千代田区神田神保町三―一七
発行者　北原鉄雄
編集所　東京歌話会

印刷所　株式会社秀英社（小島順三郎）千代田区神田
事後検閲　検閲文書なし
＊昭和二十二年一月創刊の東京歌話会の機関誌

泉甲二「暗愚」八首（十六頁）中の四首、マーク（＊印）のみ。

生き死にのなんのたはいもない犬死にをつげられしかば吾子《あこ》のいとしも
ソ連沿海州アルチヨン収容所とはいまにして白白《しらじら》しといふも皮肉にはあらじ
日の丸を十字にしかと綾《あや》なして伏眼《ふしめ》にゆきし子を死なしめつ
反古の如《ごと》強《し》ひられし死をきみゆきしソ連沿海州アルチヨンの土

本誌には検閲文書が付けられておらず、当該ページにも処分の記入がないので、どのような判断であったかは不明であるが、「ロシア批判」ということになろうか。
本誌には岡山巌・山本友一・宮柊二・佐藤佐太郎・鹿児島寿蔵・五島茂・木俣修・近藤芳美・香川進・窪田章一郎・前田透ら多くの歌人の作品が載る。

15 「短歌芸術」（Tanka Poetic Art, The Art of Poem）

（1）「短歌芸術」昭和二十一年三月一日発行　一・二・三月合併号　第二巻第一号　十七頁
発行所　ＰＬ出版社　日本橋区蛎殻町二―一三
発行人　北村龍夫　世田谷区用賀町一―一五一七
編集人　桃井廣人　世田谷区北沢四丁目四六九
印刷所　新日本印刷株式会社（増田茂久）板橋区練馬南町
事前検閲　検閲文書なし
検閲者　Kimiko Sugawara
＊編集所、二巻七号から佐賀県鳥栖町に移転。
「仙台支社短歌会詠草」（一頁）中の天江勘兵衛の一首、削除—闇市（ブラックマーケット）。

ことわけをききてすなほにうなづきぬ 特配《スペシャル》壜《ボトル》を
汝《アイウィル》に与《セルユー》へん

（2）「短歌芸術」　昭和二十一年九月一日発行　七・八・九月号　第二巻第七号　二十頁

編集所　短歌芸術社　佐賀県三養基郡鳥栖町大字鳥栖六一五―一

編集者　藪崎孝一　同右

印刷所　松隈印刷所（松隈伊和見）　鳥栖町大字鳥栖

事後検閲　　検閲文書なし

札幌の寺澤福松の三首（十五頁）中の一首、不許可―軍国主義の象徴。

論功の御沙汰賜ひぬ功をだにあらずし病める吾身なりけり

（3）「短歌芸術」　昭和二十二年二月一日発行　二月号　第三巻第二号　二十三頁

印刷所　鳥栖印刷所（松隈印刷所改名）

事前検閲　　検閲文書なし

「特選集」下関の布野ヨシ子の五首（十三頁）中の四首がチェック（✓）されて、〈inappropriate〉（不適当）とゲラの頁の余白に手書きされている。検閲文書がないので処分は不明だが、一首目だけが鉛筆の線で強く消されている。

日本人立ち入り禁止と札の在り戦に心又穢れゆけり

国情と教育愛にストの可否考へ抜きし校長《をさ》の瞳《め》濡る

広く深く世を視亙りし校長今は術をなみかもストに賛同す

スト回避法質し縷縷説きし校長が遂に相違に従ふ尊さ

佐世保の丸谷満の三首（十七頁）中の一首、不適当―占領軍批判〈Criticism of Occupation forces〉。

はろかなる米人館の電灯《ともしび》の此の宵もかもしるく明るき

別府の手島由蔵の四首（十九頁）中の一首に不適当と手書きされている。

進駐兵の交替《かわる》と聞きしこの朝《あした》秋空高くヒコーキの飛ぶ

（4）「短歌芸術」　昭和二十二年六月一日発行　四・五・六月合併号　第三巻第四号　二十七頁

事後検閲

野田勇の「あはれ」四首（七頁）中の一首、不許可。

改革はうつつにきびしく小地主のさらに小さくなりはつるとき（農地改革）

一首は、プレス・コード２―不安を刺激する〈post-censored disapproved; Violation Par 2 of the Press Code incitement to Unrest〉という理由で、不許可となったものである。

本誌ゲラ刷には検閲資料として、Geoge P. Solovskoy の署名のあるGHQよりの違反に関する覚書に対しての受取状が付けられている。つまり違反の詫び状である。

文書受取状（PL教団本部用紙使用）

昭和二十二年十月十六日

佐賀県三養基郡鳥栖町大字鳥栖六一五

北村龍夫

福岡第三地区検閲局雑誌係御中

拝啓　十月十三日附日本刊行物法規違反に関する非公式覚書本日正に落手仕候　注意行届かざりし為め御配慮を煩はし恐縮に存じました。今後十分戒心致します。先は取り急ぎ受領御案内迄

以上

短歌芸術

（５）「短歌芸術」昭和二十三年六月一日発行　六月号　第四巻第四号　二十三頁

編集兼発行者　赤木顕次　鳥栖市大字鳥栖六一五

事後検閲　検閲者　Ⅷ　10-jun-48

違反か所なし

16 「短歌研究」(Study of short poem, Study to Japanese Ode)

（１）「短歌研究」昭和二十年九月一日発行　九月号　第二巻第五号　三十二頁　八十銭

発行所　日本短歌社　日本橋区本町一ノ一〇

編集兼発行人・印刷人　木村捨録　同右

営業部・編集部　杉並区上荻窪一ノ四三

印刷所　大同印刷株式会社　神田区錦町

事前検閲

＊昭和七年十月　改造社から創刊された短歌総合誌。十九年十一月に日本短歌社に移る。

中村武羅夫の評論「我が国体と国土」（三～四頁）の一部に傍線が引かれる。これは万葉集巻五の山上憶良の長歌（惑へる情《こころ》を反《かへ》さしむる歌一首）「父母を　見れば貴し　妻《め》子《こ》見ればめぐしうつくし」についての文章である。

「天皇のしろしめす国土に生を享けし人間たる者には、そのやうな勝手自儘は許されぬぞ。さうではないか」と、いふのである。つまり天皇の統治し給ふ国土の恩沢と、人の道を深く反省して戒めてゐる。

日本の国体、国土を讃嘆し、国体の厳貴尊厳を歌つたものを挙げれば、いくらでもある。が、それをこゝに一つ一つ示す余裕はないとしても、柿本人麿が持統天皇に従駕して、吉野宮に行つた時の長歌や、また、万葉集に藤原宮の御井の長歌などは、当然逸することが出来ないだらう。それから北畠親房が「神皇正統記」の冒頭に記してゐる一句なども。

「大日本は神国なり。天祖始て基をひらき、日神長く結を伝へたまふ。我国のみ此事あり。異朝にはその類無し。この故に神国と云ふなり。」といふ思想。また宏覚禅師が「末の世の末の末まで我国はよろづの国にすぐれたる国」と歌つたのや、また本居宣長の、「百八十の国のおや国もとつ国すめら御国はたふとき国かも」と、歌つたのは余りにも有名で、周知の通りである。それをたゞ単に一国民の主観として、また理想としてのみ片付けることは出来ない。

既にこんどの戦争に至つて、われわれには二十歳になるやならずの多くの若き武人たちが、天皇の御為に、皇国護持のために、生きながら神となつてゆく姿を眼のあたり見てゐるのである。日本ならずして何処にこのやうな尊い事実、敬仰すべき国柄があるであらうか。万世一系、神の御末裔《みすえ》の天皇が、皇統連綿として統べたまふばかりではない。臣子の分にして亦神となり得るのである。このやうな特異な国柄が、いつたい世界のどこにあるだらうか。―たゞ日本のみ。日本をほかにしては、どこにもない。

尊厳なる国体と、美しい国土と、そこに自づから生れ出づる詩歌文学の類が必然に純真にして限りもなく美しいものであることは言ふまでもなからう。詩歌文学の創造は国土に根ざし、その国土に生を享け、生活を営む民族の感情に根ざすものである以上、詩歌文学の華が、美しからぬはずはないのである。

検閲者ノートには、〈Preceeding paragraph deleted〉

（上記の文削除）とある。Preceeding は Preceding の誤りである。

発行誌ではこの削除指定の部分はすべて掲載されている。ただし、検閲局に提出された「発行誌」においては次の網掛けの部分「既にこんどの戦争に至つて、……敬仰すべき国柄があるであらうか」は空白となり、（連合司令部の命に依り以下一部削除）と活字で記されている。これは出版側の作戦なのだろうか。

残されたゲラ刷には以上の部分に傍線が引かれて、削除とされたのだが、英文訳によると、削除部分は更に冒頭（二頁）にもあることがわかる。すなわち次の部分である。

日本の国体が比類なく神聖にして、尊厳極まりないことは、わが国の歴史がこれを証明してゐるし、古来幾多の詩歌に依つて歌はれ、文章に綴られ、国民等しく知悉してゐるところである。また、日本の国土が、いかに他邦に秀でゝゐるかといふことも、太古の神々や、昔の天皇が日本の国土を御視察になつて、御讃嘆なされたお言葉によく伺はれる。

いずれも発行誌にはそのまま載っているものである。ただし、「尊厳なる国体と、美しい国土、……美しからぬはずはないのである。」の部分のみが削除されている。

この中村武羅夫の評論における以上の削除部分の理由は明記されていないが、すべて「国粋主義的」というところであろう。

次に、佐佐木信綱の八首（六頁）の中の次の二首は、それぞれ一字分が空白になっていて、不自然さが際立つ。

いのちもて斎垣《いがき》きづき成し大御民めぐらひ守る□の御国ぞ

若人ら命を国にさゝげまつる命こめし書《ふみ》□火にゆだねつ

この二首は□内の語によって検閲者が削除の指定をしたものと思われる。そうであれば、一首全てが削除されるべきだろう。これでは明らかに削除の痕跡を残す結果となるからである。かつての日本における検閲のような形を見せている珍しい例である。検閲者の削除説明の不徹底か、受け取る側の誤解であろうか。

そこで問題になるのが、□にどのような語が入るかである。

これについて篠弘は、一首目が「神」、二首目が「敵」であろうと推定している（「戦中から戦後へ」『現代短歌史I 戦後短歌の運動』）。

ここは三枝昂之も「奇妙な二首」として注意している

が、「神」と「敵」の語については認めている（『昭和短歌の精神史』）。

「神」は、国粋主義・神道主義という検閲の違反項目に当てはまる語であり、「敵」も違反用語である。「敵機」を「米機」と訂正するよう指示された例もみられることである。

ただし、この二首についての検閲文書は付けられていないのである。従って検閲者による英訳を見ることができない。また、検閲文書がないということは、削除相当ではなかったのかもしれない。何れにしても検閲の不徹底を示す「奇妙な二首」ではある。

（2）「短歌研究」昭和二十年十一月一日発行　十一月号
　第二巻第七号　三十二頁　一円
印刷所　明和印刷株式会社　神田区神保町
事前検閲　検閲者　Hamura

川田順「項羽本紀　垓下戦」二首（十四頁）中の次の一首、網掛け部分のみ削除され、不完全な形で発行誌に掲載された。削除理由を記した文書はない。

七十度《ななそたび》かちしいくさを恃みすぎ一たびにして大きく敗る

同じく川田順の「黥布列伝」二首中の一首も削除とされたが、網掛け部分のみ削除され、結句のみの状態で掲載された。

無頼漢《ならずもの》ぬすびと盗人どもは剣研ぎ世のみだりゐるを片待ちけらし

白井大翼「銀座」四首（十五頁）中の一首、チェック（✓）のみ。

日本人と卑しみにくみ思ひつつ物ねだりゐるさまにも慣れぬ

谷鼎の十首（十六頁）中の次の一首が削除とされたが、「は憎悪す」のみ削除されて掲載された。

すがやかに翔《と》ぶあめりか機頭《づ》に響きあまり間近き時は憎悪す

服部直人の十二首（十七頁）中の一首が削除とされたが、網掛け部分の第三句以下を欠いたまま掲載された。

戦ひをここに終へしむ見えがたき原子破壊の大き意思あはれ

塚田菁紀の九首（十七頁）中の二首は、一首目はチェックのみだが、二首目は網掛けの初句のみ削除されて発行誌に掲載された。

辛くても堪へきし心笞《しもと》もて打ちのめす限りもあらず
一億の心いみじく衝れつつ如何になりけむ彼のひとと
き

川上小夜子「終戦」十首（十八頁）中の一首が削除とされたが、網掛け部分を削った形でこれも発行誌に掲載された。

たとへば思ふ弱者一人をよりたかり袋叩きにするに似
たりと

以上は、一首全てが削除指定されているにもかかわらず、一部を残したまま発刊誌に掲載されたものである。検閲者としては、一首を鉛筆で囲み全てを削除と指示したはずだったのだろうが、編集者は鉛筆の線の具合で部分限定的にとらえたのかもしれない。いずれにしても、検閲の不徹底さが明らかな例である。この時どのような指示が出されたかは不明である。

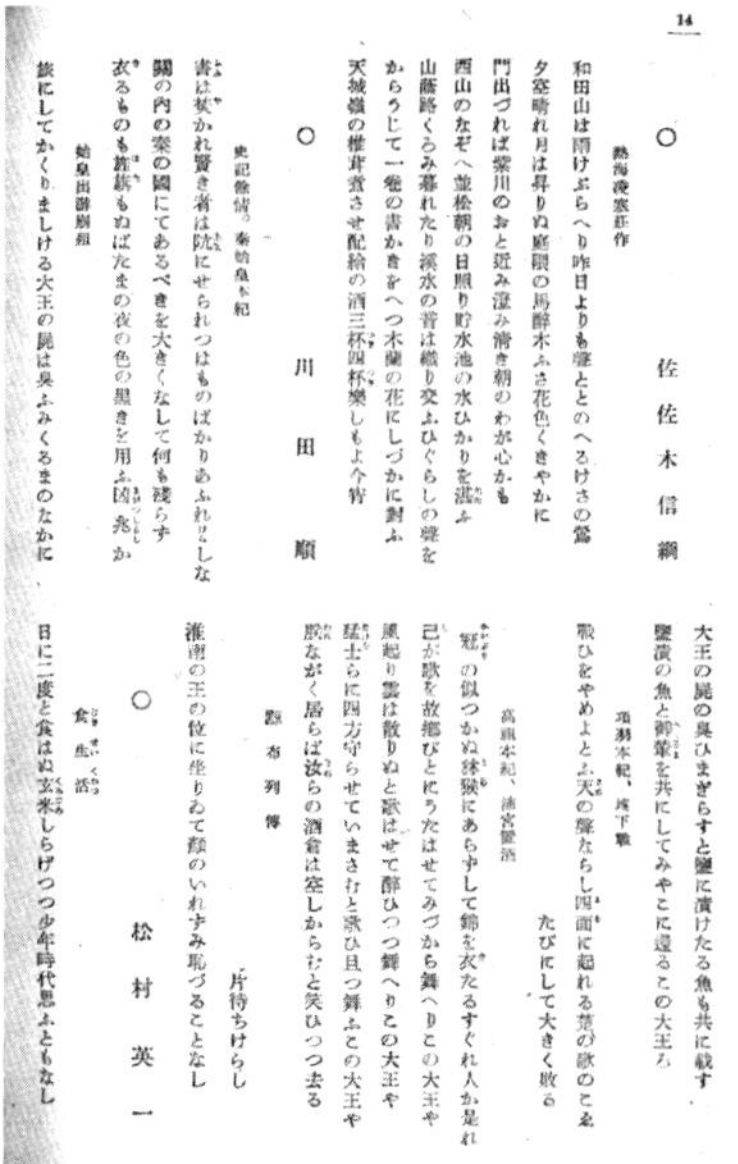
14

○ 佐佐木信綱

熱海凌寒莊作

和田山は雨けぶらへり昨日よりも聲ととのへるけさの鶯
夕空晴れ月は昇りぬ庭隈の馬酔木ふさ花色くきやかに
門出づれば紫川のおと近み澄み清き朝のわが心かも
西山のなぞへ並桧朝の日照り貯水池の水ひかりを湛ふ
山蔭路くろみ暮れたり溪水の音は織り交ふひぐらしの聲を
からうじて一巻の書かきをへつ木蘭の花にしづかに對ふ
天城嶺の椎茸煮させ配給の酒三杯四杯樂しもよ今宵

大王の屍の臭ひまぎらすと鹽に漬けたる魚も共に載す
鹽漬の魚と御輦を共にしてみやこに還るこの大王よ

項羽本紀、垓下戰

戰ひをやめよとふ天の聲ならし四面に起れる楚の歌のこゑ
たびにして大きく敗る

高祖本紀、沛宮置酒

冠の似つかぬ沐猴にあらずして錦を衣たるすぐれ人か是れ
己が歌を故郷びとにうたはせてみづから舞へりこの大王や
風起り雲は散りぬと歌はせて酔ひつつ舞へりこの大王や
猛士らに四方守らせていまさむと歌ひ且つ舞ふこの大王や

黥布列傳

眠ながく居らば汝らの酒倉は空しからむと笑ひつつ去る
片待ちけらし
淮南の王の位に坐りゐて顔のいれずみ恥づることなし

○ 川田順

史記餘情。秦始皇本紀

書は焚かれ賢き者は阬にせられつはものばかりあふれりしな
關の内の秦の國にてあるべきを大きくなして何も殘らず
衣るものも旗旂もねばたまの夜の色の黒きを用ふ閻兇か

始皇出游崩殂

旅にしてかくりましける大王の屍は臭ふみくるまのなかに

○ 松村英一

食生活

日に二度と食はぬ玄米しらげつつ少年時代思ふともなし

「短歌研究」第２巻第７号、川田順の一部欠落の作品

（3）「短歌研究」昭和二十一年十月一日発行　十月号
第三巻第八号　六十四頁　四円
印刷所　共同印刷株式会社　小石川区久堅町
事前検閲　検閲者　Nobunari Ichikawa　チェック
M.Fujii

杉浦翠子の「窮乏生活」九首（三頁）中の一首、削除——闇市、誇張〈Over statement〉。

これだけの米これだけの味噌にして生き死にのいかむ
ともせよ国は答へず

對馬完治「農民の中にて」九首（四頁）中の三首は、闇市に関わるものとして削除と判断されたが、審議の結果一、二首目はＯＫとなった。

畑のものおもしろきまで紙幣《さつ》となるに貪欲たぎりとどまらぬかな

値の上がる九月ならでは売らぬといひ仕舞ひ始めぬ採れし馬鈴薯を

食のため節うしなへる群なれどみられては口惜《くや》し進駐軍に　（削除）

松井如流「旦暮抄」八首（八〜九頁）中の四首も闇市に関わるものとして削除とされたが結局ＯＫとなった。

生産の裏付けのなき貨幣数量の月ごとふえて五百億円超ゆ　ＯＫ

新円の紙幣がかくもふえゆきて誰のふところにかくされをらむ　ＯＫ

世に出でし紙幣ふたたび銀行の手にはかへらず物の値を呼ぶ　ＯＫ

今の値に売らばよけむを手放さばまた欲しがらむこれの本かも　ＯＫ

以上の杉浦、對馬、松井の計八首を、検閲者は闇市〈Black Market〉に関わるとして削除と判断したが、検閲官は、杉浦の一首と、對馬の三首目を削除とし、それ以外の六首をＯＫと判定したのであった。削除とされた二首はもちろん発行誌には載っていない。

土岐善麿「現代歌人論―現実対処の一方向に就て―」（三十五〜三十六頁）において引用された五味保義、岩間正男、木俣修の四首は、怒りおよび誇張を理由に削除となった。

戦の終止伝はらぬ国境にて君きほひけむきほひ死にけむ　五味保義（resentment）

乱れたる戦の中に君死にて亡骸だにも海渡り来ず　同（同）

代表らの一人一人が背に負へる飢餓の大衆は思はざらめや　岩間正男（Over statement）

表情もいよよこはばりゆくごとし飢ゑとたたかひたたかふ日々に　木俣　修（同）

（4）「短歌研究」昭和二十二年三月一日発行　三月号
第四巻第二号　四十八頁　六円
事前検閲　検閲者　J.Iwase　Feb18

安藤佐喜子の一首は強く消されていて判読しがたいが、削除〈Quotation Deleted〉である。理由はフラタナイゼーション。調書（civil censorship detachment）に、極秘

〈Confidential〉と手書きされている。

〈"How sordid are the women's starved minds, that they should be attracted by foreigner's love! You men look at them, too!"〉（女たちの飢えた心は何と汚いのだろう。外人たちの愛に引き付けられるとは！　お前たち男も彼女たちを見るとは！）

（5）「短歌研究」昭和二十二年十月一日発行　十月号
第四巻第八号　五十二頁　二十円
印刷所　株式会社一色印刷所　中央区日本橋兜町
事前検閲　検閲者　N.Ichikawa　チェック
Nakamura
編集方針　センター、リベラル

山本友一「記録抄」十二首（二十五頁）中の次の二首は削除。その理由は、一首目が中国批判〈Criticism of China〉、二首目がロシア批判〈Criticism of Russia〉である。検閲官はBahn。

入れかはり立ちかはり来る彼等にも媚びて生命を吾ら保つべし

辛ふじて逃げまはりつつ勝ち得たり一に民衆の力ぞと言ふ

（6）「短歌研究」昭和二十四年三月一日発行　三月号　第六巻第三号　七十二頁　五十五円
印刷人　小泉輝章　文京区戸崎町
事前検閲

吉植庄亮「寒餅」十二首（四十八頁）中の次の一首は、違反〈violation Category〉として削除された。理由は虚偽の陳述〈Untrue Statement〉であるが、発行誌では削除されていない。

一切を指図せられてやや安き常体にあり四等国民われら

藤森成吉「短歌の諸問題」（六十二〜六十七頁）の次の「　」部分は、「情報」としてマークされた。余白に、〈Rightist Movement Mention of "Bunren" "Nipon Bunka o mamoru kai"〉—右翼の運動（文連—日本文化を守る会への言及）とある。

「短歌の現在問題として、ぼくは更に文化反動に対する闘争の面も忘れてはゐません。それは、窪川鶴次郎君のいはゆる「大衆が歌を作つてゐるから歌を大事にしなければならぬといふブルジョア的な政策的観念」などのためではありません。今、生憎手もとに見つかりませんが、御寄贈の「人民短歌」の去年九月号か十月号の「不連続線」欄に載つた影山正治氏らの記事に、ぼくはこころからおどろかされました。彼等の機関誌や日常生活で、「祖国再建」を名とする天皇主義や思想が公然宣伝されてゐるとは？

あれは六号活字なぞでチョコチョコ報道されて済まされる事実ではなく、日本の文化、引いては日本の将来に取つて由々しい大事です。さういふ存在と運動は今のうちに徹底的に打破しなければならず、それは単に共産主義や民主々義擁護同盟や文連や「日本文化を守る会」等々にまかせておいていい仕事ではりません。あらゆる民主々義のための団体の協力にまたなければならないことはもちろんですが、短歌は短歌、俳句は俳句、小説は小説、……その各々の分野で内部から果敢にたたかはれなくては駄目です。戦時ちゆう跳梁をほしいままにした国粋的短歌人らが、終戦後も決して息の根をとめられてゐないばかりか、相変らずいささかの反省もなく、虎視眈々と機をねらつてゐることはかつてぼくが指摘したことですが、そのナマごろしの……いや、何の打撃も受けなかつたヘビがはやくもそれほどまであたまをもたげ出したとは！

将来もう一度ファッショが、擡頭するとき、文芸方面で第一の堡壘となるのはうたがひもなく短歌です。次に俳句。小説のはうではなかんづく歴史小説の分野です。それらに対する用意を、……いや、それらへのたたかひを今からおこなはないなら、再び悔いてもおよばないことになりませう。その意味では、ぼくはあくまで「人民短歌」を支持する一人です。」

（7）「短歌研究」昭和二十四年四月一日発行　四月号
第六巻第四号　七十二頁　五十円　発行部数一二〇〇〇部

事後検閲　検閲者　J.Koizumi

飯岡幸吉「滲透」十二首（二十七頁）中の三首は、一、二首目が情報（インフォメーション）、三首目が不許可―検閲への言及〈Reference to Censorship〉とされた。

ブロンディを日々《ひび》の新聞に読む吾ら彼の生活が滲透しくる

CARRY　THIS…と刷りある聖書を貰ひたりミス・ケリーに悪魔視されて

郵便の検閲を兼ね翻訳の仕事あれども未だに行かず

17 「短歌主潮」（Tanka Circle）

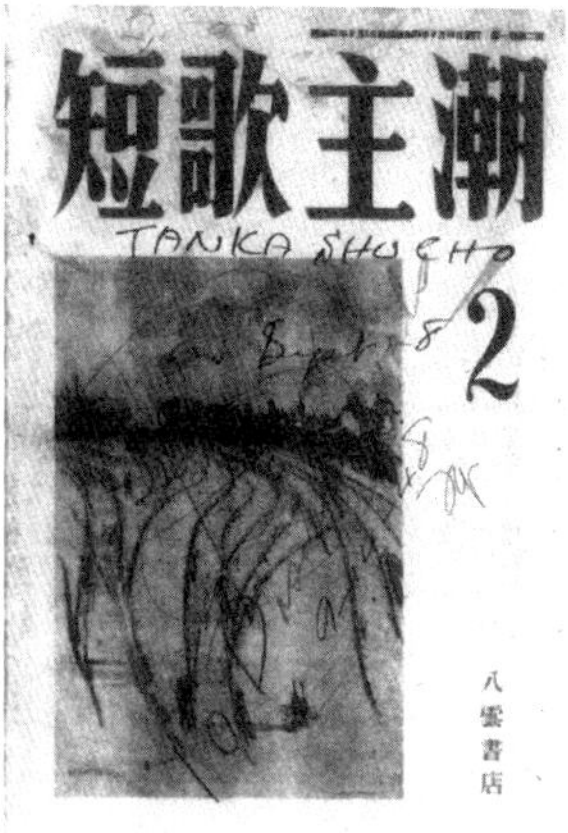

昭和二十三年九月十日発行　第一巻第二号　一四二頁　百二十円
発行所　株式会社八雲書店　東京都文京区森川町一一一
発行人　中村梧一郎
編集人　久保田正文
印刷所　二葉印刷株式会社（大野治輔）　北区稲村町
事後検閲　検閲者　K.Tsujimura, Furukawa
編集方針　レフト
＊昭和二十一年十二月創刊の「八雲」の後継季刊誌。三号で終刊。

江口渙「わが平和宣言」十五首（四十八頁）中の次の六首、不許可─敵意の鼓舞（incitation of hostility）。検閲者ノートに〈Akira Eguchi（communist）〉とある。

大戦の足音また近づくを聞くがすべなさ夜毎日毎に
地下ふかく秘密文書くばられて戦争挑発の触手を感ず
戦争の近づく見れど天皇は手をこまねいて空しくゐるも
天皇はいまだも平和運動をなさむともせず国危きに
火の嵐日本《にっぽん》の空に裂けて飛ぶその日思へばすべなきものを
国境を越えて結べる人民の手のみが戦争を避け得る如し

一首目は、不安を鼓舞する（Incitement to Unrest）作品とされ、civil censorship department 票に英訳がタイプで打たれて、極秘〈Confidenntial〉と手書きされている。

松本千代二「断想」十五首（五十七頁）中の一首、違反─武装解除への不満。

夢魔のごとおそふ不安におびえつつ今日もささやく武器なきわれら

宮崎信義「帰還」十五首（六十二頁）中の二首、不許可─国粋主義、右翼の宣伝。

せいいつぱいたたかつてきた　そのやすらかさがわずかに私を慰める
目をつむると浮かんでくる　挑みかかる　せいいつぱい戦つてきたもう一人の私

杉浦明平「近代短歌の系譜　正岡子規」（九十八頁）の次の部分は不許可―同盟国に対する一般的批判〈General Criticism of Allied Nations〉。

日本文学の城壁を今少し堅固にし、外国の髯づら共が大砲を発たうが地震火を仕掛けようが、びくともせぬほどの城壁をつくる心願を念々忘却しなかつたのである。

なかの・しげはる（中野重治）「詩人としての河上肇博士について」（一九四八年五月十六日東京河上会に於る講演）（七十一～七十七頁）の後半の次の「　」部分がマーク（囲み）されている。処分記録文書はない。

第二の問題は、この、「詩の素人としての河上さんが、その乏しく淋しい晩年を、こういう学者であつてはじめて維持できたであろうような、何ものをもつて来ても動かすことの出来ぬ、ある確実なものを中心にして生きていられたこと、それが、そのまことに素人らしい作品にあらわれていることです。」「偶成」という一編などには、それがあきらかに見られます。

あすこでは、子供は遠方で病気で寝ています。妻は海を渡つてそれを看病に行つています。八十四になつた母親は、これも二百里も離れた田舎の郷里にいます。そして主人公は、京都で一人で不自由なくらしをしています。そして「人は」第二世界戦争のなかで「狂へるがごと」くなつています。そうして、この主人公のありさまにたいして、

人はかかるさかひを哀しめど
われ　敢て黎明の近きを疑はず

と河上さんは歌つています。
「この場合河上さんは、肩をそびやかして声を大きくしていつているのではありません。

世は狂へるがごと
わがいほは
ひるなほしづか

といつているのです。

われ敢て黎明の近きを疑はず

しかし河上さんは、つづけて

こころは凪なき春のあけぼの
太古の湖《うみ》のしづけさに似たり

といつています。しずかさの中に、確信のあるものが

息づいています。眠りのように見えるものの中に、時が来て、蒔かれれば間違いなく芽をふく種子のようなものが自己を維持しています。

それだからこそ、八月十五日が来、日本共産党の復活が来、先輩たちが牢獄から解放されたとき、死に近づきつつあつた河上さんの中から、あの若もののような美しい詩がほとばしり出ることができたのだと思います。

牢獄につながるること十有八年
独房に起居すること六千余日
たたかいにたたかいて生きぬき
ついに志をまげず
再び天日を仰ぐにいたれる
同志徳田
同志志賀
何ぞそれさかんなる
日本歴史あつてこのかた
いまだかつて見ざるところ
ああ羨ましきかな
ああ頼もしきかな
ああ尊ぶべきかな
これ人間の宝なり
七十の衰翁
しようじようたる破屋の底
ひとり垂死の床にありて
はるかに満腔の敬意を寄す

この『ああうらやましきかな』に、傍看者《ママ》に決してうかがえぬ強い主観が見られると思います。

『野坂を迎える』詩のなかに、われわれ若いものをふるいたたせずにはおかぬ熱烈なひびきが鳴つているのもそこから来ると思います。

リヨウシヨウとして垂死の床に危座し
涙をうかべ声をあげてよろこぶ

この『声をあげてよろこぶ』というところに、単に革命の流れの復活に対して受け身に感動するだけでなく、壮年の人を見るような、積極的な乗り出して行く気はいの感じられることに最もつよく私は感動します。それですから、わが身をかえりみて、

気力おとろえてまた煙のごとし
遺憾なるかな

というのがなまなましくひびいて来ます。このことを強調したいと私は思います。

多くのことがありますが、このことをいつて今日の責任の一部をうめさせて頂きたいと思います。不十分至極なことについては深くおわびします。」

これについて検閲者のノートには、共産主義の指導者で

ある徳田と志賀の長い監禁からの解放、ソビエトロシアから帰還する野坂参三を祝福する短い詩を含む平易なエッセイであることを記している。

野間宏「布施杜生のこと」（百二十四～六頁）の次の四か所の「　」部分、マーク（囲み）。

「僕達二人がもっとも深く互の魂の交換をし合つたのは、僕が学校を卒業して職についてからであつた。彼の方はまだあと一年学校にゐなければならず、その間に学生運動と大阪地方のコムニストグループとの連絡を担当して検挙されるに至つた。そして僕が彼の差し入れを引き受けたのである。彼からは週に一回必ず、封かん葉書にちびた毛筆でかき込んだ、ぎつしりつまつた便りが来た。僕はその葉書が来るのを待ちのぞんだものである。僕はそれが三十何通かたまつたことをおぼえてゐる。僕等はその中で、万葉、万葉以前、アララギを論じ合つた。そして又、互に互の詩論を展開した。」

「彼はでてくるや、すぐ翌日僕の家へやつてきた。彼は非常に元気で、今後は文学の勉強を主としてすると言ひ、何から始めるかといふ問題で、結局、窪川鶴次郎氏の『現代文学論』からやらうといふやうな話をした。そのとき、後は獄中の手紙を全部まとめたいから返してくれと言つてもつてかへつたが、やがて、すべてを原稿用紙に浄書して、短歌集と、獄中日記の二綴にし、読んでくれと言つて置いて行つた。」

「彼のもとの短歌集は失はれ、さらに獄中記は失はれ、さらに残念なのは、彼の書いた詩作品、の失はれたことである。殊に、彼が『鶏』を歌つた詩の、今ないと言ふことは、あの詩を読んだときの感動がいまに到るまで僕の体の中に痕跡をのこしてゐることを考へて言ふ言葉をもたない。現在では如何に正確に思ひ出さうとしても、彼のつくり出した言葉を再現することなど出来ない。ただその詩のなかに、『さかしまの時の流れ』といふ言葉があつたのだけが思ひ出される。それは、鶏ふせ籠の中で、鶏が時をつくる詩である。明け方、その鶏の声がひびくとき、時はさかしまに流れる。……僕はその詩をよんだとき、あの映画でみるとうまる籠を思ひ出した。とうまる籠に入れられて送られて行く幕末の志士たちのことを。そして、布施や自分自身が、その鶏であると思つたのである。戦争の流れのなかに流れて行くときは、さかしまの時の流れだと歌ひあげる籠の中の鶏。僕は彼のその詩を、激賞したことを思い出す。」

「彼こそ、今日の日本に必要とする人間であり、現在こそさらに偉大な彼の価値が展べられるべき時代であつたのである。彼の歌をかりるならば『正当恁魔の時代が現成し来るらし今こそわれは正当恁魔の人』なのである。」

これについて検閲者ノートは、共産主義の故布施杜生を紹介する短いメモと記す。

18 「短歌人」（Short poem Writer）

（1）「短歌人」 昭和二十一年四月一日発行 復刊号 第八巻復刊合併号 三十一頁 二円
発行所 短歌人会 東京都世田谷区玉川等々力町一ノ二〇七四
編集、発行兼印刷人 伊藤豊太
印刷所 昭興社 東京都大森区北千束町

事前検閲 検閲者 Miwa
＊昭和十四年四月 齋藤瀏ら創刊

齋藤瀏の巻頭言「日本的性格」（四頁）という一頁分の文章の中の四行ほどが鉛筆の線で消され、削除の判断がされている。理由は、軍国主義的ということ。その四行はマークが強く読み取りにくいが、検閲者による英訳が付けられているので、おおよその内容はわかる。

その削除部分の前後の文と削除部分の英訳、それの和訳を次に記す。

日本的性格　　齋藤 瀏

敗戦は現実である。如何に必勝を叫んでも、必勝の素因を自己に建設しなかつた日本が此処に到ることは、予が従来憂慮に堪へずして数々筆にしたところである。我等は大詔を拝し臣下の当然道を歩んだ。（以下四行削除）

（削除四行分の英訳と和訳）― 〈At this very moment, isn't it a tragedy to look at a person who acted like a by-stander during the Great War in which Japan's fate was at stake walking around proudly and putting his nose up. Let us not discuss here, if it was right to start a war or to judge the merit of the wartime leaders, I believe we must not forget that a true Japanese never fails to offer his life once war is declared."Quotation Deleted: militaristic.〉

（まさにこの瞬間、日本の運命が危機に瀕している大戦中に誇らしげに鼻高々と歩きまわり、傍観者のようにふるまっていた人を見なければならないとは悲惨ではないのか。戦争を始めること、あるいは戦時中の指導者の功罪を判断することは、正しかったのかどうか、ここで議論しないことにしよう。真の日本人ならば、一旦戦争が宣言されたならば、自分の命を投げ出すことを厭わないということを私たちは決して忘れてはいけないと信じている。）

抑もわれ等の道は超自由、超民主である。これは他の言ひ方をすれば、個即ち全、全即ち個なる性格から成立する。もつと具体的に言へば、かしこけれど天皇は民、民は天皇と申す立場と、民は民、天皇は天皇と申すたちばと一如不可分関係にあるによる。茲に日本性格の民主主義、日本性格の自由主義が存在する。われ等の道は中正、宇宙の真理である。（後略）

さらに齋藤瀏の作品「時の推移」九首（五頁）中の一首、公共の平穏を乱すという理由で削除とされている。それは判読不明だが、英訳されたものは次の通りである。

〈"They can call us a dead volcano all right, but don't miss to look at our quiet situation pushing down even a smoke."〉(Quotation Deleted: disturbs public tranquility)

和訳すれば次のようになろうか。

（私たちを死火山と呼ぶのは結構だ。しかし、煙さえもおさえて私たちの静かにしている状況を見のがさないでほしい。）（引用文　削除―公共の平穏を乱すもの）

この復刊号では、他に二首が削除になっている。一首目は、木下立安の「田舎風景」七首（八頁）中の一首で、これは消した鉛筆の線が細いので判読することができる。削除理由は、〈Lack of U.S. understanding of Japanese〉（米国に対する日本人の理解不足）ということ。

事もなく進駐せしは皇います為というかよ米の宣教師　木下立安

もう一首は平井庫夫の無題三首（二十五頁）中の一首である。この作品の削除理由は、軍国主義的である。これは判読不明であるが、英訳は次の通り。

〈"As I made up my mind to guard the Emperor's country, so I will never be afraid though the foreign soldiers have occupied."〉〈Poem deleted: militaristic〉和訳すれば、（天皇のこの国を守る心ができていたので決して外国兵の占領を恐れない）ということになろうか。

（2）「短歌人」　昭和二十一年九月一日発行　五・六・七月号　第八巻復刊合併第二号　二十頁　三円

事前検閲　検閲者　M.Tujii

今村良夫の五首（五頁）中の一首、削除―宣伝（propaganda）。

国すべて囚はれ人ぞと書ける記事かなしかれども読みて諾ふ

この作品の削除の例を次に示す。ゲラ刷において削除（Delete）が明確に指示されて、発行誌では削除の形跡が全く見られない状態である

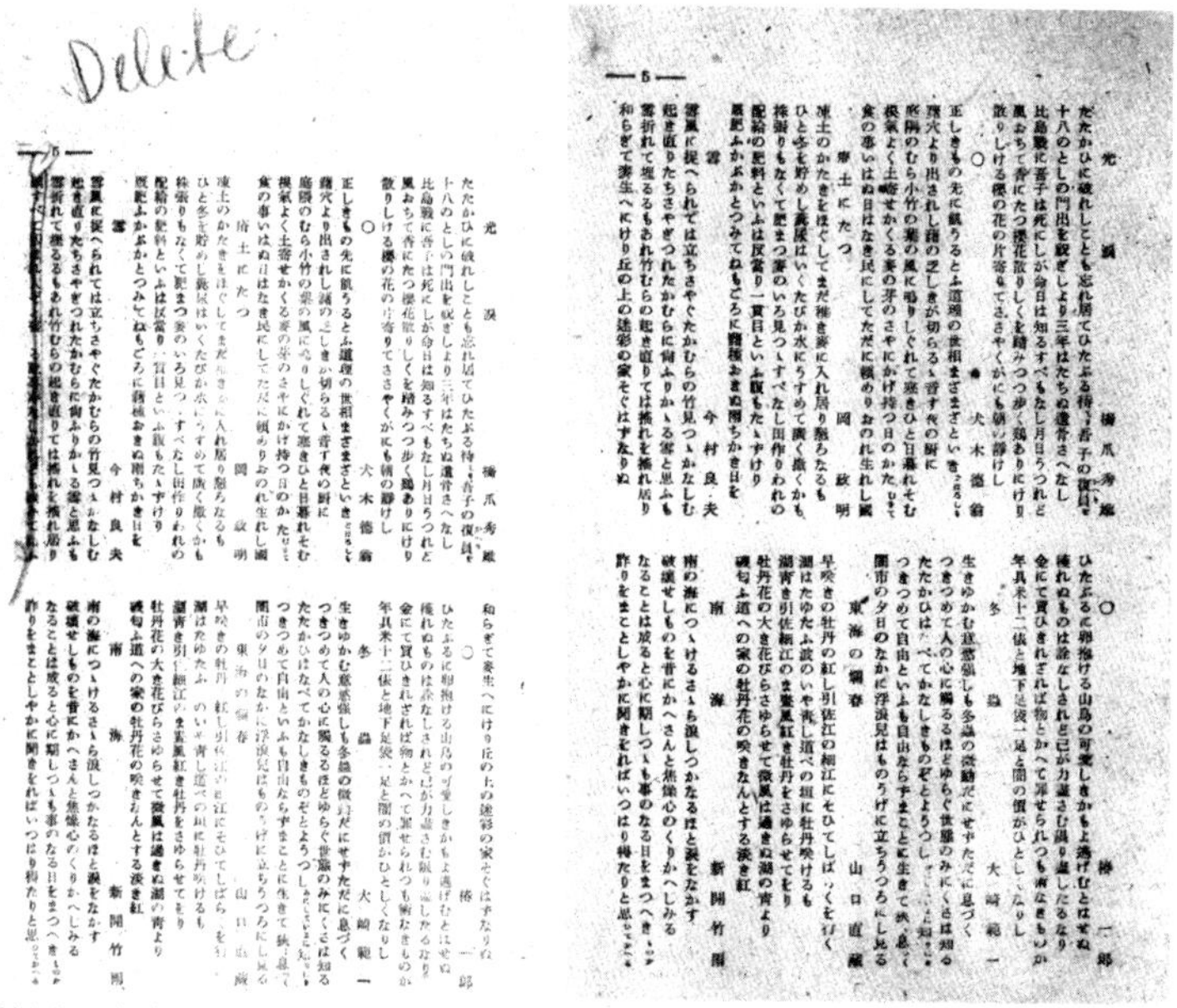

「短歌人」（昭和 21.9）ゲラ刷（左）と発行誌（右）

志賀一夫の五首（六頁）中の一首、削除―宣伝（propaganda）。

パ将軍をにらみ据ゑをるブキテマの山下大将□—□

結句が不明瞭であるが、英訳によれば網掛け部分に該当するだろう。〈"General YAMASHITA at Bukitema Keeps on haunting me General YAMASHITA at Bukitema Who is staring fiercely At General Percival."〉（ブキテマ要塞の山下大将が私に取りついてはなれない。パーシバル将軍を激しく睨んでいる山下将軍が。）

（3）「短歌人」　昭和二十一年十月一日発行　第八巻復刊
　　合併第三号　十九頁　三円
　事前検閲　検閲者　Y.Takahashi

齋藤瀏の作品の次に置かれた鷲見治喜次の「広報来」九首（三頁）中の二首がマークされ、英訳されて審議の結果、一首目はOK、二首目は、国粋主義的として削除となったのである。

是が吾子の戦死公報か謄写刷の反古の如きを見つつ嘆かふ

君国の為とも今は言ひ得ざる汝が犬死の骸《むくろ》だになし

川上嘉一の「議会雑感」六首（四頁）中の一首が国粋主義的という理由で削除とされた。

あなさやけ高き玉座に神まをしわが座るとき心つつしむ

細川白鷗の「終戦の頃」六首（五頁）中の一首、削除—軍国主義的（ミリタリスチック）。

潰ゆべくいくさ潰えしと積み上げし兵器の山に涙垂れゐつ

山崎季夫の「復員世相」三首（八頁）中の一首、削除—軍国主義的。

食はずして傷き死にし戦友をしも踊らされしと人は云ふかや

柴藤康雄の「憶　加藤文輝先生」三首（十頁）中の二首、削除—軍国主義的。

そそり立つ積乱雲にまたがりて翔けるかと思ふ君が荒魂

湧きに湧く血潮の色の立雲に君が叱咤の声轟くも

19「短歌世界」（The Tanka World）

昭和二十三年七月十五日発行　盛夏第二号　四十頁　三十五円
発行所　大利根書林　東京都千代田区神保町三―六
編集人発行人　中島秀則
印刷所　足利紙工株式会社印刷工場（冬木重雄）栃木県足利市旭町
事後検閲　検閲者　W.Sera July 28 1948
編集方針　ライト

福戸國人「にがきこころ在りて」十首（三十五頁）中の六首がマークされた。特に三、四首目は占領軍批判〈Criticism of Occupation forces〉と判断され不許可となった。

前奏の楽に耳よせ轟沈の数をききたるわれにあらずや
黄の棚色あせゆけばにつぽんの風土のひとつと誰疑はず
髪黒き日本のむすめよ祖父と異なる血を享けむ娘よ
あきていて乗れざる車眼の前を過ぎゆくにすら慣れしと云はず
スピードすさまじく小型ジープが擦りゆけば何に脅えてわれは息呑む
ウンチングペーパーなどといふ言葉、おさなきころのわれらは知らず

20「短歌草原」（The grass slam of Tanka, The Tanka Field）

（1）「短歌草原」昭和二十年十一月一日発行　十一月号
第十七巻第九号　十八頁　六十銭
発行所　短歌草原社　渋谷区代々木本町七三一
編集兼印刷発行人　柳瀬劫子　同右
事後検閲　検閲者　Arima
＊昭和四年　柳瀬留治創刊　終戦間もない時期であるが事後検閲である。

柳瀬留治「文化精神論序説」（一頁）の次の「　」部分二か所、不許可—虚偽・国粋主義の宣伝〈Underlined portion Disapproved — untrue; nationalistic propaganda〉。

「然も建国三千年に及ぶ国の歴史的文化的貴材の破壊喪失は算を以て致し難い。」（中略）「我等はこの三千年の光輝ある皇威を再び四海に宣揚すべくこれからの我が文化復興に専ら心を致さねばならない。」

この一文の英訳は検閲者Arimaによって手書きされ、その後タイプの文書（NEWS MATTER OR TABLE OF CONTENTS票）になったものである。

英訳—〈Countless are damaged and lost of historical and cultural goods of the nation lasting more than three thousand years since the foundation.〉〈We must from now on try with our whole heart to rehabilitate our culture in order to propagate the Imperial Dignity glorious with its 3000 years duration.〉

さらに続く次の「　」部分は、宣伝（プロパガンダ）という理由で不許可となった。

「東亜建設□——□もそして国民の文化的起訴内容が貧しく不充実であつた上に偏重な高層建築を打ち建てんとした無理なる上に資材乏しき事がこの破綻を来たしたのではあるまいか。」

英訳—〈The failure of the establishment of the Greater East Asia（Daitoa Kensetsu）was because of the lack of the cultural foundation of the nation ……and the lack of materials.〉（大東亜建設の失敗は、国の文化的基盤の欠如と資材の不足によるものでした。）

「草原詠草（一）」の柳瀬留治「うからを思ふ歌」十五首（五頁）中の一首、不許可—ＧＩの関与を暗示する〈Quotation disapproved; implies GI participation〉。

アメリカ兵大らかにしてこだはらずチュインガムしめすノーマネー吾に

（2）「短歌草原」昭和二十一年二月一日発行　二月号
第十八巻第二号　八頁　五十銭

印刷所　山□出版部（武□次郎）北多摩郡東村山南秋津

事後検閲　　検閲者　W.Sera

「作品」の飯塚秀吉の「雑詠」四首（二頁）中の一首、「神国」がマーク（囲み）されている。不許可―プロパガンダ。これは「闇市」にも触れているので不許可の条件を充分に満たしているのである。

闇市の果つるところに人寄りて輪飾り買へる神国のよさ

柳瀬留治「牡丹餅と酒」六首（三頁）中の一首の「神代」が同様にマークされている。不許可―プロパガンダ。

小豆飯里芋もあり日の本の秋めでたしや神代よりの酒

「如月集」の一葉寺裕丸「終戦」七首（四頁）中の四首、不許可―占領軍への怒り〈Quotation Disapproved ― causes resentment of Allies〉、および神国の宣伝〈divine descendent propaganda〉（三首目）が理由である。

一発の爆弾の下十万の市民一瞬に殺されしとや

耳納嶺をこえて飛び行く飛行機は日の丸ならぬ星マークなり

仰ぎまつる皇太君をさし措きて日本民族に生きの詮ありや

国敗れ人飢る世をのめのめと病み腐えし身を永らへて

吉井吉彦「此の頃の電車」九首（四頁）中の一首、不許可―占領軍への怒り〈causes resentment of Occup. Forces〉。

此の国の娘はかなし負けて尚ほ卑屈の媚を売りて辱なき

（3）「短歌草原」昭和二十一年四月一日発行　四月号　第十八巻第四号　八頁　五十銭

事後検閲　　検閲者　W.Sera

「草原詠草」中の中山利子「敗戦」（六頁）中の一首、不許可―神国の宣伝〈Divine descendent nation Propaganda〉。

日本はかく敗るとは知らざりき神代の昔ひたにこひしも

（4）「短歌草原」昭和二十一年七月一日発行　七月号　第十八巻第七号　八頁　八十銭

事後検閲　　検閲者　S.Arima

吉井由彦「青雨抄」四首（五頁）中の一首、不許可―敵国

民と親しくすること〈Poem Disapproved ― Fraternization〉。

冷雨降る宵の銀座に米兵を追ふ娘等のこゝろを妬む

（5）「短歌草原」昭和二十一年九月一日発行　九月号

第十八巻第九号　八頁

事後検閲　検閲者　T.Maitani

「九月集」の山口藤枝「もだえ」五首（四頁）中の次の三首は、民主主義と封建主義に反対する〈Against Democracy and with feudalism〉という理由で、不許可とされたが、審議の結果一、二首目はOK、三首目は不許可となった作品である。

苦悩を欲りするにあらね直にわれ民主主義には入りたく思ふ

きほひたつデモクラシーの国□に吾の芽生は戸惑ひてゐる

封建とさなおとしめでそのかみの真実の道もあろうとこそ思へ

（6）「短歌草原」昭和二十一年十一月一日発行　十一月号　第十八巻第十一号　十七頁　一円五十銭

事前検閲　検閲者　Nakamura-Shingo

＊本号から事前検閲に切りかえられた。

「黄金集」の迫田俊雄の十四首（九頁）中の一首、削除―フラタナイゼーション。

放たれし□―□兵とたわむれをり世のうつろひのしみて思ほゆ

英訳は、〈"Girls who are fresh from old ideas are fraternizing with G.Is. And I cannot escape the impression of the great change of the times."〉（古い考えから抜けたばかりの女の子たちが、兵士たちと親しく交わっている。そして私は時代の大きな変化の印象から逃れることができない。）である。

「十一月闇討評」において、迫田俊雄の「放たれし……」の歌（九頁）を稲野艶子が評している部分（十五頁）、削除―フラタナイゼーション。英訳なし。

放たれし□―□兵とたわむれをり世のうつろひのしみて思ほゆ

「放たれし」はことはりにすぎぬでは無いですか。「はしたなく兵とたわむるるあり」と三句切れとし「世のうつろひのしみてなげかふ」と改めたらいかがでせうか。街中で見る女の不品行さを苦が〳〵しく見る作者の憤りがうかがはれます。□後一首を軽々しく□――□惜しいと思ひます。

N.Nishiyama

（7）「短歌草原」 昭和二十二年一月一日発行　一月号
第十九巻第一号　十七頁　一円五十銭
事前検閲　検閲者　Sugita　チェック

「編輯室より」（十七頁）の次の文の「検閲」が違反とされた。「検閲」は、「発送」に置き換えられて掲載されたのであった。変更指示である。

「雑誌も用紙困難の中より犠牲を拂ひ且つ生活に忙殺されてゐる中より東奔西走印刷発行検閲の雑務に身心棉の如くにし続けてゐる次第……。」

21　「地上」（On Earth）

（1）「地上」　昭和二十一年九月一日発行　八・九月号
第二十一巻二号二十頁　三円
発行所　地上社　目黒区宮前町四　八木沢清方
編集兼発行人　對馬完治　同右
印刷所　株式会社技報堂（大沼正吉）　赤坂区溜池
事前検閲　検閲者　H.Terada
＊大正九年三月　對馬完治創刊

山口の椋木静子の「昭和二十年夏」四首（六頁）中の一首、削除—国粋主義的。一首は強く消されて判読不能であるが、英訳は次の通りある。

〈"Even our resolution to die facing the enemy on our homeland must be cast aside. The country now is defeated."〉（わが本土で敵に真っ向から向かって死ぬわれわれの決意さえも捨てられねばならぬ。国は今や負けたのだ。）

（2）「地上」　昭和二十二年二月一日発行　一・二月号　第二十二巻二号　二十九頁　五円
発行所　地上社　東京都渋谷区代々木西ヶ原町八七一　對馬方
印刷所　文化印刷株式会社（加藤新）　千代田区神田仲町

事前検閲　検閲者　Nakamura Shingo　再検閲者　S.Furuya

「作品1」関根文之助の五首（四頁）中の「東京裁判を聴く」一首、削除—軍国主義の宣伝。

戦ひし罪裁かるる人らのみ責めらるるべしやわれも責めらる

この作品について、検閲者Nakamuraは、次のように英訳している。

〈"Listening to the War Criminal Trial" "War criminals only should not be blamed But we are equally responsible for the war."〉（戦争犯罪者だけが非難されるべきではない。しかし、私たちも戦争に対して同様に責任がある。）

これについて、処分に変更はないのだが、再検閲者のS.Furuyaは長いコメント（英文）を記している。概略は次の通りである。

最初の検閲者によるこの翻訳は不正確で誤解を招く恐れがあります。この歌は歌人側の道徳的考察の単なる表現です。彼は、「私に責任がある」とは決して書かないで、「私たちは」だけを用います。それから彼は裁判を傾聴しながら、それらの犯罪者が自分とは全く違う人たちであるかどうか自問しました。彼らはあらゆる悪霊の化身ですか？　そのような霊に無敵な魂の持主ですか？　いいえ、彼らはそれらの犯罪者を破壊したあの弱さが同じように彼自身の完全な堕落をもたらしていただろう一人の人間にすぎないのでした。

以下はこの作品の無難な正しい翻訳かも知れません。

〈"Guilty are those who made this unjust war, But how can I be free from the human frailty that destroyed them?"〉（この不当な戦争をした人は有罪ですが、私は彼らを破壊した人間の弱さからどうやって自由になれますか？）

Nakamuraの訳は、「私たち」を除けば無難なものと思われるのだが、Furuyaはかなり深く、人間の弱さというものをこの作品に読みとっているようである。

栃木の和田五一郎の無題の五首（七頁）は、十分に判読できないが、その中の次の三首が削除と判断された。理由は連合国軍批判である、

たつた二機と侮り仰ぐ時し□——□広島全市

〈"While we were looking up, Making light of two planes The whole city of Hiroshima Disappeared of a sudden."〉（二機の飛行機を軽んじて見上げているうちに、

広島全市が突然消えてしまった。）

　放射熱受けし人等の次々とたほれゆくとふその□□□

〈"People died one after another Innumerable and far and wide victims of radiating heat"〉（人々が次々に死んだ。数えきれないほど至る所に放射熱の犠牲者となって。）

　失ひし仁科博士のサイクロトロン□—□和平日本に

〈"That cyclotron of Dr.NISHINA which we lost how I wish we had it now for peaceful Japan."〉（我々の失った仁科博士のあのサイクロトロン、平和な日本のために今我々の手元にあればとどんなに私は願ったことか。）

　山中茂樹の十三首（七頁）中の一首が削除とされた。理由は軍国主義の宣伝である。

　かつての日命をかけて起ちたるはかりそめならず省みるべし

（3）「地上」　昭和二十四年一月一日発行　一月号　第二十四巻第一号　十六頁　二十円

発行所　品川区大井元芝町八二五　對馬方

印刷所　国栄印刷株式会社　品川区

事後検閲　検閲者　A.Watanabe

編集方針　センター、リベラル

　東京の赤堀太郎の八首（二頁）中の四首は、東京裁判に関わる作品であるが、不許可〈disapprove〉—情報。一、三首目は審議の結果OKとなった。

　愛憎はなしといへどもつづまりは神ならぬ身の人が裁きす

　死刑宣告うなづき受けしマキアベリスト最後の見栄と解するは非か

　何れ劣らず心の揺らぎ見せざりき悲喜の情《こころ》のなきにはあらぬべし

　絡《ママ》首刑とは気の毒なりと廣田被告に夕餉の後も妻がこだはる

検閲者ノートには、二首目について次のように記されている。

　誰がマキャベリアンを意味するかは明確ではないが彼が東條である可能性はある。

22 「槻の木」（The True of Tsuki, The Ash Tree）

（1）「槻の木」 昭和二十一年三月一日発行 三月号 第二十一巻一号 通巻一八五号 九頁 一円
発行所 西郊書房 東京都芝区新橋 蔵前工業会館内
編集兼発行人 都筑省吾 豊島区雑司ヶ谷町二—四六 六 三浦荘
編集所 槻の木会 同右
印刷所 厚徳社印刷所（長宗泰造） 小石川区高田豊川町
事前検閲 検閲者 S.Furuya チェック P.H.Imai
＊大正十五年 窪田空穂・都筑省吾ら創刊

昭和二十一（一九四六）年の「槻の木」三月号のゲラ刷で削除の対象となった作品は四首であった。検閲者ノートには「次に続く下記の四つの短歌は幾分難点があると思われる」〈The following four poems are found somewhat objectionable.〉とある。

「三月集（二）」（四頁）の川崎芳太郎の作品四首の中の二首削除。

一系の天子を語る垂乳根の息吹《いぶき》の熱く我が生ひ立ちぬ
隠しつつ描く絵を見れば日の丸の飛行機を描くあはれ子供等
川崎芳太郎

（2）「槻の木」 昭和二十一年八月一日発行 八月号 第二十一巻第五号 二十三頁 三円
印刷所 城北産業株式会社（小島利夫） 足立区千住大川町
事前検閲 検閲者 I.Niwa

次は、「八月集（一）」の山下清「乏食時代」十首（三頁）中の一首と、「八月集（五）」の田川如瑟の無題四首（十九頁）中の一首は削除、それぞれ戦争の宣伝、検閲に言及という理由である。

負けたるも勝てるも共に罪ありと勝ちたるものの言の尊さ
山下 清

ゲラ刷りの検閲了へて気安かり食糧放出のみだし目に沁む　　田川如瑟

（3）「槻の木」　昭和二十一年九月一日発行　九月号　第二十一巻第六号　二十六頁　三円
事前検閲　検閲者　R.Kimishima　チェック　E.Shimizu

まず、「九月集（二）」の山下清「長子室蘭より帰省す」七首（七頁）中の二首である。

① 戦艦の大和の巨砲大方は己《おのれ》鋳しとぞ痩せし子の言ふ

② 勝負けは思ふことなく溶鉱炉夜に日に守りて悔なかりきと

二首は強く消されていて、次の英訳を踏まえて辛うじて読むことができるものである。

① Twere the word of my child, Though lean is he, Those heavy cannons that warship carried Had nearly all been cast by me.

これは軍国主義的宣伝（Militaristic plo《ママ》paganda）という理由で削除が決定した。

② My son says that day and night he would stand watching over the melting furnaces intent without ever stopping to consider such a thing as victory or defeat, and without regret.

これも軍国主義の宣伝という理由で削除となった。

「九月集（五）」の南研の三首（二十二頁）中の一首は、不明瞭だが、英訳は次の通りである。公共の平穏を乱す〈Disturbs public tranquility〉という理由で削除となったものである。

According to Demand of the American Force, I drive the former Special Attack Submarine.（私は米軍の要求に従って以前の特別攻撃潜水艦を運転する。）

（4）「槻の木」　昭和二十一年十一月一日発行　十・十一月合併号　第二十一巻第七号　二十七頁　四円
事前検閲　検閲者　Nobunari.Ichikawa

「十・十一月集（一）」の佐伯仁三郎「『隠者』追想―空穂先生近作を読みて」十二首中の「南京暴逆の裁かるるに」と小題のある六首（四頁）中の三首が削除。理由は一、二首目は軍国主義、三首目は憤慨。

南京の陥落てふに胸ゆらぎ怡び聞きしわれにありけり　佐伯仁三郎

日本の軍隊と心うやまひて大日《ひ》の如く仰ぎたのみき
戦ひに敗れたる日のくやしさを忘れしめたる□しきけふか

沼尾静一の長歌「靖国廟宮に詣でて」と、戸井田愛子の二首は神道主義、軍国主義的だが、削除されなかった。ぎりぎりＯＫが出た作品である。

靖国廟宮に詣でて　　沼尾静一

桜花散り残りたる　み社の庭ぞさびしき　これの世に我は永らへ　み前にし額づき伏せば　すずしくも笑まひたたへて　ここにして兄よ逢ひなむ　いつしかも来れここにと　固くしも告げてゆきける壽一の見ゆるわが家のむすびの包　境内に解きひろぐれば　真白なる米のかなしも　そをつつむ海苔の香さへも　なれこそは忘れずあらめ　鳩よ鳩　汝は鳩かも　今はしも鳩ともなりて　わが壽一寄りて来たりて食べよこの飯《いひ》

戸井田愛子

瞼にはいまだに残る最後の夜の太刀はきし兄のその後影
生きてなほ世にいませやと願ひしが声なき復員の日にぞあひたる

（5）「槻の木」昭和二十一年十二月一日　十二月号　第二十一巻八号　通巻一九二号　十九頁　三円
事前検閲　検閲者　T.Otsuka　チェック
E.Shimizu 1-6-47　メール Dec-27

国文学者で能楽研究家の能勢朝次の空穂論「老境の味」（四〜七頁）の中に引用した空穂の歌集『茜雲』の中の二首の内の一首目が削除となった。理由は国粋主義的。

大君の兵なるわが子幾月をたよりあらねばいづことしらず　窪田空穂
子等持てる親は著《しる》くも痩せ行くをあはれび見つつ忍べとぞ思ふ

23 **「定型律」**（The Fixed Form Meter, The Fined Rhythm）

（1）「定型律」昭和二十一年九月一日発行　第一巻第二号　三十二頁　五円
発行所　定型律短歌会　東京都杉並区下高井戸四―一〇二〇
編集兼発行人　小笠原半　目黒区上目黒七―一〇二九
印刷所　渡邊印刷所（渡邊真春）目黒区自由ケ丘五
事前検閲　検閲者　M.Fujii　違反か所なし

（2）「定型律」昭和二十二年一月一日発行　第四号　第二巻第一号　二十八頁　五円
事前検閲　検閲者 Y.Takahashi　チェック　E.Shimizu 1-6-1947

（3）「定型律」昭和二十二年三月一日発行　第六号　第二巻第三号　十九頁　五円
事前検閲　検閲者　Fujii　2-11-1947　F.Namekawa-mar-5-1947

「高井戸通信」（澤津正彌）の網掛け部分（二十八頁）、削除―検閲に関わること。

「……経験もなく、器量の乏しい私が、新聞の切換や、第一封鎖だなんだと面倒な経済方面の処理や、出版協会への入会の諸手続とかその後の連絡とか、マッカーサー司令部民間情報部への、いろいろな申請や検閲方面のことなど、先生方先輩に教はりやつてまゐりました。」

金子一秋の五首（一頁）中の一首、削除〈deleted〉―軍国主義の宣伝。

すべもなきいくさなりしと思はなくにこの焼原の夕日を仰ぐ

笠木正雄の一首、削除―公共の平穏を乱す〈disturb public tranquility〉。上司の審議の結果ＯＫ。

いまさらに国敗れしは言はねどもやぶれてのちに来る

ものをおそる

立道正晟の十首（三頁）中の一首、削除―理由不明。審議の結果ＯＫ。

戦に敗れし国はかくありと背徳行為人は疑はず

鈴木杏村の十首（三頁）中の一首、削除―非民主主義的〈undemocratic〉。審議の結果ＯＫ。

年あけてくらしあかるく開けねば民主の春はなほ遠きかな

次の写真は、金子・笠木・立原・鈴木の四首についての検閲者ノートである。作品の英訳と、判断の理由が書かれている。その上に検閲官が金子の一首を除いて「ＯＫ」と判定を書き加えているものである。

澤村正の一首（九頁）、削除―公共の平穏を乱す〈deleted―disturb public tranquility〉―審議の結果ＯＫとなった。

物質を奪ひあひつつ道もなく生きねばならぬ世ぞ悲しけれ

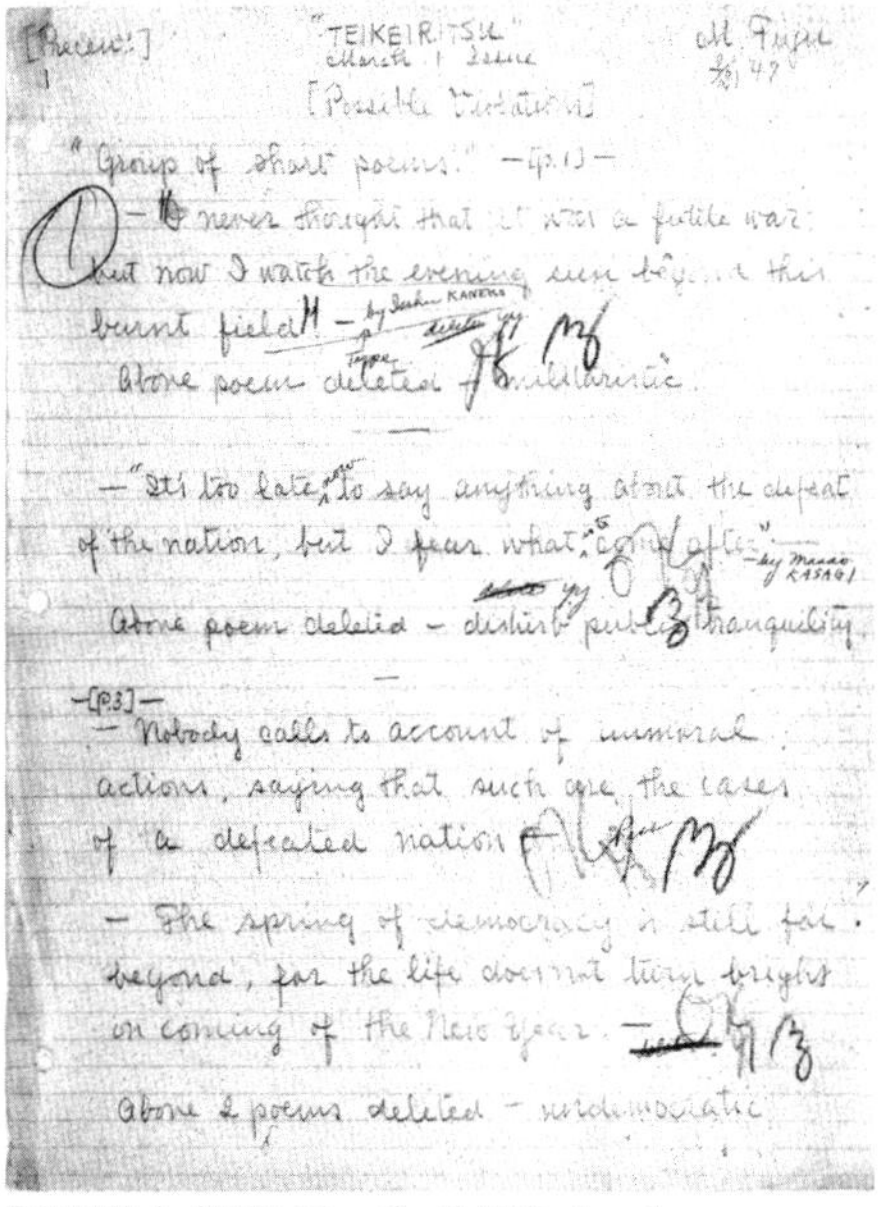

「定型律」（昭和22・3）検閲者ノート

24 **「日本短歌」**（Japan Tanka, Japanese Tanka Poem, Japanese short Tanka）

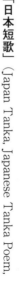

（1）「日本短歌」　昭和二十年九月一日発行　九月号　十六頁　一円
発行所　日本短歌社　杉並区上荻窪一―四―三
編集兼発行人　木村捨録　東京都日本橋区本町一丁目十番
印刷所　大同印刷株式会社（井関好彦）　神田区錦町
事前検閲　　検閲文書なし
＊昭和七年十月　短歌総合雑誌（編集木村捨録）として創刊。

表紙に、〈ISSUE KILLED〉,〈Killed Whole issue〉と鉛筆で書かれている。発行禁止になったものである。検閲開始直後の例で、詠草は終戦前のものが多い。戦争状態の高揚した気分が込められた作品もあるが、米機による空襲の激化、生活の不安等々戦争末期の状態が多くうたわれている。当然検閲当局の検閲態度は厳しいものになったわけである。

上段の編輯部選の「日本短歌詠草」と下段の作品集（四～十三頁）計二二一首の内、次の四十八首にチェック（✓）がされている。それは二割強の高さである。この外にも同様の作品が多くを占めている状態から、発禁は避けられない処置であったのだろう。

「日本短歌詠草」

くさむらに伏せりと見しが起たざりし下沢上等兵を今も思ふも　梶田美作　愛知

梅雨明けて絨毯爆撃始まると思ひし夜半や早やも襲ひき　山中隼人　別府

南より編隊音が闇低く通れる時し須臾たかぶる　同

音軽く異人乗りてあるべしと思ほゆるだに堪え難しはや　同

これやこの神の若鷲現し代に遺し給ひし神風手拭　山品　巌　福井

神鷲の大きみ心現にしこの手拭にありと言はずや　同

担架もて運ばれながら仰ぎたる米機編隊忘らふべしや　川島濤声　茨城

神風隊の出陣をしも耳慣れてなほざりに聞く吾れを怖るる　西尾成之　愛知

爆撃をひたすら壕に頼りゐるおのれに気付く時のさびしさ　同

射ちあげし弾丸にかたむく機体あり青空にしてつばらかに見ゆ　山村澄子　土浦

編隊を今し離れて一機また一機のありて乱れがちなる　同

松山に分散待避す誰彼の白き病衣を毛布にて覆ふ
村松晴人　茨城
対地掃射に突込む一機その儘に泳ぐ姿勢して燃え落ちゆけり
同
一億特攻隊員の名に恥ぢなきや工員吾の日々をつつしむ
山下大地　長野
紅顔のヒトラーユーゲントはベルリンに白虎隊の如く命散りたり
石井恭介　尾道
コンマ以下四位の目盛り読みをりて空襲に眠らぬ眼疲れぬ
直原研一　横浜
絶え間なき軍情報に頼みつゝ工場防空今や完し
山村　章　川崎
空爆の戦火にめげぬ再版の日本短歌は戴きて読む
堅田三郎　京都
空襲は日々に激しくなりまさり山の寮舎にも焼夷弾を降らす
小泉得太郎　千葉
大いなる勲を立てし神鷲のその手拭を今し賜へり
宮崎源太郎　千葉
午前二時帝都を襲ふ戦は見えねど空を見つめ居るなり
石塚正明　栃木
打鋲機の絶えず轟く卓の上に活けたる薔薇は滴してをり
草加辺操　日立
配属となりたる隊使用馬は日本馬三頭あとは支那馬
青山光一　茨城
糧つくる義勇軍なりしわが友の詠みたる歌はゆたかなり
浅見正夫　神奈川
大君の兵にしあれば陣地なき地獄の島となりて戦ふ
尾崎弘輝　熊本
幾百かとび立ちつらむ特攻のありても未だ勝たぬいくさぞ
藤井章生　福岡
村祭よろこび遊ぶ童らは皇御軍の武勇を信ず
杉谷愛彦　鳥取
たはやすく大戦果なりといふ勿れいまだ一千の軍艦きほふ
黒田庸介　岐阜

「作品集」

火の弾の炸裂音を聞きにつつ癒えむ誓ひのいよいよはげし
池田嘉明
敵中の逝きにし戦友の記事ありて切抜く吾は涙ぐみたり
藤田孝則
今宵この軍歌を如何に聞き居らむ沖縄にして戦へる君
（氏名なし）
傷つけど戦友《とも》に負けまじ一発の残せし弾につと触れてみる
永田吉治郎
我れ撃ちしは敵匪の頭目なりといふ土民の言にこぞり湧きたつ
同
雲母片きらめく如く高々度保ちて敵機逃げ惑ふ見ゆ

小島　紀
火達磨となりし敵機の二機迄を仰臥のままに直眼に見たり
市川千代一
手榴弾ひしと握りて敵陣へ跳びこむ阿嘉の少国民ぞあゝ
高原泰雄
天皇の兵の一人の死に態はおろそかならずた易からざり
丸澤雄川
蒼天に火を吐きながらグラマンは真逆さまに墜てゆく見ゆ
茂木榮三
十万の元軍□へひるまざりし時宗いでよ今のこのとき
勝負谷弘
天地をつらぬき徹す純忠に生れ出でたる義勇隊かも
片山　満
米一機火を吐きにつゝ墜ちゆくを涙流して我は見て居り
岡村一夫
硫黄島に生命砕きて益良雄の闘ふ見れば癒えたし唯に
東海林栄吾
唇を噛みつゝ機銃撃ちまくりゐむ兄思ひていねがてぬかも
阿久津善治
焼夷弾落ちくる時に知らざりし大き力の湧き上る覚ゆ
高久昭治
あざやかに三友軍機編隊飛びゆくを仰ぎ見詰めて吾は頼めり
武田与志雄
軍歌うたひ町中を行く兵士らの背に滲み出づる汗のきびしき
田澤秀彦
寄せ書きの国旗なりけりつゝしみて軍神の歌書きて渡しぬ
谷本達雄
ありありと目に浮び来も大君の島を守れと弾渡すさま
益子千代

「編輯後記」（記名なし）の一部に当時の状態が記されている。

○本号の校正最中に御詔勅を拝した。聖断は遂に下つたのである。戦争はこれで終了したのであるが、われわれ国民の生活はこれまでとは別の意味でこれまで以上の深刻な制限を受け苦難の道をたどらなければならない。
○本号は八月十五日以前の編輯であり、校正中に相当な部分の原稿を棄却せねばならなかつたやうな関係から急場しのぎになり減頁したことは申訳ない。

つまり戦中の作品が入っており、戦争鼓舞と甚大な被害の状態をそのまま伝える結果になったわけで、戦中と終戦直後の空気が混じった歌誌として注目される。

（2）「日本短歌」　昭和二十年十二月一日発行　十二月号
第十四巻八号　三十二頁　一円

事前検閲

渡辺順三「短歌の在り方歌壇の在り方」（十六頁）文中の□□□内の三文字が削除とされた。三文字は強く消されて判読できない。

「ところで期待に反して日本は□□□敗を喫し、ポツダム宣言受諾を余儀なくされた。」

英訳部分は〈Unfortunately tasted defeat〉とあるから「不運な敗北」に近い語句が入るのだろう。

発行禁止になった九月号に比べて違反件数は極端に少ない。発行禁止は痛手であり、自粛の姿勢がうかがえる。

（3）「日本短歌」昭和二十一年十月一日発行　十月号
第十五巻八号　四十頁　三円
事前検閲　検閲者　Sugita　チェック　Iwai

札幌第一中学校の国語教師である中山周三は、その文「引揚児童の歌」（三十一頁）の中で八人の生徒の作品を紹介している。台湾・樺太・天津・上海その他からの引揚児童である。その中の一年四組の生徒である和田秀正の「上海より引揚」と題する次の二首中の二首が違反〈Possible Violations〉とされた。理由は、筆記体では、中国への怒り〈cause resentment to Chinese〉であり、タイプ版では中国批判〈Poem deleted: criticism of China〉とされた。

悲しいかな祖国は破れとつ人に石投げられて引揚げ来たり
ある時はなぐられ蹴られやがてわれは砂を拂つて起き上るなり

（4）「日本短歌」昭和二十一年十一月一日発行　十一月号　第十五巻第九号　四十八頁　三円五十銭
事前検閲　検閲者　Sugita

橋本徳寿「再建へ」（十二頁）の文中の網掛け部分の三行分が削除された。理由はプロパガンダである。

自由主義を放縦主義の御方便にしたり、民主主義を、個人ガリガリ主義に誤用したりしてゐるやうでは駄目だ。日本人自身の手にとつてそれが出来ないのならば、いつそのこと米国に□□たのんで思い切つたことを断行してもらふ□□その方がよいかもしれない。歌壇の在り方とか、歌人の進み方とかいふやうな問題はそれからのことで、末の末の小さな問題だ。

網掛け部分の英訳の和訳は次のようなものである。

「彼らが自分でそれを行うことができないと気づいた場合、米国にそれに対していくつかの抜本的な対策を実施するように依頼する方がよいかもしれない。」

(5)「日本短歌」昭和二十二年一月一日発行　一・二月号　第十六巻第一号　四十八頁　四円五十銭

事前検閲　検閲者　D.Nomura　チェック

D.Shimizu 1/24/47

村野次郎「ある国民性」(十一頁)の次の網掛け部分が削除、理由はプロパガンダである。

悪人と銘がうたれれば徹頭徹尾悪人にしてしまはなくては我慢のならぬ世相である。□─□この心理状態を観る時われわれは何うしても日本の国民性なるものを考へぬわけにはゆかぬ。

「□─□」の部分は、強く消されていて不明瞭である。検閲者による英訳は次の通りである。

〈Such as generals so and so, if japan had not been defeated, might have been adored as Gods.〉(そのような将軍は、もしも日本が敗北していなかったら、神として崇拝されていたかもしれない。)

(6)「日本短歌」昭和二十三年八月一日発行　八月号　第十七巻第七号　四十八頁　三十五円

印刷所　株式会社一色印刷所(吉田信賢)中央区日本橋

事後検閲　検閲者　W.Sera　aug 16 1948

編集方針　センター、リベラル

兵庫の前島弘「日本短歌詠草Ⅰ」(四十四頁)中の一首、不許可―フラタナイゼーション。

町角に進駐兵と語る女の顔の堪へがたき卑屈さ

これは後に検閲官Furukawaによって、占領軍批判〈Criticism of Occupation Forces〉と変更された。

(7)「日本短歌」昭和二十三年九月一日発行　九月号　第十七巻第八号　四十八頁　三十八円

事後検閲　検閲者　W.Sera, Furukawa

編集方針　ライト、コンサーヴァティブ(保守的路線)

「日本短歌詠草Ⅰ」の鹿児島の田野辺志農夫の一首(四十二頁)、不許可。

天皇制廃止の記事に諍ふ眼拭ひ得ざる日本人感情があり

同欄の愛媛の原登志の一首（四十四頁）、不許可―右翼の宣伝。

戦犯を幾人か出しし此の街の軍国の日は華やかなりき

同　宮崎修の次の一首（四十六頁）、フラタナイゼーションという理由で不許可とされたが、審議の結果ＯＫとなった。

朗らかに投げキッスして女らは進駐軍の兵と別れき

（8）「日本短歌」昭和二十三年十月一日発行　十月号　第十七巻第九号　四十八頁　四十円
事後検閲　検閲者　H.Masae, W.Sera
編集方針　センター、リベラル

岩間正男の「短歌」七首（十七頁）中の一首、不許可―左翼の宣伝。

若き君らが純潔をひとすぢに信ずるゆゑその盟休をうべなはむとす

（9）「日本短歌」昭和二十三年十一月一日発行　十一月号　第十七巻第十号　四十八頁　四十円　発行部数六〇〇
事後検閲　検閲者　N.Ichikawa

北見志保子「秋光」七首（二十三頁）中の一首、チェック（✓）のみ。

極東にあへなく潰えし島国の大空すめり秋もはやすぐる

「日本短歌詠草Ⅰ」福岡の石橋延枝の二首（四十二頁）中の二首、不許可。

金髪のあいの子らしい男の子自慢ありげに語る女あり
ルージュ紅き女抱きし混血児を吾の子なりと声高に話し居り

これについて、検閲者ノートには、〈These two tanka poems should be disapproved because they are colorful in exciting the anti-foreign feeling of readers.〉（この二首、不許可―読者の反外国人感情を起こさせて、彼女らは派手である。）と記されている。

25 「覇王樹」（The Hegemony Tree, Cactus）

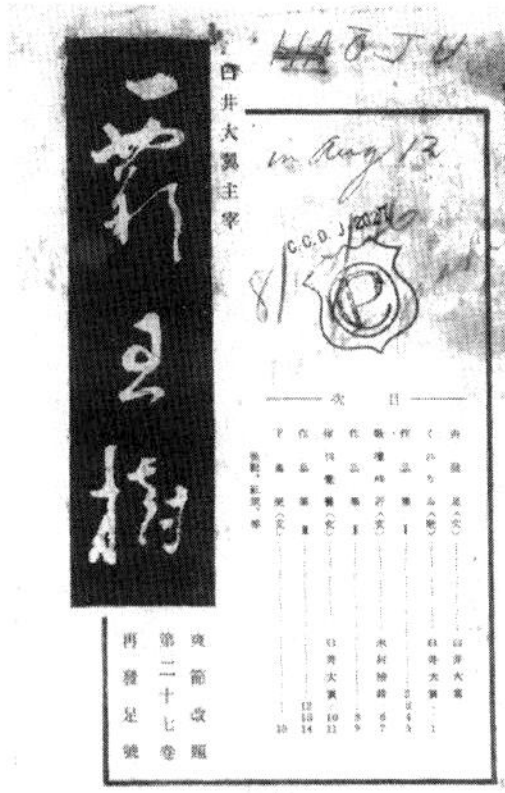

（1）「覇王樹」昭和二十一年七月一日発行　七月号　再発足号　第二十七巻　十六頁　二円
発行所　覇王樹社　東京都芝区新橋一一八　宇徳ビル五階
編集兼発行者　臼井大翼　同右
印刷所　中央印刷所（竹澤眞三）神田区神保町
事前検閲　検閲者　Y.Terasawa　再検閲者　Furuya
＊大正八年八月　橋田東声・臼井大翼創刊

次の西岡はくあの一首（三頁）は、占領軍の怒りを招くとの理由で、削除〈Quotation Deleted — invite resentment of Occup. force〉。

相つづきジープ往き交ふ陸橋に小さく感ずるわれとわが身を

以下の三首は、国粋主義的という理由で削除となった作品である。

大君のたゞおん為とひとすぢにわが同胞は死にゆきしなり　鎌田保吉（四頁）
けふよりは鉄帽負はぬ朝戸出の安らぎに似てうつろなるもの　東京　関根京平（八頁）
大君の御楯と守る鹿にだに吾がたり得なば生き耐へんとす　長崎　奥田克己（同）

（2）「覇王樹」昭和二十一年十月一日発行　八・九月号　第二十七巻　二十一頁　四円
事前検閲　検閲者　I.Niwa, Y.Takahashi

北岡伸夫の一首（三頁）、削除—その理由は軍国主義的精神〈should be deleted because pf its militaristic spirit〉から、軍国主義の宣伝〈militaristic propaganda〉に訂正され、結局ＯＫになった作品である。

ただに秘して武蔵を組みし船台に時勢はあはれ漁船据

ゑ並む

福島の龍源氏琴彦の次の一首（十九頁）も、前の例のように、戦時精神の宣伝〈Should be deleted because implies propaganda of wartime spirit〉により削除とされたが、軍国主義の宣伝に訂正され、のちにOKとなったものである。

死骸三つ血の甲板にのせるまま真闇の夜の海進むなり

（3）「覇王樹」　昭和二十二年三月一日発行　一・二月号　第二十八巻　十五頁　四円
事前検閲　検閲者　W.Sera, Furukawa

臼井大翼「下馬便」〈Report from "Shimouma"〉（十五頁）の次の文が削除とされた。理由は、検閲への言及―Key Log No5である。不明瞭だが雑誌検閲票によれば、そこは次のように英訳された部分である。

〈On business relation to SCAPs censorship, Masuyama and Yabuki will be in charge.〉（連合国軍最高司令官の検閲に関係する仕事は、マスヤマとヤブキが担当するだろう。）

26「白路」

昭和二十二年八月一日発行　八月号　第二巻六号　三十二頁　十円
発行所　白路社　東京都杉並区天沼二―五六七
編集人兼発行人　森本治吉　同右
印刷所　単式印刷株式会社（森下笑吉）　中野区橋場町
事後検閲　検閲者　W.Sera
編集方針　センター
＊大正八年　森本治吉ら創刊

「ふみ月集」の高野すみ子の九首（二十三頁）中の1～8の八首を検閲者は不許可としたが、上司は、7、8の二首を不許可とした。右翼の宣伝がその理由である。

1 □――□の戦□の君に送らむ品を買ひ集めむと寒き街ゆく

2 開戦の号外を手に吾が友は大き息してかけこみ来たる

3 眼の中に弾ありといふ傷兵は痛み訴へつつ手術待つ

4 □手もてまさぐる弾は深きかも兵はたへかねうめきをもらす

5 外の面を吾が写しやる手鏡に擔送の兵は笑みつつ見入る

6 病院船の勤務迫るを覚ゆる日痛み臥す床に心焦るも

7 みはるかす大わだつみの八潮路や女子吾も征く今日の日ぞ　（削除）

8 病床に流るる涙拭きも敢へず猛進撃の苦闘聞き居り　（同）

9 シクラメン窓ゆさす月に浮きいでて送りし人のおもほゆる宵

検閲者ノートには、〈All other tankas about translation show much militaristic idea, They would be disapproval.〉（翻訳された他のすべての短歌は非常に軍国主義的な考えを示し、不許可になるだろう。）と記されている。

27 「檜」（The Japanese Cypress, The sun tree）

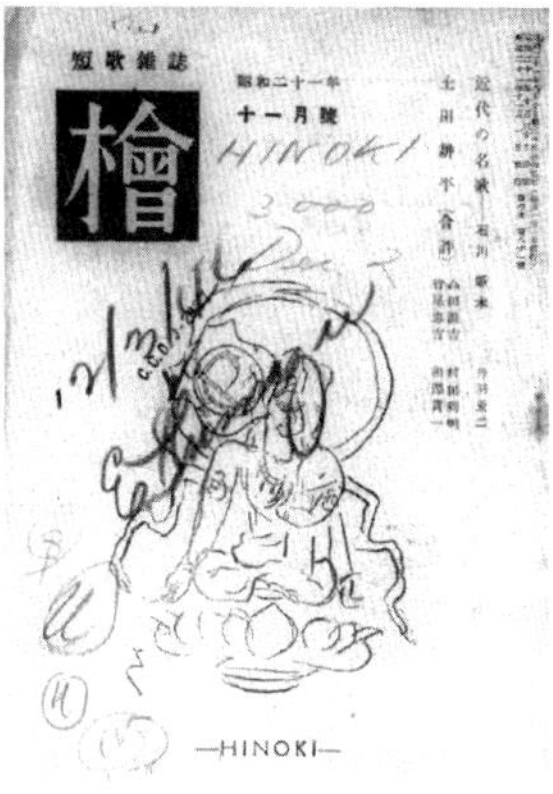

（1）「檜」　昭和二十一年十一月一日発行　十一月号　第八十一号　四十八頁　四円五十銭

発行所　檜発行所　板橋区石神井南田中町五〇三

編集兼発行人　松田密玄　同右

印刷所　新日本印刷株式会社

事前検閲　検閲者　W.Sera　チェック　E.Shimizu

12. 3. 46

東京の小橋一二の三首（二十九頁）中の二首、消し方が強く不明瞭であるが、削除と判定された。一首目は、怒りの煽動〈incite resentment〉、二首目は軍国主義的〈Militaristic〉という理由である。英訳を添える。網掛け部分が□――□、□□の意味である。

戦ひに死したる戦友《とも》の□——□

〈"A friend of mine died in the war, To answer to his sorrowful cry I only lie on my face, saying nothing."〉（友人が戦争で死んだ。彼の悲しみの叫び声に応えるために私はただうつぶせになり、何も言わないでいる。）

□□に染みたる汗も今日の日は空しくなりぬ国敗れたり

〈"Sweat of fighting in my fighting cap, Now in vain, as our country has Already surrendered."〉（私の戦闘帽の汗、今は空しい。わが国はすでに降伏してしまったので。）

□内の文字は「軍帽」か「戦闘帽」であろう。

（2）「檜」　昭和二十一年十二月一日発行　十二月号　第八十二号　四十八頁　五円

事前検閲　検閲者　Sugita　チェック

E.Shimizu 1-10-1947

石川一美の四首（十頁）中の一首、削除—占領軍の怒りをさそう〈Causes resentment of O.F.〉。

原子爆弾に思はざる傷ありありと残れる伯母と今宵語りぬ

「冬雲集」の山梨の小林春鳥の三首（二十一頁）中の一首、不鮮明であるが、削除—連合国軍総司令部批判（Critical of SCAP）とされた。一首の英訳は検閲文書に見られる。

追放令受け□——□

〈"......and you received the purge order now. You must give up, though you were a distinguished person of the empire."〉（そしてあなたは今追放令を受けた。あなたはあきらめなければならない。あなたは帝国の著名人であったけれども。）

長野の山田庄三郎の二首（三十六頁）中の一首、削除—占領軍の怒りをさそう（Causes resentment of O.F）。

苦き思ひ交々《こもごも》とあり音高く近づきて来る爆音一つ

松山の重松龍彦の三首（四十四頁）中の一首、削除—占領軍への怒りをさそう（Causes resentment of O.F）。

爆音におびえつつ腕に嬰子を□きし思ひ出□——□

英訳は次の通りである。〈"I will go over my memory

that our new born child was burnt in our garden when we were being threatened by explosive sounds.”〉（私たちが爆音に脅えていた時、私たちの新しく生まれたばかりの子がうちの庭で焼かれた私の記憶を思い返してたどるつもりだ。）

（3）「檜」　昭和二十二年一月一日発行　新年号　五十二頁　五円
　事前検閲　　検閲者　nobunari.Ichikawa　チェック
　M.Yukawa

静岡の細田西郊六首（二十五頁）中の一首、削除—ミリタリスチック。審議ののちOKとなる。

　ためらはず征きてかへらぬ弟に頭をさげてわれいさぎよし

「高朗集其二（高田浪吉選）」の笹野原の一首（四十五頁）中の一首、削除—怒り〈Resentment〉。

　敗れたる国に男の子と生まれ来し誇りむなしくくづ折れ眠る

（4）「檜」　昭和二十二年四月一日発行　四月号　四十四頁　七円
　事前検閲　　検閲者　F.Fukushima　チェック
　S.Yonemura

「木乃木集」の石川福之助の六首（一頁）中の一首、違反。

　進駐兵霜を蹴りつつ歩み来て垂れし柳の枝手づかみぬ

検閲者ノートには、これは単に朝の街のスケッチだけれど、進駐兵がいるので参考のためにここにあげた、とある。違反とするには弱く、上司によってOKとなったものである。

長野の堀内筆の一首（三十頁）中の一首、削除—連合国軍総司令部への間接的な批判（Quotation Deleted — Indirect criticism of SCAP）。作品不明瞭なので、次に検閲文書の英訳を記す。

〈“In the excess of my grief I determine to carry out now An individual strike.”〉（悲しみのあまり、私は今個人のストライキを実行することを決める。）

雑誌検閲票には、ゼネストは許可されていないので、彼は自分でストライキを続けることが恐ろしいらしい、と記されている。この票は機密〈Confidential〉と手書きされている。

（5）「檜」　昭和二十二年六月一日発行　六月号　四十頁
十円

事前検閲　検閲者　K.Harada, Groening

「清潭集其二」山口の野々村伊波の三首（十八頁）中の三首、削除とされたが、一首目のみＯＫとなった。一首目は、売春〈prostitution〉、二、三首目は、怒り、または悪感情〈resentment or ill-feeling〉が削除の理由である。

凡そに人を待つならむ砂窪に化粧けばけばしき女二人居りぬ

進駐軍の使役にはたらく日本の男らは捕虜のごとくに見ゆる

村角にたつ立札もいつしかに外国語となりぬ国破れたり

最終的に、検閲官によって二首の削除の理由は、占領軍批判〈Criticism of Occupation Forces〉ということになった。

28　「不二」（Unique）

（1）「不二」　昭和二十一年五月五日発行　創刊号　第一巻第一号　二十七頁　一円

発行所　不二出版社　東京都渋谷区青山車庫前

編集兼発行人　藤井一郎　同右

印刷所　大日本印刷株式会社（小坂孟）　牛込区市谷加賀町

事前検閲　検閲者　Sasaki

＊昭和二十一年五月　影山正治創刊　十六年十一月影山創刊の「ひむがし」を改称

以下はゲラの一首一首（二十～二十七頁）にチェック（✓・○印）の入っている作品であるが、削除等の検閲処分文書はない。

「不二第一集」（眞野修介選）

鶴岡　荘司成男「聖上伊勢行幸のよし洩れ承り感奮して詠める歌並に短歌」

八隅知し　わが大君　高光る　わが日のみ子　いはまくも　あやに畏き　さくゝしろ　五十鈴の宮に　おほみいくさ　終り給ふと　告げまつる　天の益夫　うま兒らを　め愛ぐみたまひて　波の音の　浦安の御代とひとすぢに　乞ひ積みまつる　いでましの　その日をけふと　天つ日の　みかどの花の　白菊に　正しく坐り　ともしびを　かゝげ見つれば　益良夫の　こゝろ念ほゆ　かなしかる　わが行く道　ねもころに　念ひいたれる　夜は更けて　しぐれの雨を聞きにけるかも

反歌

益良夫をがとほく継ゆくひと道にいまこそ匂へ白菊の花

あからひくひむがしの空拝《おろが》みつたちの清けく逝きし同志はも　埼玉　資延望東男

天地の初発のときと祈りつゝかくれぬるきみいつかわが見む　同

此の御酒は日嗣の皇子が御手もちて賜ひし御酒ぞも酔へば又泣く　新潟　関　好夫

みゝずからみ祖の神のみ前にし祈らし給ふすめらみことは　静岡　伊藤恒夫

語さやぐ四方の木草の言やめて大き御詔に年あけにけり　宮城　安倍良一

道義《みち》篤く思想を堅くせよと宣る神のみことにふるひたゝなむ　同

さかしらに言挙げなせそ皇神の道義にぞ立ちてものをこそいへ　同

「不二第二集」（眞野修介選）（二十二～三頁）

くさかげのいのちぞ悲し今宵しもかそかにかほる白菊の花　茨城　小林　瑩

親思ふ心にまさるとのたまひし松陰大人がみ歌かなしも　山口　甲斐関晴

ぬかづけば額にふるゝさゞれ石のいよゝつめたく命澄みゆく　京都　近藤孝一

国をあげて道なき世とはなりにけり天皇《すめらみこと》を見すてまつりて　兵庫　松本克己

惜しからぬ命と思へどいさぎよく散るすべもなき身こそつらけれ　東京　田中　繁

大君の大嘆きをかしこみて謹み詣るさみどりの宮　同

千早振る神にあらずとのりたまふおほみことばのかし

こかれども　京都　藤井芳人
天ざかるひなの筑紫ゆ大君にいのりまつれば涙垂れ来
も　佐賀　小林　薫
益良雄は散らばかくとぞ吾が見てし庭の山茶花あだに
咲き散る　栃木　野口佐久良
山茶花の花さへ見れば偲ばる、清く雄々しき益良雄の
伴　同
武人《もの、ふ》は遠く離《さか》りて蘇の国に囚はれゐるとふ極寒の地に　北海道　片桐　弘
焦土《やけつち》にひれ伏し泣きて創生の子らは拝みぬすめらみこ
とを　岐阜　尾崎吉三郎

「不二第三集」（眞野修介選）（二十五頁）
黄泉路《よみぢ》への橋かとまがふ闇夜さへ先ず東《ひんがし》ゆ明け初む
るなり　京都　白川幸比古
谷川の狭き流れは淋しくもみかど思ひてゆくほかはな
し　高知　細木　勲
大君の御光《ひかり》消えゆくうつせみの岩戸開きにたへゆかむ
とす　同
五人の子等をば置きて吾父は国の守りと逝き果てまし
ぬ　京都　中村初栄
よしや吾れ一人なりともひむがしの大樹のもとに死な
むと思ふ　岐阜　尾崎吉三郎

草莽のいのちのきはみ大君にさ、げむものと現し世に
生く　東京　徳田　昂
厳し世のうつ、に耐へてひたすらにさやけく起たむ日
を頼むかも　同
世を憂ひ国を想へば現しみにたぎつ血潮の堪へがてぬ
かも　同
かくばかり乱れたる世のゆ、しきを静かに堪へて菊咲
きにけり　同
か、（る）世に生き残りつ、けがれなき白菊の花見る
と思へば　同
新玉の年をむかへてひむがしの宮居はるかに我をろが
みぬ　静岡　中村のぶ子

（2）「不二」昭和二十一年六月五日発行　六月号　第一巻第二号　十六頁　一円
事前検閲　検閲者不詳

黒田哲夫の「会津太刀」の詞書と作品十首（三〜四頁）が×印で消され、〈Suppressed〉（公表禁止・差し止め）と大きく書かれている。理由は軍国主義的〈All poems Suppressed: Millitaristic〉である。発行誌からは目次・本文すべてが消えている。

作品は、第一章第一節「検閲の実態　4『槻の木』『不

二』の検閲」（二五頁）を参照。

三浦義一「璞草堂残筆（一）」（五～七頁）の全文（二段三頁）は、国粋主義的という理由によって公表禁止〈Supressed: nationalistic〉となった。発行誌からは目次・本文の全てが消えている。

作品は、第一章第一節「検閲の実態　4『槻の木』『不二』の検閲」を参照。

穂積正男「久遠への道」の全文（八頁）もまた、国粋主義的という理由で公表禁止となった。

最近所謂生活歌なるものが台頭しつゝある。即啄木、哀果の作歌精神を継承せる人達の動きである。彼等は「生活」の真実を主張し、そしてまた「健康なリアリズム」を獲得して短歌を創造しようと言ふてゐる。然らば「生活の真実」とは如何なる事であるか、「健康なリアリズム」とは何であるか、彼等の実際の作品の中から教へて頂くことにしやう。

ふるき日本の自壊自滅しゆくすがたを眼の前にみれば生けるしるしあり

路畑の野菜明るくつやめけば錯覚はもう春のものなる

会合の時間だ　どうしても行かねばならぬ　満員電車に　むりにぶら下がる

飛行機が飛んでる子供らが駆けてる煙が立つてゐる

教員ぐらし三十年の　その果は　これだと買出しの額の怪我見せる

星夜空　蔭に咲ける白菊だ　今朝会つた闘ふプレさんも美しかつた

National Geogrphic society 版の□□を拡げて楽しまんと

右はいづれも「人民短歌」二月号所載のものである。読者はこの歌の中から何を感ずるであらうか、恐らくむしかへるやうな不健康な臭気に胸がつまつて何とも申上げやうのない気持になるであらう。これ等作品を通じ彼等が主張する「生活の真実」とは実は醜悪汚辱な人間の弱点への姦通を意味し、すべて卑しき愚痴と聞くに耐へぬ増上慢の叫喚ではないか。成程現実は醜い汚い、併しその醜汚い人生を一歩でもより崇高なものとなすべく刻苦するところに我々の生きる道が存在すると思ふ。

そうしてこの刻苦の汗の滴が芸術を作り、その止むに止やまれぬ真剣な命の絶叫が歌を生むのである。歌は作るのではなくして自ら茲に生まれるのである。理論や説明でない所謂絶対絶命の光輝を放つのである。されば歌は人生への熱き祈りであり最も純粋なるわが人生の発露であり神の高さへ一歩一歩近づく我が行く道の道標《みちしるべ》である。さればこそ我等は一首の歌に塚も動く先人の慟哭を聞き心自らにふるひ立ち、岩にも沁み入る命の悲しみに心洗はれ明日への戦に勇往するのである。

　さねさし相模《さがむ》の小野《をの》に　燃ゆる火の　火中《ほなか》に立ちて問ひし君はも

弟橘比賣命の御歌は御遭難の日の極致に成り

娘子《をとめ》の　床の辺に　吾が置きし　剣《つるぎ》の太刀その太刀はや

日本武尊の御歌は御絶命の直前に成つてゐる。歌が閑余事にあらず、絶体絶命のわが生命そのものである事はこれ等のみ歌を拝すれば余りにも明瞭である。そうしてひたすらにこの一道を歩む時ゆくりなくも我等は「言霊《ことだま》の風雅《みやび》は皇神《すめかみ》の道義《みち》に表れる」といふ大道の門に立ち至り、心戦き畏みて神の御前にひれ伏すのである。

　実に歌は神と人、大君と民草とを至高に結ぶ人為ならぬ神為の橋である。かくて一切は道と歌とに帰一し行くのである。こゝにのみ不滅の道が存する。

　デモクラシーを神の道の高さにまで高める事が我等の使命である以上短歌の解放と言ふ事も所謂民主化と言ふ事も即ち短歌不滅の道に住させ人生の久遠の真理の結晶たらしむる事であらねばならない。茲に到れば今後我等の歌が如何なる道を歩むべきかは自ら明らかであらう。我等は永遠の平和を求めて止まない。さればこそ我等は歌を神のものと尊び神を祭る至純なる祈りと解するのである。

　啄木は「歌は悲しき玩具」でありと言ひ、さうして又、「自分は小説を書きたかつた。実際書いてみた。さうして遂に書けなかつた。そのとき丁度夫婦喧嘩をして妻に敗けた夫が理由もなく子供を叱つたり虐めたりするやうな一種の快感を、自分は勝手気儘に短歌といふ一つの詩形を虐することに発見した」と言ふのである。何と言ふ暴言であるか、然もこの事を以て彼等は「啄木は、歌を哀惜するのでなく、瞬時にも把え得る現実を哀惜したのだ」となして以て　啄木的生活歌の昂揚を計つてゐるのである。これは恐るべき人間の獣化でなくて何であらう。諸君等は既に「現実の姿」と「現実の真」との区別がつかなくなつた憐れむべき盲目の徒である。さればこそ「伝統は何に限らず重荷である」と、潜上《(ママ)》にも嘯き「折角自由になつたから、ひとつ思ひきり自由に振舞つて芸術らしい芸術を創らうではないか」などと心低い辞を吐いて恐れ無いのである。この言葉の何処を見ても人生への真剣な努力を積まうとする翳《かげ》さへ見えぬではないか、かゝる所よりは断じて永遠の平和は招来されるものではない。そこに来るべきものは無限の闘争と虚偽と自暴自棄であり暗黒であり自殺である。文明の叡智―神の命はかゝる意味での自由に対して峻烈な審判を下す日もさう遠くはないであらうと確心する。

それは短歌のみならず政治経済教育文化すべての層に渉つてなされるであらう。それ程今日の日本は万世の為に太平を拓開せんとする資格に欠けてゐるのである。我等はひたすらこの一事を恐れ畏みたゞ神に祈り、天地を感格《ママ》し鬼人をも哭かしむる生命がけの生活を行じよう。そこにのみ万人の心をゆり動かす不朽の歌が生れ出づるのであらう。

吾等が千代の古道としての歌の道を考へて行く上に今日もつとも必要なことは、今一度心魂を洗ひ清めて、御歴代の御製を熱読百唱しまつることである。そこに我々は万世一系の歌の道の根源を見出し得ると共に、万代不変の生活の道を発見することが出来る。歌と生活とは決して二なるものではない。それはまことに不二一体の道であり、日本再建の道もこゝに存するのである。

呉々も通記すべきは歌は道であつて玩具ではないし、日本再建の道は玩具思想やお芝居精神から出発すべきではないことである。敢て言ふ。

「不二第一集」（真野修介選）の中の穂積正男の全四首（十頁）、削除—国粋主義的。

春浅き代々木原に吹く風の激しかりけり昨日も今日も
益良夫の世を慨きつる男たけびは止む時のなし代々木の原に
立ちこむる砂塵のなかに神なびの代々木の原はさぶしくゐます
代々木原に青若草は萌えたちて悲しき春は来たりけるかも

「不二第二集」（真野修介選）の中の次の七首（十二〜十三頁）、削除—国粋主義的。

此の道にいのち死なむと益良雄がたてしみさをのなに変るべき　静岡　伊藤恒夫
いかに世は行かむともあればあれすめら御国の国の子ぞ吾は
代々木野に神□かくみ死にゝけるとも思ふも雨寒き夜は　島根　和田善三
十四柱を死なしめて
大□津神のあらびは吹く風の深山桜を散らしけるかな　人吉　上米良利晴
天地のむたゆるぎなき皇国に天の真柱うちたてにけり
夢の間も忘れざらまし天皇は今石屋戸にとじこもります　人吉　立花醜美
亡き魂は天がけしつゝよろづ代に大和島根をまもりますらむ　北海道　山下國幸

「不二第三集」（眞野修介選）の次の作品（十四～十六頁）、削除―国粋主義的。

世にそむき流れにそむき一筋に狂ひてゆかむますらをの道　長野　吉田正治

数ならぬわが弟も此の中にいつきまつると思へば尊し　東京　深澤喜代子

醜草を打ち拂はんと此の秋に□――□天晴れ此の子　熊本　武原安行

この英訳は、〈"A fine boy is born who will rid the field of bad weed."〉（畑から悪い雑草を取り除く立派な少年が産まれる。）とある。

草莽のしこの御楯と勢ひてぞ御国おこしの□――□　同

この英訳は、〈"I who am one of his humble men shall rise as a shield empowered with divine power to defend my nation."〉（草莽の一人である私は、私の国を守る神聖な力を与えられた楯として立ち上がる。）とある。

忍べとの聖《ひじり》の詔《みこと》おろがみて□――□秋雨ぞきく　山口　藤川辰雄

〈"Obeying the sacred rescript to lay down our arms we surrendered. On night on our way back we heard the dismal autumn rain of China."〉（武器を置けとの聖なる勅語に従って降伏したわれわれは帰途の夜中国のさびしい秋の雨を聞いた。）

忍べとの至尊の詔かしこみて□の荒笘おともなく受く　同

苦しかるたつきはいかになさむとて踏みてゆかなむ日の本の道　静岡　嶋　五郎

ゆるぎなき昔の御代にかへさむとなやませたまふ御□か　岐阜　□―□

清明けき代々木け原に佇めば鋭刃に似し烈士思ほゆ　神奈川　山田武雄

とても世に道こそなけれひむがしの道に祈りて行く心かな　兵庫　中山梅夫

千早振る神にあらずとのりたまふおほみことばのかしこかれども　京都　藤井芳人

たらちねの親に仕ふる心もてしたしみまつれとのりたまふはや　同

かりごもの乱れたる世を嘆きつゝわがゆく道は朝霜の道　大阪　西島　大

かみかみもみそなはしませひたむきに祈る心もかなしき今日を　京都　泉　静

あら玉の年のはじめにひむかしを仰ぎて君の弥栄祈らむ　京都　中村初栄
五人の子等をば置きて吾父は国の守りと逝き果てたまひぬ　同

以上の作品は全て国粋主義的（Avove Poems All Deleted; Nationalistic）との理由で削除と判定された。

（3）「不二」　昭和二十一年七月五日発行　七月号　第一巻第三号　二十六頁　二円
事前検閲　検閲者　I.Miwa

黒田哲夫の「草莽残筆（一）」に数か所マークされているが、この号に違反はない。これは前号の厳しい検閲のため自己規制が働いたものであろうか。

（4）「不二」　昭和二十一年八月五日　八月号　第一巻第四号　二十七頁　二円
事前検閲　検閲者　Iwai　チェック　N.Ishikawa

國守健「巡拝の記」（十五頁）の網掛け部分、削除―アメリカ批判〈Criticism of U.S.〉。

アメリカなどの考へてゐることは、神道を国家と切り離すことであつて、決して信仰としての神道そのものを否定しやうなど、云ふことではない。アメリカの良心は左様に低いものではないと思ふ決して感違《ママ》ひしてはならない。

さらに、巻末の三浦義一と影山正治の次のような歌集広告が削除とされた。

○三浦義一著　歌集『當觀無常』　B六判　上製　二百頁　定価十八円　送料二円　十一月下旬発売　予約受付中
人も知る三浦義一先生の第一歌集である。整調自ら神に通ずる慟哭を心耳に聞き以ていのちのあかしとなされよ
○影山正治著　歌集『民草の祈り』　B六判　上製　二百頁　定価十八円　送料二円　十月下旬発売　予約受付中
「みたみわれ」に続く影山先生の第二歌集、「みたみわれ」の読者本歌集を手にせば又秋天に悲涙を下さむ
いづれも発行部数に限度あればお早く御申し込み下さい。

不二出版社営業部

（5）「不二」　昭和二十一年十月五日発行　十月号　第一

巻第五号　三十四頁　三円

事前検閲　検閲者　T.Otsuka　チェック　10/5/46

黒田哲夫「東歌の意味」（三〜十二頁）の部分、削除―国粋主義の宣伝。

本文は、第一章第一節「検閲の実態　4『槻の木』『不二』の検閲」を参照。

長谷川幸雄「東歌と防人歌」（十一〜十五頁）は五頁にわたる論だが、全文が公表禁止〈Suppress〉となり、発行号では目次も本文も消された。その最初と最後の部分を引くことにする。

私はこの東歌特集号に於て敢て防人歌を取り上げたのは断じて所謂戦ひを唱導しようとせる意図ではない。遠く上代の我等が父祖の生きてゐたその生き方、祈つてゐたその祈り、信じてゐたその理念に触れることによつて、昨日のみじめな戦ひの、今日の敗れ去つた戦ひのありかたを顧み、併せて日本の誠のいのちが最も深き所に於て何を願つて来たかを明らかにしてゆきたいと思ふが故である。このことは我等が今日に於て又将来かけて激しい反省ときびしい努力の上に立つてゐる以上必ずや世界の誠の心に相通ふものであることを信ずる。

きのふの戦ひに於ても万葉に於ける防人の歌は何らの反省もなく軽率に取り上げられ、戦争の一つの具に供せられてきた為に私が防人の歌を今にして取り上げることは甚だ奇異をさへ感ぜしめる。従つて世界の常識は日本の表相と日本の誠のいのちを混同してゐる恐れがある。日本人が日本の何たるかを知らなかつたきのふの低調な戦ひ方を察しても、世界の常識が日本の真の叫びを解し得よう筈はないことは当然事の当然である。然るに寧ろ私の目には世界の知識は日本人よりも日本を知り、又必ず知り得て呉れるものと信じてゐる。世界の知識は時務論の為に、情勢論の為に、傷つけられてきた古代の心を、正しき清き心を以て見もし聞きもしてほしい。防人の用語は単に辺海を守る兵士の謂ではない。形を通してもつと深く世界の正しき精神を守る一兵一卒の謂に外ならない真理の使徒を意味してゐた。そこには従つて不遜もなければ、増上慢もなかつた。道に祈り、神に祈りつゝ只生きてゆくべき正しき道を保持せんとする謙虚な志が存してゐた。これは後に掲げる歌によつて、明らかになるであらう。（中略）以上抜抄の歌は悉く防人が父や母や妻や子を思ふ悲しみを歌つたものである。戦時中これらの歌は志気を傷けるものとして余り膾炙されなかつた。堕落せる戦ひが高貴なものを見失つて居たのである。此等の歌にこそ最も偉大な真実を見出すべきであつた。高く貴き戦ひの精神を悟るべきであつた。この精神を離れた所に一切の堕落が存する。此等の歌と前に引用せる時局歌と比較して見るがよい。単に落ちつきとか静けさの相違でなく、乃至悲しみや激しさの単なる表相の相違でもなく、由て来る本質的な相違を見出すであらう。幾度も言ふ如く生きてゆく一歩一歩を正すことが、即自らの生活のいのちを見詰めることが、そのまゝ使命成就のへの努力であつた。生活を滅することではなく、生活をつきつめることであつた。故に幽かな程に自らのたつきの悲しみを歌つて、敢て戦ひを言挙げしなかつたのである。常に正しき道正しき精神に向つて反省し回顧することが、無上の戦ひであつたのである。日本で言ふ維新とはこの謂であり、歌の道とは又この精神への復帰の道である。我等が神懸けて念じて来た歌道維新とは先述の時務情勢の歌に対する戦ひの宣言であつた。きのふの戦ひを肯定することは勿論誤りである。しかしそれを否定するが故に日本のいのち懸けての悲願を否定することも亦早急ではなからうか。私はここに与へられた紙数に於て何物をも述祈することが出来ない。此の外に防人の父母や妻連やそして大伴家持自身が歌つた長歌等もあるが、それらも割愛しなければならぬ。然し識者は私の言ひたい思ひを鋭く賢察して呉れるであらう。序論のみを述べていさゝかの参考にでもなれば以て足る。

「物故無名歌人抄（二）」の佐々木晧之（鹿児島県出身・戦死）の一首（二十一頁）、削除—国粋主義的〈nationalistic〉。

　御楯とり戦ひ抜きしわが兄子が帰ります日は縁深しも

青山六郎「万葉集東歌選釈」（二十三〜二十五頁）の次の部分、削除。一、三首目は国粋主義の宣伝〈nationalistic propaganda〉である。

今日よりはかへりみなくて大君のしこのみたてと出でたつわれは
天地の神を祈りて幸矢貫き筑紫の島をさしてゆくわれは
霰降り鹿島の神を祈りつゝすめらみくさにわれは来にしを
の如く東国人の心情は白熱の高さを□て、み国の上に燃え上がつたのである。

「編輯後記」（三十四頁）の網掛け部分、削除—国粋主義的〈nationalistic〉。

○茲に万葉集東歌特輯号を御送りする。清澄な秋気のもと心を静めて熟読して頂きたい。必ずやあの東の国人等の心情が惻々として迫り来たる事と思ふ。そして未だ何物にも瀆されぬ神ながらの魂の如何に□——□たりしかを知るべきである。

網掛け部分の英訳は次の通りである。〈It must be realized, so pure and ardent are the divine spirit that it has not been desecrated by anything.〉

（6）「不二」　昭和二十一年十二月五日発行　十二月号
通巻七号　二十六頁　二円
事前検閲　検閲者　H.Masao　チェック
E.Shimizu 12-17-46

黒田哲夫「旅情酒心（三）」二十四首（二頁）中の一首、削除―神道主義的〈shintoistic〉。

神風の伊勢の宮居の宮柱すがすがしくも飲みし酒はや

黒田哲夫「草莽残筆（四）」（六〜七頁）の網掛け部分、削除―極端な国粋主義的〈Super nationalistic〉である。

この地獄道を再び踏んではならぬと思ふ。み国の上に於ても、個々人の上に於ても。

即ち再建維新の方途は、何よりも神明の照覧の下に□められねばならない。見える進駐軍の□声の下にと云ふことから、見えざる神□の照覧の下にと云ふ考へ方に高められてゆかないと真の日本の至純至公なる再建維新はのぞめないと思ふ。（中略）

賢治の信仰は田中智學氏の国柱会を通じての日蓮信仰であつたと云ふ。が、根柢に於て最も純で最も強い日本信仰□――□

□――□部分の英訳は次の通りである。〈but I consider it to be that of a Nipponism of the most genuine and strongest nature.〉（しかし、私はそれを最も純で最も強い日本主義の信仰であると考える。）

影山庄平翁遺稿「天地《あめつち》の初め（一）」（八頁）の十一行分は、国粋主義的〈nationalistic〉という理由で削除と判断されたが、□――□の部分は強く消されていて判読しがたいが英訳によれば「イザナギノミコト、イザナミノミコト」である。

それでは人生の目的とは何か。□――□奉じて神々が作られ、山川草木が作られ、人は修理固成の目的で作られ、人生の目的は修理固成の天命にあるのではないかと言ふことに気がついた。それから一生懸命に色々の方面から考へて行つたが、確かにそれは違ひない。修理固成は人生の大目的であり、修理固成の目的通りに生きぬく人は真実の神のみ旨に添ふ人である。この大目的に添ふやうに、ほどよく小目的を次ぎ次ぎに遂げてゆくのが気の済む道である。この努力を続けてゆくことが人間が弥栄に栄えてゆき得る道であると思つた。

原田春乃「和歌に現はれた日本女性の本質（四）」（十頁）の十三行分、削除―天皇の神性の擁護。①～③の部分は強く消されていて判読しがたい。

「記紀万葉人は、神を絶対の①□――□として、その八百万の神の中の最高位の神として、さらに②□――□天つ日嗣たる天皇の御息災を天に向かつて祈ることは最も適切な所為でもあつたのである。」

英訳によれば①は、（信仰の対象）、②は、（彼等は天はすなわち神であると信じていた。それ故に）となろう。さらに文は続き、―部分が同様の理由で削除となった。

天皇の御重病に際して皇后がまづ「天の原」と天をふり仰いでさけばれたことはやるせないお心の痛みの、自然のあらはれである。

天はこのやうに①□――□。天つ日嗣たる天皇の御寿②□――□していらつしやること、はつきりとした推論でもつて断定することに、何のためらひもなかつた皇后のつきつめたお心持にはまことに御同情申し上げずにはゐられない深いあはれさがこもつてゐる。

この英訳は次の通りである。

〈We cannot but sympathise with the deep feeling of the Empress who had no hesitation is conclude with distinct reasoning that because the heaven in long living infinite of the Emperor who is on the Imperial Throne should be accordingly infinite and satisfied.〉

（Above disapproved; Defense of divinity of the Emperor）

これによって、①②は共に無限の命を意味することになろう。

「物故者無名歌人抄（四）」中の東山利一（熊本県出身・戦死）の三首（十頁）中の一首、削除―国粋主義的〈nationalistic〉となったが、強くマークされていて判読しがたい。

天地の□―・―□真柱今立つるかも

英訳は次の通り。〈"I will become a true pillar for the eternal and firm nation."〉（私は不滅のしっかりした国家のための真の柱になるつもりだ。）

同 野村辰嗣（静岡県出身・戦死）の「辞世」二首（十一頁）中の一首も強くマークされていて不鮮明。削除―国粋主義的〈nationalistic〉。英訳は次の通り。

〈"I will positively say good-bye to this mortal life and become God to protect our national destiny for ever." by Mr.Tatsuji Nomura.〉（私は死すべきこの命に積極的に別れを告げ、わが国家の運命を永久に守るために神になるつもりだ）

札幌の松井俊光「一周年」四首（十六頁）中の一首（不鮮明）、削除―天皇の神性の擁護〈defense of divinity of Emperor〉。英訳は次の通り。

〈"I recollect this day of last year full of deep-sorrows. Did you not hear the voice of the God?"〉（私は深い悲しみに満ちた去年のこの日を思い出す。あなたは神の声を聞かなかったのか。）

仙台の佐々木奎文の三首（十七頁）中の一首（不鮮明）、削除―神道主義・国粋主義的〈shintoistic・Nationalistic〉。

思ひ出る悲しき伊勢の海の風寄せて□――□雨の音

英訳は、〈"I remember sad autumnal bay of Ise（where Great Shrine of Ise is situated) where divine wind blew and sound of rain tapped at my ear."〉（私は悲しい秋の伊勢湾を思い出す。《そこには伊勢の大社が位置しているのだが》そこでは神の風が吹き、雨音が私の耳を軽く打っていた。）である。

川崎の山口壽美子の三首中の一首（十七頁・不鮮明）、削除―神道主義〈Shintoistic〉。

英訳は、〈"I will never entertain a doubt on a great holy life of the Emperor and that our country will prosper according to providence."〉（私は天皇の偉大な聖なる御代に対して、そしてわが国が摂理に従って繁栄することに一点の疑いも決して抱かない。）である。

桐生の木島米子三首（十九頁）中の一首（不明瞭）、削除―国粋主義的〈Nationalistic〉。

英訳は、〈"I, who can worship the Emperor's features in the moon, have nothing to be sad about."〉（私は月の中の天皇の容貌を崇拝することができるので悲しむべきことは何もない。）である。

弘前の小田切幸子の四首（十九頁）中の一首、削除―国粋主義的。

吾が仰ぐ東雄大人のかにかくに月傾きつ□――□

英訳は、〈"I believe that the great Azumao whom I adore also looked at the moon in this fashion."〉（私が敬慕するかの偉大な東雄先生もまたこのように月を見たと私は信じる。）である。

兵庫の岸本十七三の二首（二十二頁）中の一首、削除―国粋主義的。

朝夕を児童と拝みし奉安殿撤去の鐘のひびきわた□

英訳は、〈"The hall where the emperor's picture was enshrined is now about to be removed. The noise of hammers sound for lorn."〉（天皇の写真が祭られていた奉安殿は今まさに撤去されようとしている。金槌の音がわびしく聞こえる。）である。

愛知の加藤寛一郎の二首（二十三頁）中の一首（不鮮明）、削除―国粋主義的。

英訳は、〈"My feelings which yearn for past has stimulated my deep feelings for the Emperor."〉（過去を慕う私の感情は天皇に対する私の深い感情を刺激してきた。）である。

鹿児島（氏名・作品不鮮明）（二十四頁）の一首、削除―軍国主義的〈Militaristic〉。

英訳は、〈"My red heart is buried deeply under Sakurajima."〉（私の真心は桜島の下に深く埋められている。）である。

群馬の歌人（氏名・作品不鮮明）（二十五頁）の一首、削除―国粋主義的。

東雄の大人のみうたをうたひつつ□―□

英訳は、〈I feel very satisfied when looking at the flowers on the corn stalks while singing the song of the great Azumao.〉（偉大なる東雄の御歌をうたいながらとうもろこしの茎の先の花を見ていると私は非常に満たされた気持ちになる。）である。

高知の岡田重彦の一首（二十六頁）、削除―神道的・極端な国粋主義的〈shintoistic ― ultra nationalistic〉。

初日照る御代ながらのこの宮に君が御代祈り神の神酒くむ

京都の前田敏の一首（二十六頁）、削除―神道的、宗教的宣伝〈shintoistic ― Religious Propaganda〉。

ふるさとにかへりてみればひむがしの佐々木が原に□――□

英訳は、〈"When I came home, I have formed that God had arisen from the field of Sasaki in the East."〉であるから、□―□内は（神が現れたという考えが生まれた。）という意味になるだろう。

影山正治歌集『民草の祈り』の広告文（二十七頁）、削除―国粋主義的。

「みたみわれ」の読者本歌集を手にせば声調自ら神に通
　ずるみ民の慟哭に□□涙を垂れむ

英訳は次の通りである。

〈When the readers of Mitami Ware read this book, I am sure that they will be overwhelmed with sorrowful tears as regards the race which is connected with god.〉（「みたみわれ」の読者が、この歌集を読む時、神とつながる民族として悲しみの涙に圧倒されることを確信する。）。

（7）「不二」　昭和二十三年一月五日発行　一月号　第三
　巻第一号　通巻十九号　十五円
　事前検閲　検閲者　M.Tatino

昭和二十二年十月から多くの雑誌が事後検閲に移った後も「不二」は引き続き事前検閲対象となっていた。

保田與重郎の長歌「はつき廿日　山川弘至子を祭る歌一首並に短歌」（十頁）の「　」の部分二か所、削除―右翼の宣伝〈Rightist Propaganda〉。

……「おほきみの　召のまにまに　学びやの　つとめを
おきて　うたびとの　筆もなげうち　みいくさに　い立
向へば千重波の　いづちゆくとも　おほきみの　□のみ
かどぞ　すめらへに　いのち生き　かへりみはせず　と
こなつの　□□島に　渡り給ひし　ゆゝしとしつきのう
つりに　三年なりけむ　かけまくも　かしこき御こゝろ
かも　大御心に　よろづ代の基きづかむとしろしめし
このいくさ止めよとのりたまひし」……（中略）……
「たゞ一つ□□なりけり　われ一人　生きてしあれば
大御代にかへしまつらむと　まをせし　むかしの人の
二つなきたけき心ぞ　ひたぶるに　これのおつゝに確か
めん　ますらをの　心にのりてかためざらめや」

長谷川幸男「万葉への道（三）」（十二頁）の次の部分、削除―〈Rightist　Propaganda〉。

併し、一度万世一すぢの御悲願、即ち修理固成の大使命に御業を進め給ふ時、□々の玉座を拝し不動の皇位を仰ぎ奉ることが出来得るのである。国民はこの玉座の□しさに自らの心を安じ、自らのいのちを□して限りなき歓喜を歌ひあげる。なべての日本人の心には玉座を思ふ心、即ち道を思ふ心が総てを占め其処にのみ生きる最大の□□を見出してゐるのである。日本人にとつては玉座と道が常に一如であり、玉座を我が象徴と仰ぐことが其のまゝ文明の道を切り拓くことであると、遠きいにしへの先人達がいのちを使命と観じ使命の常態を天皇に見た其の心のまゝに信じ行ぜられて来たのである。故に国民にとつては畏きことながら玉座を全うして頂くべく努力することが唯一の使命であり、且つこの上なき道に対する栄誉であつた。一切を捨てゝ天皇とともに天地の公道に尽すことが最大の栄誉と幸福であることを信じて疑はなかつた。

「不二第二集」（大賀知周選）（二十三頁）の次の一首（氏名不鮮明）、削除―右翼の宣伝〈Rightist Propaganda〉。

　　高光み神のみ子だに神いのりおどろ□――□

英訳は次の通り。

〈“Even the Emperor, son of God, Is said to have bowed in prayer Before the shrine remote in the mountain.”〉（神の御子である天皇でさえも人里離れた山の中の神社の前では祈りの頭を下げたといわれる。）〈son of God〉に下線が引かれている。

同　富山の油谷三作の一首（二十四頁）、削除―右翼の宣伝。

　　ともどちの臣のおののきわれもまたかしこみまつる神の御前に（宮城勤労奉仕記を拝して）

「日本の声」欄の橋本高之「国学派子規の精神」引用の子規の歌、削除―右翼の宣伝。

　　くろがねの人民の□の□□もわが大君の恵みと思へ

英訳は、〈“Even the coarse food in an iron-barred jail You must be thankful in receiving, Being a gracious gift from the Sovereign Lord.”〉（鉄の牢獄の中の粗末な食物でさえも頂けて有難いと思わなければならない。今上陛下の恵み深い贈り物なのだから。）である。

「不二第二集」東京の□島昭平の「挽歌」三首（二十六頁）中の一首、削除―〈Rightist Propaganda〉。

　　わだつみにかばねは沈め北に向ひ□――□

英訳は次の通り。

〈“Though my carnal body be sunk Into the bottom of the southern sea, My soul will never cease to lament to see the sovereign reign at stake.”〉（わたしの肉体は南海の底に沈むことになっても、わたしの魂は大君の御代が危うくなっているのを見て嘆くのをやめることは決してないだろう。）

同　茨城の東醜臣「秋ふかむ」四首（二十七頁）中の一首、削除―右翼の宣伝〈Rightist Propaganda〉。

すめ神にまつる御調と峡の村落《むら》にみのりならしむ昼をしぐるる

「不二第三集」（眞野修介選）奈良の丸町□司の一首（二十九頁）、削除—〈Rightist Propaganda〉。

七重八重天霧湧きて高千穂の峰蔭ろひぬ山も哭くがに

「撰後覚書」（三十三頁）の次の部分、削除。英訳なし。

○「丸町君の作は四拍目の□□結句の山に何か問題があるがに錯覚させられるが如何。寧ろ「峰も哭くがに」と同じ語を重ねたら良い。よく終戦時の思ひを再び我が胸に掻き立たせ□——□」

（8）「不二」　昭和二十三年二月五日発行　二月号　通巻二十号　三十四頁　十五円

編集兼発行人　鈴木正男

事前検閲　検閲者　S.Furuya　13 feb.48　チェック

2-16-48

編集方針　ライト

長野の田中みゑ子の二首（二十一頁）中の一首、削除—天皇の神格化〈Deification of the emperor〉。

かしこさはたとへがたなし目のあたりわがすめらぎを仰ぎ奉りて

「物故者無名歌人抄」三島栄（広島県出身・戦死）の七首中の四首が削除とされた。一〜三首目は、天皇の神格化〈Deification of Emperor〉、四首目は、極端な国粋主義的な感情〈Ultra-nationalistic sentiment〉という理由である。

真白なる臥床に坐りはるけくも皇居を拝せば涙ながるゝ

病み床に正座の我はふるへつゝ恩賜の羊羹おしいたゞきぬ

賜びたまふ羊羹もろ手にいただきてはるかに拝むひむがしの空

ためしなきときにあれどもいやさらに神代に昔偲ばるるかな

田中（yasuto）の全二首（二十二頁）、削除—極端な国粋主義の宣伝〈Ultra-nationalistic Propagand〉。

天つ日のとはのかなしみ胸に湧きみ旗の下を去りあへぬかも

益良雄が国を憂ひて仰ぎ見るみ旗の色は美しきかな

青森の銅直利行の全四首（二十三頁）、削除—天皇の神格化と神道主義の宣伝〈Deification of the emperor, and propaganda of Shintoistic thought〉と判断されたが、審議ののち全て右翼の宣伝〈Rightist Propaganda〉とされた。

神ながら多摩の横山雪降れば御狩たたしきわが大君は
御狩野に錦の御旗ひるがへり泣き仰ぎけむ老いも若きも
大君の御狩の野辺に匂ひ出で御手に触れけり春蘭の花
大御食に仕へまつると多摩川にあはれ生きつぐ鮎の子ろかも

「編輯後記」(三十四頁)の一部、削除—検閲の暗示〈This is an allusion to censorship action.〉。

○前号掲載の保田先生の長歌は□—□に依り中間六行、末尾五行を略す結果となつた。諸□の御了承を乞ふ次第である。

〈We must court understanding of those concerned for the fact that for some reason we had to delete from Mr.YODA's long poem in the last issue six lines in the middle and five at the end.〉

英訳で「保田(やすだ)先生」を「Mr.YODA」と読み誤っている。□—□の部分は、「ある理由により」となるが、つまり検閲のことである。□は、氏(君)が入ることになろう。

(9)「不二」 昭和二十三年三月五日発行 三月号 第三巻第三号 三十三頁 十五円
事前検閲 検閲者 S.Furuya 17.Mar.1948
編集方針 ライト、コンサーヴァティブ〈Conservative〉(保守的路線)

巻頭言「宮柱太敷く立てん」(一頁)の一行、削除—右翼の宣伝。

「目は仰いで高天原に□□、足は□して根の国に立つことである。」

〈Above, you should always hold TAKAMAGA-HARA in view; below,you should firmly set your feet on NENO-KUNI.〉(上は目を常に高天原に注ぎ、下はしっかりと足を根の国に据えることである。)

長谷川幸男「述志」九首(八頁)中の二首、削除。

ちはやぶる神のみむねにかしこまり心さだめて立たざ

らめやも
現世《うつし》はさもあらばあれひさかたの天つ日仰ぎ立たざ
らめやも

検閲者ノートに、〈deletion recommended. Propaganda of ultra-nationalism and State-Shintoism〉（削除勧告　極端な国粋主義、神道主義の宣伝）とある。

「物故無名歌人抄」岡部彌三郎（愛知県出身・戦死）の二首（十〜十一頁）は資料が薄く判読しにくいが、判断は二首とも削除〈Deleted recommended〉である。

一首の英訳は次の通り。

〈"With a sickl, well-tempered and sharp. I must not stop until I have it all the ugly grasses down. For it is the divine precept I must follow."〉（適正に鍛えられた鋭いピッケルで、醜い草地を全て倒してしまうまでは私は止めてはならぬ。それは私が従わなければならない神の教訓だからである。）

二首目の英訳の意味は、「我が恵み深い天皇の指揮にただ従って命を捧げ神になった人たちの偉大な功績をいかに私は誉めたたえることか」である。

大塚六蔵（東京都出身・病死）の一首（十一頁）、削除―軍国主義的、極端な国粋主義的〈deletion recommended. Milltaristic and ultra-nationalistic.〉。

日も夜も間なく思へど事しあらば捨て去りぬべしあは
れ我が妻子

「不二第一集」（黒田哲夫選）和歌山の三村行雄の三首（十八頁）中の一首は強く消されていて不鮮明であるが、削除とされた。

〈"Blood of loyalty goes eternally round and round In the vein of the subjects comparable to the grasses Prospering under the Imperial grace from ancient ages of Gods."〉（忠義の血が永遠に巡って流れ続ける。草にたとえられる臣下の血管の中を、古代の神々からの天恵の下で栄えつつ。）

検閲者ノートには、反民主主義・極端な天皇主義プロパガンダ〈Anti-democratic, ultra-Tennoistic Propaganda〉とある。

岡山の三宅萬造の三首中の一首も下句が強く消されていて判読できないが、削除―天皇の神格化〈Defication of the emperor〉である。

大みゆき拝みまつると子等を率て□――□

〈"On a bracing winter morning, did I hurry With my

children, just to worship the Emperor When His Majesty deigned to visit this district.”〉（爽快な冬の朝、私は子らと急いだ。ただ天皇を拝むためにかたじけなくも陛下がこの地方をお訪ねになったとき。）

「不二第二集」（大賀知周選）（十九頁）愛媛の池内文雄の長歌、削除—極端な国粋主義の宣伝（Ultra-nationlistic propaganda.）。

御幸神社名誉禰宜就任に際し詠みて奉る長歌一首
並に反歌

日の本の　これの倭は　浦安の国　万代も　千五百万も　天地と　共に栄行く　大御代を　祈りしものを　いかなるや　神の荒びぞ　手握りし　矛は戢《をさ》めて　新らしき　御国建つると　肝向ふ　心さくじり　あらがねの　地下千丈に　草かげの　祈りこめつつ　たまちはふ　神の御前に　朝夕に　仕へまつりて　烏羽玉の　夜渡る月の　宵々に　変りはあれど　とこしへに　変ることなく　入紐の　同じ心に　魂あひて　語らふともと　もろともに　かへりみなくて　奥山の　おどろが下も　□□□けて　道ある世ぞと　突立つる　厳し神□　神ながら　奇しき斯の道　幾千代の　のちの世までも　うみの子に　言ひ継ぎ伝へ　大御代の　栄行く御代を　祈りまつらむ

反歌

葦原にしげれるあしをふみわけてあと尋《と》め行かむ千代の□道

反歌の英訳は次のようになされている。結句の□に適語が探しにくい。

〈“Treading upon the thick thorns Exuberant in the thorny-shrubs, Let us seek after the Cause, Thousands of ages old.”〉

同　□□□男（Mitsuo Mizusaki）の「送年賦」二首中の一首、削除—反アメリカ、極端な国粋主義の宣伝〈Anti-American and ultra-nationalistic Propaganda〉。

醜雲はひむがしの空にかゝりゐて悲しき御代の年逝かむとす

同　岐阜の早川章の二首（二十二頁）中の一首、削除。

大君をはじめて仰ぐ飛騨人は忝け□——□

〈“Deeply moved with gratitude to worship The Gracious Emperor for the first time, people of HIDA Province cannot but burst into tears.”〉（初めて恵み深い天皇陛下を感謝の気持ちで拝み深く感動して、飛騨の地方の人たちはわっと泣き出さずにはいられない。）

検閲者ノートに、賛美、ほとんど天皇の神格化〈Glorification, almost deification of the emperor.〉とある。

同　島根の雲南猛士「奉拝」三首（二十五頁）中の二首、削除―天皇の神格化〈Glorification, almost deification of the emperor〉。

大君はいでましにけり天地をゆすりどよめく万歳の声
大君の立ちませるとき子ら泣きてゆきかふ雲のとどみたるかも

「不二第三集」（眞野修介選）（二十六頁）のKyosuke Aki（本名不鮮明）の一首、削除―天皇の神格化。

今しわれ哭くばかりなり皇の大御□君降り立ち給ふ

同　愛知の寺部幸子の一首、削除―〈Ultra-natiolistic propaganda〉。

草を嚙み土に伏すとも日の本の正しき祈りわれわすれめや

同　奈良の西村公晴の一首（二十七頁）、削除―右翼の宣伝〈Rightist Propaganda〉。

ためしなき世にもあるかな白菊によするたけ雄のおもひにつきじ

29 「まひる野」（Day light field）

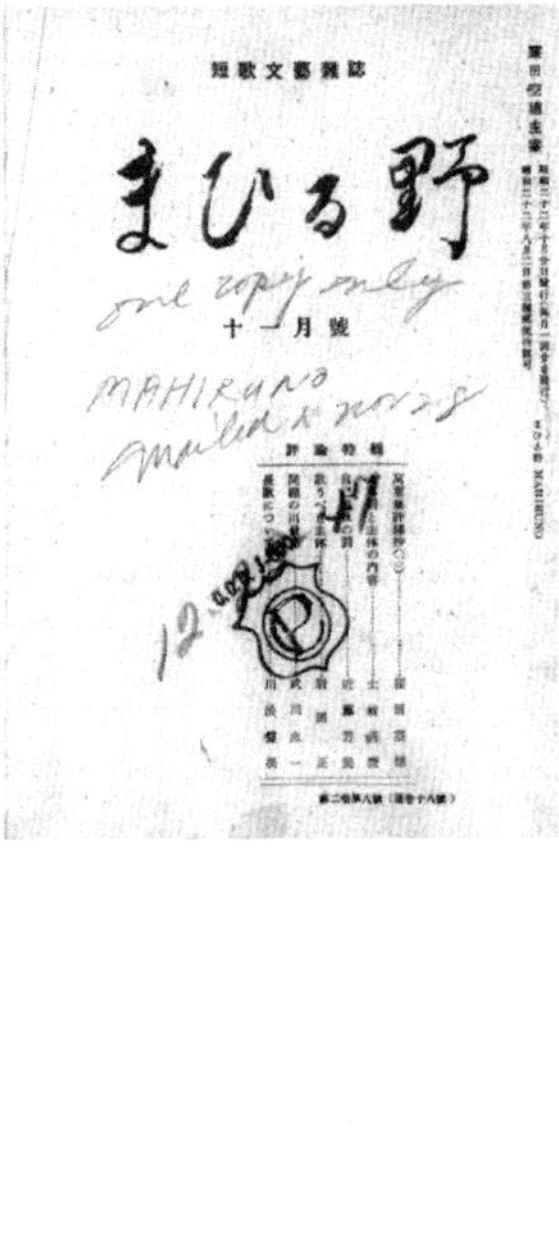

昭和二十二年十月二十日発行　十一月号　第二巻第八号通巻十八号　三十一頁　十円
発行所　まひる野会　東京都文京区雑司ヶ谷八八
編集兼発行人　窪田章一郎
印刷所　南信社　諏訪市上諏訪和泉町
事後検閲　検閲者　N.Ichikawa
編集方針　ライト、ラジカル
＊昭和二十一年三月　窪田空穂・章一郎創刊

事後検閲制度に変わる二十二年十二月直前の時期の資料である。事後検閲への切り替えは発行誌数の増加が一因であるが、事前検閲に比べて、緩くなった印象を与える。しかし、発行する側からすればむしろ神経を使い自己規制を強める傾向を生んだとも言えよう。

　検閲者は、次の四首（四、十、十、二十三頁）を、怒り〈Resentment〉を理由に不許可〈Disapproved〉とした。

①　たたかひに勝ちてしあらばひそひそと呟く声の無しとし言はず　中村安芸夫

②　日本の復興するを喜ばぬ国もあるなりそれも是非無し　紺谷天津男

③　異常なる感にうたれて泣かれざりし八月十五日のあの朝をおもふ　柿沼要平（筑波杏明）

④　敗れたる国の嶮しさゼネストの字のみ大きく吾の目に入る（二・一スト）　齋藤諒一

　しかし、再検閲者は、すべてをOKと判断したのである。さらにその後の検閲官は①②については、同盟国の行動批判を理由に不許可とし〈Suggest Disapproval〉、③④については、許可〈Suggest approval〉としたのであった。手書きの調書には、四首が英訳され、その一首一首の上に再検閲者が大きく書きなぐるようにOKと書き、さらに検閲官の細く強い文字が駄目押しのように書き加えられていて、検閲作業の混乱と厳しさを見せている。

　また、次の四首（四頁）は、チェック（✓）されたが、英訳して検討するまでに至らなかった作品である。

隣国にたたかふいくさ折々につたふるのみに静けし日本　中村安芸夫

諏訪山の内ぶところに抱かれし彩《いろどり》り異《けやけ》き外人の人家《すまい》　「諏訪山」岡本尚生

降り過ぎし小雨の下に眠りをる外人屋敷の異《ママ》く光れり　同

外人の赤き屋並は諏訪山に間近くありて煙たゆたふ　同

　また、次の二首（二十二、二十四頁）も同様である。

戦の惨禍は深しさまざまの形を変へて民さいなめる　「戦禍」中島禄子

大地主と小作の人のたゝかひをまさめに見れば世相かなしむ　「我が農地」小澤楽之

厳しい削除から単なるチェックまで、幾段階かの作品を読むと自ずと差異が見えてくるように思えるが、多くの検閲者の中での基準の統一が完璧であったとも思えない。そのため検閲者には基準統一のためのテストが随時課せられたのである。

30 「水甕」（Water-Jar, The Water pot）

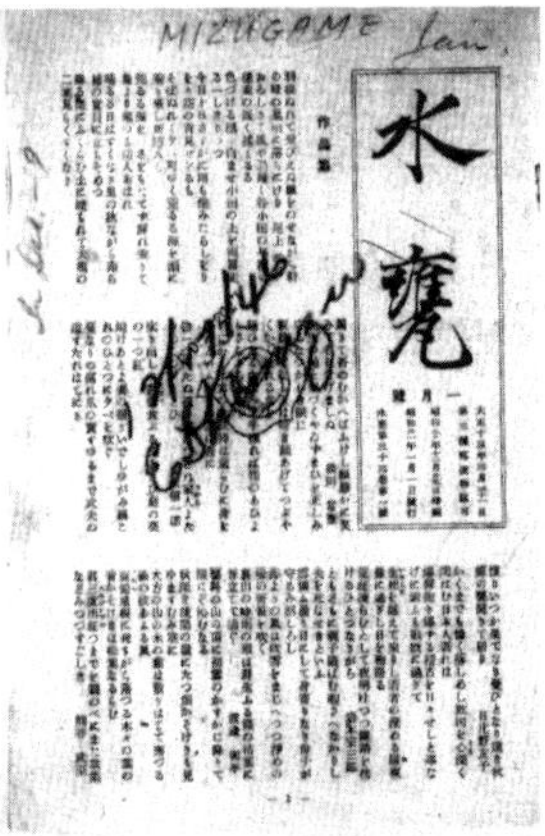

（1）「水甕」 昭和二十一年一月一日発行 一月号 第三十三巻第一号 十五頁 一円五十銭

発行所 水甕社 中野区鷺宮町三丁目六番地

編集兼発行者 松田常憲

印刷所 帝国印刷株式会社（谷本正） 芝区愛宕町

日本出版協会々員番号 B111306

事前検閲 検閲者 M.Yamamoto

＊大正三年四月 尾上柴舟ら創刊

「作品集」安永信一郎の五首（一頁）中の一首、削除。

大前に若きらは土坐し自決せりこの一途さのまだ国にあり

日比野友子の五首（一頁）中の一首、削除。

命持ちて還り来しこの子はも特攻隊菊水のマークつけしままに

今井篤三郎の作品（二頁）、英訳し上司の審議の結果OK。

一屋もなき街跡にひたひびき米機等とびてはばかりもなし

岡田亘の作品二首（三頁）、一首目（不明瞭）、削除。二首目OK。

〈"How beautiful the soldiers are! with manly foot-sound they have passed away."〉（彼ら兵士はなんと美しいことか。男らしい足音で彼らは逝った。）

枯芝のへに兵とをり叢深く格納庫より機を出だすみゆ（OK）

白井秋子の一首（四頁）は、削除。強く消されていて判読できないので次に検閲文書の英訳を記す。

〈"We lie in beds side by side and talk as usual. But the dawn, and he leaves us for the front."〉（我々は並んでベッドに横になり、いつものようにおしゃべりをする。だが夜明けとなり、彼は我々を残して前線に向かう。）

行徳廣江の三首（四頁）中の一首、削除。

〈"Aeroplanes of the occupation troops are flying over us. My husband and I fill in the bomb-shelter neither speaking."〉（占領軍の飛行機が私たちの真上を飛んでいる。夫と私は防空壕に入ってどちらも口をきかないでいる。）

上御領義盛の四首（四頁）中の一首、削除。

耐へがたき屈辱さへもしのべとて磯田浦浪よせてかへり□

〈"The surf breaks and goes back as if to say, Put up with the unbearable humiliation."〉（寄せる波が砕け、そして戻っていく。まるで耐えがたき屈辱をしのべといわんばかりに）

重松むら子の三首（五頁）中の一首（不鮮明）、削除。

〈"If the fate of arms be against me and □ be obliged to come back home again- Oh, the man who went to the front with these words!"〉（もし武運が私に味方せず再び家に戻ることを余儀なくさせられるならば—ああこれらのことばを発して前線に行ってしまった人よ！）

三宅豊志の二首（十二頁）の中の一首、削除。

B29は超低空をかすめゆく引渡し火砲□□□□□□

〈"Guns to be delivered are so neatly arranged on the ground, B29 is flying so low over us."〉（引き渡されることになっている火砲が地面にとてもきちんと並べられていて、B29が我々の上を超低空飛行している。）

以上九首は、三、五首目を除いて削除〈delete〉となった。検閲者ノート等に、その理由は記されていない。

（2）「水甕」昭和二十一年四月一日発行　四月号　第三十三巻第四号　十六頁　二円

印刷所　株式会社集賛舎（島作治）千葉県館山市

事前検閲　　検閲者　Izumi.K

阿部晃「新冬」十首（一頁）中の一首（不明瞭）、フラタナイゼーションを理由に削除。検閲文書に英訳のみ確認できる。

〈"There are girls in the streets who go hand in hand with the Negro-soldiers. It seems, however, no passengers feel queer on these scenes."〉

和訳すれば次のような意味になるだろう。

（路上に黒人兵と手をつないでいく女の子がいる。ただし、これらのシーンで乗客が奇妙に感じることはないようだ。）

（3）「水甕」　昭和二十一年五月一日発行　五月号　第三十三巻第五号　十六頁　二円
事前検閲　検閲者　Shinozaki

村岡紀士夫「春寒抄」四首（二頁）中の一首、違反―強い天皇擁護〈A strong Emperor deference〉。英訳し審議ののちOKとなる。

平服の玉歩と写り節度なす堵列は天皇護持論を超ゆ

（4）「水甕」　昭和二十一年九月一日発行　九月号　第三十三巻九号　三十二頁　三円五十銭
印刷所　有限会社昭和印刷所（羽村與四郎）　西多摩郡西多摩村
事前検閲　検閲者　Nobunari Ichikawa

「作品集」松田常憲の「東京歌話会」十一首（一頁）中の二首、削除―闇市。英訳して審議の結果OKとなった。

南瓜の臍を太き掌《てのひら》に撫廻し顔のぞきこみ買へと眼にいふ

闇市の人のいきれを通りぬけて今日ゆく家を地図にたしかむ

冬木斧太郎の四首（六頁）中の一首、削除―米兵士と敵国女性の交渉（fraternization）。

白色《はくしょく》の顔に近づく紅き唇《くち》媚にみちたる日本語のこゑ

小森美恵子の四首（十六頁）中の一首、削除。審議の結果OK。

新橋の闇市に美味き香すと無配の巷《まち》ゆ弟《こ》の告げて来し

三宅豊志の三首（十六頁）中の一首、削除―闇市〈black-market〉。

銭□□児ろのせがめる□□チューインガム一個の値なる

〈"For yen money that my child begged, should have been the price of chewing gum."〉（わが子がくれとせがんだ日本のお金の値がチューインガム一個の値だったとは。）

（5）「水甕」　昭和二十一年十月一日発行　十月号　第三十三巻第十号　二十八頁　三円十銭
印刷所　有限会社昭和印刷所（羽村與三郎）西多摩郡西多摩村
事前検閲　検閲者　Nobunari.Ichikawa　チェック　E.Shimizu

熊谷武至の作品「ある復員」全五首（二頁）は、最初全て軍国主義、怒りを理由として削除と判断されたが、審議の結果、その中の①②③の三首が削除、④⑤の二首がＯＫの判定となったのである。①②の削除理由は、怒り〈resentment〉、③は軍国主義〈Militarism〉である。この三首は強く消されていて判読不能であるので、次の英訳によって理解せざるをえない。

① 〈"The soldiers, who were maltreated with the poor supply of meal and suffered from the cruel violence, are not satisfied to their ex high officers."〉（食事を十分供給してもらえず虐待され、残虐な暴力に苦しんでいた兵士たちは、前の高官たちに満足していない。）

② 〈"It was only the moment when we were fringing the square timbers in relay that we could forget the resentment."〉（我々が怒りを忘れることができるのは、交替で四角い木材のへりを取っている時だけであった。）

③ 〈"I felt it very sorry to hear that the aeroplane production in Rabaul is merely 3 in a month even if searching and collecting the parts from the damaged planes."〉（聞いてとても残念に感じたことなのだが、ラバウルでの飛行機製造は、たとえ損傷を受けた飛行機の中を探してそこから部品を集めていても一ケ月でたった三機とのことだった。）

④ 南十字星いまだも見ゆとゐし兵ら援護事務の女性の声に感動す

⑤ 赤道祭りの兵語がありて下船せぬ五名のなべて将校ともいふ

（6）「水甕」昭和二十二年一月一日発行　一月号　第三十四巻第一号　三十三頁　四円五十銭

事前検閲　検閲者　Kitahara　チェック　M.Hori　1-2-47　メールド　jan-1

「作品集二」平原勝郎「健児の舎」四首（十一頁）中の一首、削除—軍国主義的。のちにＯＫ。

金のこと口にするさへ武士の家の汚れと教へられにき

服部直人「あられ三」（十一頁）の文は、「万葉集」の「霰降り鹿島の崎を浪高み過ぎてや行かむ恋しきものを」「霰降り鹿島の神を祈りつつ皇御軍《すめらみくさ》に吾は来にしを」の歌、及び「常陸国風土記」の「風俗の説に、霰零《あられふる》香島《かしま》の国と曰ふ」の文における「あられふり」という枕詞についての考察である。

軍国主義的という理由で削除という検閲者の判断は適切ではなく、上司の審議の結果ＯＫの判定になったものである。

(7)「水甕」昭和二十二年二月一日発行　二月号　第三十四巻第二号　三十二頁　五円
事前検閲　検閲者　F.Hayashi　チェック　M.Ohta　違反か所なし

31 「八雲」(The Yagumo, The Octuple Cloud, The Double Cloud, The Rising Clouds)

(1)「八雲」昭和二十二年一月一日　新年号　第二巻第一号　通巻二号　八十頁　十三円
発行所　株式会社八雲書店　東京都本郷区森川町一一一
発行人　中村梧一郎
編集人　久保田正文
印刷所　二葉印刷株式会社(大内治輔)　王子区稲付
事前検閲　検閲者　M.Ohta　チェック　E.Shimizu
*昭和二十一年十二月発行の短歌総合雑誌(木俣修・久保田正文編集)

「八雲」は短歌総合雑誌として発刊された。当時の短歌限界論や「第二芸術論」を踏まえて、「短歌が、真に文学の一環としての生命を自覚し芸術のきびしい途に繋がりうるか否かを実践的にこたへる試練の場」(編集後記)を目指した雑誌である。

土居光知「貴族的文学のゆくへ」(二～七頁)の次の部分、削除―非民主主義的〈anti-democratic〉。審議ののちOKとなったものである。

徳川末期に於ける歌人は攘夷の感情を歌つたが、太平洋戦争が始められたときにもわれらのすぐれた歌人は攘夷的な精神を歌つた。これは偶然ではなく和歌の道に入ることが、その人の心を現代の思想、科学的な考へ方、或は世界的精神から脱落せしめるからである。

続く七頁の次の文の網掛け部分は、東洋の優越の宣伝〈Propaganda of Oriental superiority〉という理由で削除となった。

かゝる問題を考へると私は日本人が和歌や俳諧に別れ

を告げる時が来たのではないかと思ふ。私は和歌や俳諧を哀惜してゐるといつたが、それにもまして貴族的精神を貴ぶものである。私は貴族的精神を全く失つた国民は亡国の民であると思ふ。かつての東洋の君子国、士の国は□─□によつて支持されなくてはならないと思ふ。これは□──□の言葉ではない。八千万の国民のすべてが民主々義の国民として、十分な見解を得るまでには相当久しい年月を必要とすることを思うての悲しみの言葉である。

網掛け部分の英訳は、〈It is assumed that Japan, a formerly gentleman like country in the orient, country of "SAMURAI" must be supported still hereafter by "SAMURAI" of modern time. This is not a nihilistic word for pride.〉（東洋のかつての紳士的な国、侍の国日本は、現代の侍によって今後なお支えられねばならないと考えられる。これは自尊心のためのニヒルな言葉ではない。）である。

同じく次の文は、削除─米国批難と検閲（disparaging of US and to censorship）。審議の結果ＯＫとなる。

私はこの私論のはじめに於いてアメリカにも貴族的な社会があることを注意した。それらは主として政治的理想や国民道徳の上に影響を与へてゐる。アメリカに於いても大衆の音楽、小説や雑誌や、映画製作等は商業的企業の支配下にあつて、それらに必ずしも高貴なアメリカ精神が反映されてゐるのではない。各々は過去に於いてジャズ音楽、映画及び大衆小説などからアメリカ精神を推察し、あやまりを犯した。そして日本ではあまりにも多数の雑誌が発行され卑俗な書物も無統制に売りさばかれつゝある。

小田切秀雄「衰弱した歌・その再建─歌と民主主義」（十二～十五頁）の次の冒頭部分（十二頁）、削除─非民主主義的〈anti-democratic〉。審議の結果ＯＫとなる。

百万遍のおしやべり、いちやつき、胸底に憎悪を蔵して「民主主義」といふ言葉はこの一年間にすつかり手垢にまみれてしまつた。もはや民主主義といふ言葉は、解き放たれたばかりのみづみづしい清新な力でひとの胸に響きはしなくなつた。「また民主主義か」と白つ茶けた顔をする気配も色濃くなつて来てゐる。殊に、自分の内側からの止みがたい人間的要求とその権威とがみづから深く確信されることなく、長い暗黒時代を通つて来た日本人にとつて、民主主義とはいはば外から与へられた枠、ノルムであり地下室生活からいきなり真昼野に引き出された者の眩暈でさへあつた。この眩暈は、民主主義の敵が「民主主義」の名において真実の民主主義的発展を歪曲し阻止することを可能にした。

同文の続き（十四頁）、削除─非民主主義的。のちＯＫ。

ところで、人間の自由と尊厳の確立は、従来それを不可能ならしめ挫折させて来た社会的な制約の根源的な廃棄なくしては実現できぬだらう。その社会的な制約の力は、敗戦によつて著しく力弱まつたとはいへ、まだ根強い力でこんにちの人間を規制しつづけてゐる。

座談会「短歌の運命について」（三十四頁）（臼井吉見・岡野直七郎・木俣修・五島茂・中野好夫・能勢朝次・広野三郎）。中野の発言部分、封建主義を意味する（Implies Feudalism）として削除と判断されたが、上司の審議の結果ＯＫとなった。

中野　たとへば銀座の「先端的近代」などは僕はちつとも近代とは考へない。ホリウツド仕立ての洋服でダンスを踊る封建人がいくらでもゐるんですからね。

中島健蔵「喪書記」（四十七頁）の次の一部、削除─戦争宣伝の擁護〈Defeuse of War Propaganda〉審議ののちＯＫ。

今となつては見当が違つたが、私は、かういふ形で負けようとは考へてゐなかつた。恐らく上陸が行はれ、地上の戦闘が行はれ、本どころか自分の生命が十中八九あぶないであらうと感じてゐたのであつた。

菱山修三「『若きパルク』について」（五十頁）、削除─誇張〈exaggeration〉。のちにＯＫ。

もはや民族国家は自己のなかに閉ぢこもることが出来ず、その主権は絶対性を保有し得ず、世界が正に世界の名に値するやうになつた。従つて世界史はその言葉どほりのひろがりにおいて自己を展開するやうになつた。

続く次の文も、公共の平安を乱す（Disturb Public Tranquility）という理由で削除とされたが、結局ＯＫとなったものである。

また、さうかと思へば、完全に因果律を無力化し、破壊しがたい原子すら破壊する原子力の発見は、物理的世界の統一性を脅かすばかりでなく、もしひとが招かうと思へば招くことも出来る世界の終末を、予感せしめるものがないではない。

宮柊二の「苦渋」十首（五十四頁）の中の一首、削除─国粋主義的〈Nationalistic〉。のちにＯＫ。

直かりし国の若きら面《おもて》振らず命《いのち》を挙げて修羅に死にゆきぬ

検閲者は、「Miya Toji」と記している。

「新東京風物詠」（七十〜八十頁）中の坪野哲久の「丸の内」十首の次の一首、削除―連合国軍軽蔑を暗示する〈Implies disparaging to the Allies〉。結局OK。

篠懸木の実たち舗道の秋の風勝ちたるものはおそれなく行く

同　五島茂「銀座・新橋」（七十一頁）の十首中の一首、削除。のちOK。

ミモザイエロウ、ニウピンク色の服ゆらめき少女《をとめ》らゆたけしいきいきと群れて

同　中村正爾「神田」（七十四頁）十首中の二首、削除―連合国軍兵士との親交を暗示〈Implies Fraternization with Allies〉―審議の結果OK。

進駐軍の婦人宿舎か窓紅きひとつの建物《ビル》が華やぐ夜空

Cabaretと化《な》りたる街の焼けビルが灯《ひ》を明かく点《つ》けて宵々《よよ》にぎはしき

本号においては、検閲者M.Ohtaの削除の判断がチェッカーのF.Shimizuや検閲官によってほとんど覆されてOKになっていることが注目される。すぐれた作品、評論への正しい評価なのだろう。

（2）「八雲」　昭和二十二年三月一日発行　二・三月号

通巻第三号　六十四頁　十五円

事前検閲　　検閲者　M.Ohta, Furukawa

本多顕彰「心の俳諧」（二〜六頁）の次の一文（五頁）、削除―戦争の宣伝〈War propaganda〉。その後審議の結果OKとなった。

人間は自分の置かれてゐる環境を永続的なもの、不変なものと考へ勝ちである。さうでなかつたら、長くつづくはずのないあの無理な戦争の間に、この国の最も聡明な人たちが、陸軍や海軍の御用をつとめるやうなことはしなかつたらう。あの人たちは戦争が一生涯つづくやうに考へたにちがひない。さもなければ、戦後引込みがつかなくなることを見越して、保身の為に操を売るといふやうなことはしなかつたらう。

渡邊一夫「過激な夢」（三十六〜七頁）の網掛け部分、削除―不安の鼓舞（incitement to unrest）。

「八紘一宇」「一億玉砕」「一億総懺悔」「文化国家」……と、形而上学も政治も一応は持つてゐる様子を見せかける我が国が、人間に飼はれる家畜にならぬとは誰が断言できよう。また、人間社会に貢献するとは猫となつて飼

主の手をしやぶり、犬となつて盗賊を追ひ、食用肉となつて食はれることにもあるかもしれない。しかし、人間社会をもつと強大にして、聡明にする為に、人間としてこれに加はることのはうが、人間としてよいのではないか？

検閲者の削除判断は、四行目の「……しかし」まであったが、発行誌では「しかし、人間社会は……」から始まっている。検閲者ノートには、〈Crazy ideology〉とある。

（3）「八雲」昭和二十二年十二月一日　十二月号　第二巻第十号　通巻十一号　四十八頁　二十八円
事前検閲　検閲者　T.Fukushima
編集方針　センター、リベラル

長谷川銀作「一九四七年の作品」（二十九頁）引用の近藤芳美の「八雲」九月号の二首の中の一首目が削除となるが、発行誌には掲載されている。

声

幾組か橋のかたへにいだかれて表情のなきＮＯを言ふ

帰り来て踏まれし靴を拭くときに吾が背に妻はいだかんとする

検閲者は、その検閲ノートに、ＧＩと日本人女性との関係は明白であると記し、フラタナイゼーションと判断したが、検閲官は、連合国軍批判〈Criticism of Occupation forces〉と判定して調書を作っている。検閲者よりも厳しい判定と言えよう。そこには〈Confidential〉（極秘）と手書きされている。

（4）「八雲」昭和二十三年一月一日　新年号　第三巻第一号　通巻第十二号　四十九頁　二十八円
事後検閲　検閲者　T.Torii　再検閲者　Furukawa, Ruruya（Furuyaか）
編集方針　センター

本号には、「短歌長編特集」として、釈迢空の大作「楡の曇り」九十七首が巻頭に置かれ、続いて常見千香夫五十首、柴生田稔五十首、木俣修五十首が掲載されている。その作品についての検閲者ノート、さらに詳しい再検閲者の補足レポートが付けられていて注目される。また、小野十三郎「奴隷の韻律」（二十八～三十一頁）も本号に収められている。

釈迢空「楡の曇り」九十七首（一～六頁）中の次の一首が不許可〈disapproved〉となった。

うらさびしく、行く道なかに、尊き一人《いちにん》に思ひ至り、
帽を脱す

Torii の検閲者ノートには、次のようなことが英文で記されている。

これは政治的優位を奪われた孤独な天皇に共感する歌人の表現であり、この種の感情は日本の民主化には有害である。

次いで再検閲者 Ruruya（Furuya か）による「Torii 氏のレポートの補足レポート」（英文）には、次のように書かれている。

（a）作者（釈迢空）は国粋主義者であるが、政治や社会運動とは無関係である。日本の古代文学研究で著名であり、短歌の超一流歌人の一人である。愛国者であり、けっして民主的ではなく、かなり貴族的である。かつて、そして今でもなおいわゆる日本国家の政体の至高を信じていると思われる。

（b）彼は国の存在についてこのような考えの持主なので、敗北や幸福は、日本人が通常の感覚を取り戻し健全で民主的国家になる機会になるのではなく、彼にとって取返しのつかない喪失であると判明するのもけっして不思議ではない。彼は惨めでほとんど回復の見込みがないと感じた。

その時彼はこううたった。「全土が煙に霞んでいるのが見えるようだ。明るい太陽自体も現実の生活の中で私を得心させることはできない。これもみなわが国の敗北破壊のせいである！」

さて、これは日本の短歌の傑作である。もっとも、同じものが検閲という観点からは違反になるかもしれないのだが。ともかく、現検閲者はこの作品は作者の芸術と思想をよく特徴づける立派な作品であると記憶している。

（c）さて、「曇天下の楡」（「楡の曇り」）という題は、象徴的表現である。「楡」という語に関しては、全九十七首の中のまさに最初の歌に一例のみ見られる。

「検閲者ノート」には次のようにある。

潜在意識下で天皇は常に彼の敬慕崇拝の対象である。それで天皇という考えが彼の意識に上るといつでも決まって必ず敬慕し深く感動するのである。

次の三首は違反の対象にはならなかったが、再検閲者 Ruruya（Furuya）の釈迢空作品の読みが丁寧であるので参考のため英文和訳して次に記しておく。

楡の枝空に乱るゝ夕空か―。いよゝ澄み来し北平《ペイピン》の秋

これは、歌人が戦前又は戦中に北中国を訪ねた時、他の

十二首と共に作られたらしい。そして、ここに記述された楡は曇天とは無関係である。楡は秋の北平の澄みきった夕空の下にあったのだ。それなのに、「曇天下の楡」だって！　なぜなのか？　ここに作者の特有の考えが察知される。作品集の大多数を通して、主な優勢な感情は不平を唱える敗者のそれである。煙にかすむ全土をながめる感情である。それ故「曇天下の楡」。彼は敗者の感情を象徴的に表現しているのである。

しかしながら、かれは少なくとも当座は、けっして彼の国粋主義的考えを宣伝するのに活発ではない。われわれの前にある作品集に関する限り、九十七首の大半を支配している調子は、老練な芸術家兼学者が、突然の劇的変化の時代の中で直面しなければならない困難を悲しげに訴えている調子である。違反として削除に値する事例はほとんど見られない。ともかく彼の主な考えが何であるかを知るのに十分であろう。

　この国の古き思想の　豹変する時にあひて、心を保ち
　とげむとす

この「突然の変化」は日本語では「豹変」で、その起源は中国の古典にあり、人は変化した環境に順応して態度を変える、という意味である。現在の状態に関する皮肉な批判がここでは作者の側にあると思われる。

　日本《ニッポン》のよき民の　皆死に絶えむ　日までも続け。米喰
　はぬ日々

「検閲者ノート」—彼はいかにも保守的な日本人らしく、米を常食としない限り満足な生活を考えることはできない。ここで彼はここ何年かの食糧事情に対してほとんど絶望的になり、激しい叫び声を発する。食料品に関する反外国を暗示する気持ちと入り混じった国粋主義的感情の強い匂いがする。

常見千香夫「わが哀歌」五十首（八頁）中の二首、不許可―占領軍批判〈Criticism Occupation〉。

　単一化してゆく激しき国際を世界性などと安らかに言
　ふ
　一線を仕切りてものを言ふ立場うたのことなど末梢と
　知れ

検閲者ノート（Torii）には次のように記されている。一首目については、これは米国の外交政策に対する憤慨を表現している。二首目については、これは言論や検閲の抑圧を意味することは間違いない。

　さらにタイプ版にまとめたFurukawaは次のようなこ

とを記している。

「歌は検閲よりも大きな制限の分野を表現しているようだ。」

柴生田稔「ひとりしづか」五十首（十一頁）中の次の二首は、占領軍批判を理由に不許可とされた。

琉球語が日本方言の一つなる事実だにせめて人よ忘るな

育ちゆく命《いのち》おもへばわれは耐ふああこの卑屈なる日々《ひび》また日々

検閲者ノートには一首目について、これは事実に対する歌人の思いである。二首目については、降伏後の日常生活や権力の下での生活への思いである、と記されている。

一方、Ruruya（Furuya）は一首目について次のように評する。

これは例の女々しい保守主義者がふける傾向のある怠惰な不平の一つである。必ずしも連合軍に対して表現された強い憤りではなくて、この国に降りかかったと彼らが想像する悪い運命に対する苦情を弱々しく口に出した言葉である。

さらにRuruya（Furuya）は柴生田稔の次の四首についても評（英文）を記している。

やすやすと時の力になびくさまなべてありし日に変ることなし

「評」これは、この国の事大主義者に対するあからさまな軽蔑であるだけでなく、連合軍の民主化力から感じられる影響力に対する冷笑的隠喩でもある。

卑怯なる傍観者にはあらざりきとわがいつとせ五年をせめては思ふ

「評」これが暗示しているものは、この歌人は戦争は不可避であったのだから、戦争行の為に最大限の努力を提供するのに活発であったのは全く正しいことであった、という意見を今でも抱いているということである。

一千年伝へ来れる表記法のこはされゆく時に書きて生きむとす

「評」これは作者の保守的感情を表現したものである。一見何の深刻な重要性はないように思われるが、このような保守的考えは必ずや日本事情（事物）は外国事情より優れているという考えと結びつくものであるということに注目する必要がある。

共産主義統制治下の全地球をすでにありありとおもふ時あり

「評」これは反共産主義的プロパガンダではない。しかし、これらの保守派の特徴である単なる漠然とした恐怖の発言である。

また検閲文書中に、釈迢空は〈The author's name is Nobuo Origuchi and he is a doctor of literature〉と紹介されている。さらに、Shokuなどと表現する例がみられる。

木俣修「一隅」五十首（十五頁）中の次の一首は、マーク（囲み）のみである。

裸燈ひくく吊るせる下に羅紗うりの紅毛びとの日本語ひびく

渡辺一夫「『愚神礼賛』を思ひ出して」（三十六頁）の次の部分が削除となった。

敗戦後の現在、事情が好転したかどうか、それはまだ詳かにはなしえないが、『愚神礼賛』といふ古典的な著作の存在が全く忘却されてしまつたと思はれるくらゐ、日本帝国は民主的にまた自由主義的にまた文化的にかはつてしまつたやうな気がする。

久保田正文「歌壇展望」――「剣を投ぜん為に」（四十九頁）は、「余情」第五集が特集した「斎藤茂吉研究」の中の茂吉の「邊土独吟」三十首に触れる一文であるが、それについて再検閲者Ruruya（Furuya）は、次のように述べている。

この題は非常に煽情的と思われる。しかし、文章の中に本当の好戦性とつながるものは一切ない。作者はかの有名な歌人斎藤茂吉の擁護に熱くなりすぎている。茂吉は最近ある進歩的批評家による皮肉な批評の対象になっているが、この作者は彼を大いに尊敬し崇拝している。

「編集後記」（狩野金三）（四十九頁）は、次のようなものである。

一九四五年という、たとえ何十年かののちどんな幸福な日が来ても決して忘れることがないであろう（と）思われる時から、三度目の新年をわれわれは迎えた。あの暗い重い苦しい日日、それを思いかえすときに、歩んでいる人なら思わずよろめきたくなるような日日、そうゆう日日を生き抜けて来てわれわれは更に一年の時を歩みきざみつけるべき新しい日を迎えた。そして、歩み出すまえにわれわれはわれわれの周囲を見まわす。それはどんなにか複雑でいりくんでいることだろうか。

そのなかの歌壇は、それよりもさらにどんなにかいりくんで、ごたごたしていることだろうか。

これについて、Ruruya（Furuya）は、次のように述べる。

この文章を読むと、作者は敗北と降伏を激しく嘆いているとの印象を受ける。この印象は間違っていない。少なくとも、これらの保守的女々しい日本人が今もなお過去のいわゆる国家の栄光にしがみついていて、当然この国の民主化にも軽く取り組んでいくことはできないという点。この「編集後記」の調子は、上に翻訳された望ましくない歌の調子とまったく同じである。この号では、四人の歌人が合計二百五十首と共に紹介されいる。その中の三人は、この極めて女々しい傾向を表している。

検閲者は、これらの歌人が丁度不二グループの者のような活発な国粋主義宣伝家であるとは信じていない。しかし、彼らは、物事を論理的合理的に考えられないで、唯単に感情的観点でしか取りかかることが出来ず日本人特有の美という概念の中にのみ保護され隠れていることはけっして少なからぬ割合の日本人の典型である。

彼らの態度はかなり生ぬるい。しかし、けっしてこの国の民主化に資するものではない。

この再検閲者Ruruya（Furuya）は、検閲者の上司であり、検閲官並みの地位にある者であったろうか。短時間で大量の検閲作業を進める中で、これだけの評言を残しているのはかなりの能力の持主であると考えられる。

第五節　甲信越・東海（静岡）の短歌雑誌検閲

1「山梨歌人」（Poets of Yamanashi）

昭和二十一年八月十日　八月号　第一巻第一号　十二頁　三円

発行所　山梨歌人発行所　山梨県甲府市春日町二四許山医院内

発行者　許山茂隆　同右

編集者　青木辰雄　甲府市東青沼町七―九〇

印刷所　又新社（和田吉彌）甲府市百石町

事後検閲　検閲者　S.Nomura

甲府の田中治勝の五首（二頁）中の一首は、誇張という理由で不許可〈Disapproved exaggeration〉となった。

燈をかかげて薯ほると云ふ野鼠のはなしもききつ国乱れゆく

甲府の石川清の四首（四頁）中の一首は、不許可。理由は、プロパガンダ〈propaganda〉。

共産主義者等誇らかに帰る時比島に絞首刑行はる

２ 「須曽乃」（すその・Skirt of Mountain）

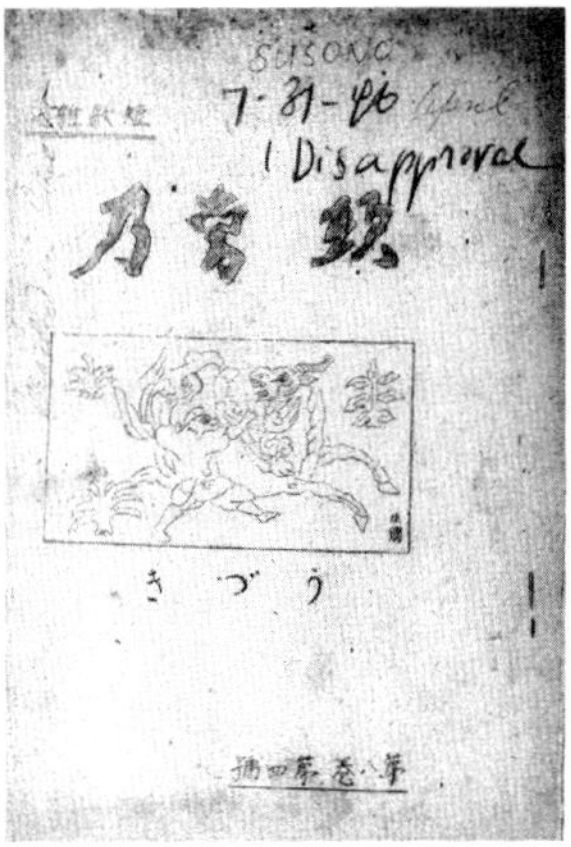

（1）「須曽野」昭和二十一年四月三十日発行　うづき号　第八巻第四号　ガリ版刷　二十頁　一円
発行所　須曽乃短歌会　山梨県南都留郡谷村町上谷二七九（中大路方）
編集兼発行人　中大路季武（佳郷）　同右
事後検閲　検閲者　H.Miyasita

「須曽乃集作品（中大路佳郷選）」の小林茂子の四首（十二頁）中の一首は、闇市（ブラックマーケット）をうたうものとして不許可となった。

夕暮れて物売りに来し進駐兵に応ふる父の手振りをかしも

（2）「須曽乃」昭和二十一年六月五日発行　さつき・みなづき号　第八巻第五・六合併号　二十一頁
事後検閲　検閲者　H.Masao

桑原嘉孝「飢餓辺々」三首（五頁）中の次の一首は、軍国主義的として不許可（disapproved）とされた。

戦陣訓焼きたるかなしみ消えさりて唯食む□□の心とはなりぬ

英訳は、〈"My grief at losing a precept in the battle field by having it burnt by air-bombing having been fading away, I regrette to say I have become such a greedy person thinking about foodstuff all the time."〉とあるから、□内の語は、〈餓鬼〉となろうか。

（3）「須曽乃」昭和二十三年八月五日発行　第十巻第四

号　二十四頁　二十円
印刷所　滝口印刷所（滝口昇）　南都留郡下吉田町
事後検閲　検閲者　S.Hirasawa
編集方針　リベラル（中道路線）

笹子の天野喜治の四首（九頁）中の次の一首は、マーク（○）のみ。ロシア批判の可能性だろう。

　シベリヤの辛き生活の名残とぞ半歳を経し今も疾を病む

中大路佳郷「よしさと日記」（十二～十三頁）の次の一文は、マーク（囲み）のみ。情報であろう。

　○七月八日九日十日の三日間、山梨県と軍政部の共催で社会教育大会が谷村町で開催されたので、準備に従事する。

東京の小林利夫の二首（二十頁）は、右翼の宣伝として不許可とされた。

　玉顔を尺余に御拝す衛士吾の挙手の身ぬちを湧き上がるもの

　玉砂利を踏む音かそけき賢所の奉拝のしじまに吾はつらなる

3 「明日香」（あすか・The Asuka）

昭和二十二年三月一日発行　三月号　第十二巻第三号　三十九頁　定価五円
発行所　明日香書房　長野市西町三番戸
発行人　堤登　長野市上西町三番戸
編集所　明日香社　長野県下諏訪町湯田
編集人（主幹）今井邦子　同右
印刷所　信濃毎日新聞社印刷出版局（柳澤幸男）　長野市
事後検閲　検閲者　Sugita, Zahn

次の「編集室便り」（岩波香代子）の「　」部分（三十一頁）が、検閲に関わるものとして不許可とされた。

「毎月の歌稿中検閲にかかつてきますのが、大分ありますので、〆切日を大分過ぎて本社に到着します。」そのため当月に入りかねる方も出来ますから、歌稿は〆切日までに充分日取りをとつて御送付くださいませ。（岩波）

4　「露草」（Tsuyukusa is a kind of grass）

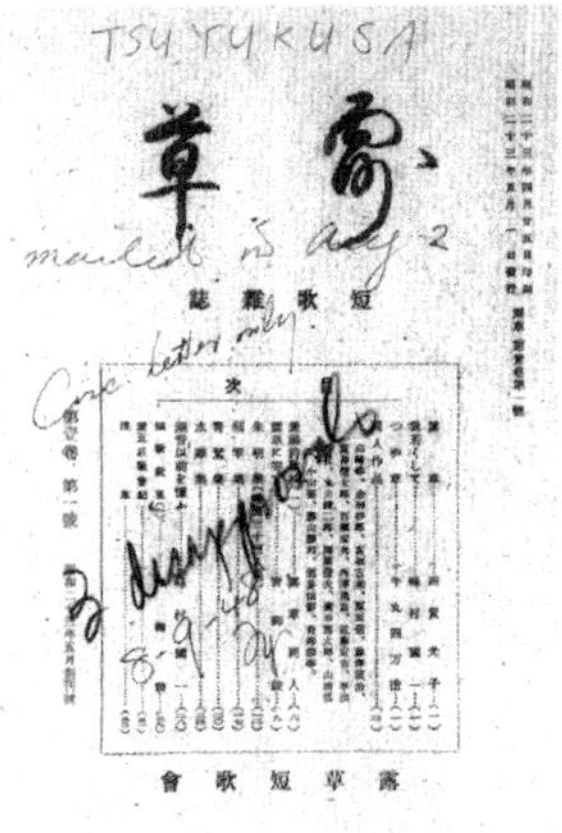

昭和二十三年五月一日　五月創刊号　第一巻第一号

三十頁　二十五円

発行所　露草短歌会　長野県東筑摩郡和田村　大和競方

編集兼発行人　大和競　同右

印刷所　信濃書籍印刷松本支社（高島貞治）　松本市二の丸町

事後検閲　検閲者　W.Sera

編集方針　右翼的路線、保守的路線

次の七首は検閲者によってマーク（＊印）され、違反とされて英訳され、上司の審議の結果ＯＫとなった作品である。「同人作品」の原田信の五首（一頁）中の二首。

破れたる国よ山河よ白凧のひらひら揚り夕日春めく

踊りつゝ伸しつゝ凧の気儘なり戦破れし国と知らすな

西澤茂富の五首（三頁）中の三首。

生胡瓜むさぼるやめぬ何ゆゑに生きむと焦るわれにやあらむ

飢ゑて呑む泥溝《どぶ》に死屍あり感覚のうつろになれば世に何もなし

友いくたり蒙古に果てぬ春雪の降りては消ゆる今朝も想ひ居り

清野房太の五首（三頁）中の一首。

ガンジーを死なしめにける暴力の己が身ぬちに無しと言はなく

赤羽茂の四首（二十一頁）中の一首。

戦に夫を捧げし年若き汝が黒髪のながきうらみや

5 「佐々禮石」（さゞれ石・Pebble）

昭和二十二年四月一日発行　ガリ版刷　十頁
発行所　さゞれ石文化会　新潟県中頸城郡黒岩村字黒岩
発行兼編集兼印刷人　島岡義輝　同右
事後検閲　検閲者　N.Ichikawa, Furukawa

次の二首（二頁）は、連合国批判〈general criticism of Allies〉として不許可とされた（Furukawa）。なお一首目は、手書きの英訳（N.Ichikawa）の時点では、不許可―韓国批判（disapproved; criticism of Korean）と判断された作品である。

連合軍の美名にかくれ□□ける鮮人ぞかなし
桑原武敏

連合国人吾れと荒らかにポリスに抗ふ鮮人を見てをり
星野正夫

一首目は不鮮明なので英訳（Furukawa）を見てみる。
"……It is regrettable to have some Korean people here Who buy various materials by nasty measures Under the good name of the Allied Forces……"
和訳すれば、（連合国軍の美名の下にいやらしい手段で様々な材料を買う韓国人がここにいるのは残念だ）となろう。

高橋三広の二首（四頁）中の次の一首は、連合国軍総司令部批判（Criticism of SCAP）として違反となった。

星条旗はためく町や雨あられ今日も吹雪は闇市を吹く

6 「葦牙」（あしかび・Reed Bud）

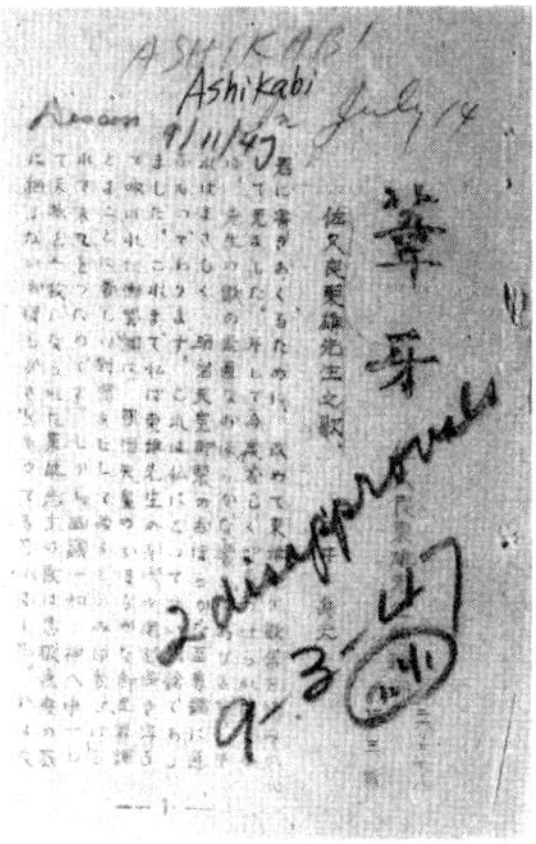

昭和二十二年七月八日発行　第三号　ガリ版刷　十頁

奥付なし

詠草宛先、静岡市□高二一三　葦牙荘　森榮一

「編集通信」（野本直樹）

事後検閲　検閲者　T.Otsuka, Furukawa

石井壽夫「佐久良東雄先生之歌」（二～五頁）の文中の佐久良東雄の歌十二首中の次の七首がマーク（傍線・囲み等）されている。

朝日影豊栄のぼるひのもとのやまとの国の春のあけぼの

かしこしと拝ろがみ見れば浦潮路の潮の八百□に出づる月影

天照らす日嗣の皇子の尊ぞと深く思へば泪し流る

現人神わがおほきみはこの照らす日の大神のみことしらずや

深く味へば味ふほど、東雄先生の歌はまことに率直であり単純であります。

日の本のやまとの国の主におはすわが大君の都はこゝか

今に見よ高天原に千木高知り瑞《みづ》の皇居《みあらか》つかへまつらむ

天地の如何なる神をいのちばかりわが大君の御代は栄えむ

この中で、四首目が神の子孫の国の宣伝として不許可とされた。英訳は次の通り。

〈……Knowest thou that His majesty, The Emperor and Living God, is the son of the Great Sun Goddess, Amaterasu Omikami……〉

石井壽夫の長歌「恋闕」（九頁）については、次の「　」部分が不許可―国粋主義の宣伝とされた。

「土食ひて　飢ゑは死ぬとも　醜弾に　砕け散るとも　土とはなりて　現神　わが　天皇を　とこしへに　護り

まつらばうれし尊し」

「葦牙通信」（十頁）には、「六月二十七日はわが先師佐久良東雄先生の御殉死の日である。万延元年江戸伝馬町の獄に王政復古を黙禱して、遂に餓死給ひしより、こゝに八十有七年。常夜往く御代にあつて先生を偲べば涙尽きがたい。」とあるように国粋主義が強く出た歌誌である。不二出版との関係もある。

7 「吾妹」（My sister）

昭和二十一年十二月十二日発行　十二月号　第二十四巻　通巻二四一号　三十一頁　三円五十銭

発行所　吾妹社　静岡県駿東郡小山町落合

編集兼発行者　生田蝶介　同右

印刷所　三島印刷所　三島市一六九八

事後検閲　検閲者　Saburo. Nakamura

違反か所なし

＊大正十三年五月　生田蝶介創刊

雑誌検閲票は付けられているが、特に違反か所はなく、文中にもマークされたところもない。

第三章　第二区検閲局（大阪）の検閲

第一節　北陸・東海（岐阜・愛知）の短歌雑誌検閲

1「青蔦」（Green Ivy）

昭和二十二年一月十日発行　第六巻第一号　通巻四十号　十六頁　三円
発行所　青蔦発行所　石川県羽咋郡粟ノ保村字兵庫
編集兼発行人　松本武雄　同右
印刷所　羽咋商事印刷所　羽咋郡羽咋町

事後検閲
「一月集」の丸田平芳の四首（七頁）中の二首は、マーク（囲み）のみで、理由は書かれていないが、あえて言えば連合国批判というところであろうか。

民主主義自由主義てふ言の葉のうつろにひびく此頃の我に
右側を左側をとうち迷ふ敗れたる民何れを歩む

検閲関係資料として、検閲局宛封筒（ペン書き）がある。

（表）大阪市北区中ノ島
朝日ビル四階連合軍
雑誌検閲局　御中
535
書留（スタンプ）
（裏）石川県羽咋郡粟ノ保村字兵庫
青蔦発行所

2 「古志」（こし）(OLDWILL, Aspiration for the Ancient Times)

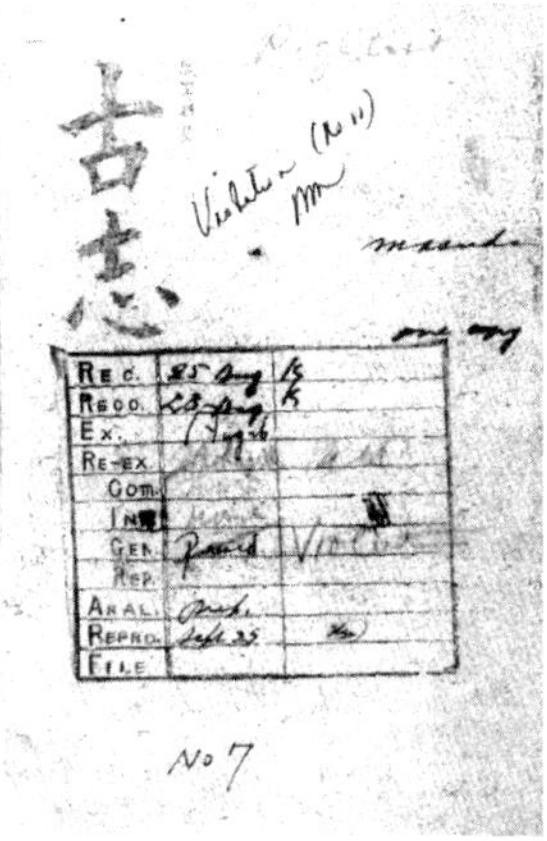

（1）「古志」　昭和二十三年八月十五日発行　一月号　第七号　ガリ版刷　十四頁
発行所　古志歌会　石川県小松市新町　大松方
編集・印刷　横山正好　金沢市下近江町
事後検閲　検閲者　M.Masuda

河北の松前貢の二首（三頁）中の一首、不許可―右翼の宣伝。

六月二十八日地震あり畏かれども、大御面輪うかびきてしばらくは動かず。末弟の泣き声をききすなはち母と弟を抱きて外に出づ
大君はいかにいますとひむがしのかなたをただに拝みにけり

河北の山本純一の「夏日抄―亡き人を想ひて―」の六首（七頁）中の一首、不許可―右翼の宣伝。

好めりし支那浪人が歌なれや時にはわれもおらび誦《うた》ふも

（2）「古志」　昭和二十四年二月一日発行　第十号　十八頁
編集兼印刷　山本純一　石川県宇野気町宇野気
事後検閲　検閲者　S.Watanabe
編集方針　ライト

「玉鉾の道」欄の影山正治の長歌「民草の祈り」（三頁）は不許可―右翼の宣伝〈Rightist propaganda〉。

高光る　大君います　ひむがしの　玉の宮居の　御濠《みほり》
辺《べ》に　ひれ伏す時し　もろひとの　いやめづらしく
大いなる　天の□と　ゆるぎなき　君の護りと　くろ
がねの　思ひたのみて　うちあふぐ　その瑞垣《みづがき》の　根
もとには　あはれ見えざる　もの云はぬ　大き小さき
石居りて　負ひかためつゝ　とこしへに　水に沈めり

いのち無き　石すらさへや　かくまでに　仕へまつらふ　しが心　深く思へば　云はむすべ　せむすべ知らに　胸せまり　涙湧きくる　願はくは　貧しくあれど　みたみわれ　宮居の垣の　根本《ねもと》なる　水漬く小石と　たゞに仕へむ

　反歌

もの云はぬ石さへあはれ大君によりて仕ふる尊くもあるか

かしこかれど君が御垣の根もとなる水漬く小石と仕へむたゞに

若狭の須磨清宣の「十一月三日」中の二首（五頁）中の二首は不許可—右翼の宣伝。

限りなき明治の御代のみめぐりに生きて今日あるわれを思はむ

大きみかど仰ぎまつる日消えにけるふかき嘆きの今日を雨降る

（3）「古志」　昭和二十四年五月二十五日発行　第十二号
　ガリ版刷　二十四頁
編集発行人　中村信夫　石川県河北郡中条村
責任者　大松純　小松市新町

事後検閲　検閲者　Hayashi
編集方針　ライト

三浦義一「玉鉾の道」の「生命の炬」（一頁）の文七行分と、作品七首が不許可—右翼の宣伝。

かくて正成は正行に於て生き身は湊川にぞ討死しける。げに桜井駅のことはりに剣を揮ふことにあらずして、剣そのものなるを身を以て現じたるのみでなく、みいのちを承け或はそを継がしむるみたみわれの確證に生きることのみが天□と共に生き貫くことなるを。

後世に明らかにせられしものか。このことはゆえに正成に於て死生一如、即ち窄き日本の一路の顕現とや言はむ。あゝ剣こそは命なれ、烈々として楠公の永劫に輦轂の下に奉仕する所以まさに茲にあり。

畏くもただ賜ひたるみつるぎをしづかに執りて吾子に継がしむ

満眼の悲涙ぞ生きむゆく水の水泡のごとくひとは死ぬとも

日の本の神と立たせていかづちに揺らぐいのちを護りたまひし

正成ひとり世に行きをりと□食さばみこゝろ安くませと奏しき

かへりみずたゞにかしこみ征でませる目つむれば見ゆ神の御すがた
嗚呼楠子が撃ちてしやまむいきどほり千年を経りてわがうちに生く
功業はみなわのごとしゆく水の尽きざるいのちたゞにおもへば

辻原恭二「皇居勤労奉仕謹記」の中の皇居勤労奉仕の第三日目、四月二十八日の日記の「御出御」（十二頁）の網掛け部分が、不許可―右翼の宣伝。

遠く故郷に於て朝夕遙かに御祈り申し上げてゐた陛下が御健やかな御姿で御立ちになつてをられる。夢のように思はれた。頬伝ふ涙は流れるにまかせたゞ大御面輪を仰ぎ奉る。やがてお優しい御言葉で労をねぎらはれ給ふ。続いて食糧事情のこと。歌のことなど。さうして最後に「日本再建の為に頑張つて下さい。」と仰せられた。我々如きに「日本再建の為に…」と仰せ下されたのである。此の一言我々のいのちである。
此の御一言は肺肝に沁み渡つた。「臣等誓つて……」と代表影山英男兄の奉答の言葉が凛々として響く。

この文の後に置かれた三首の中の一、三首目が、右翼の宣伝として不許可になっている。

君のため身をば思ふは二心君のためには身をも思はず　楠木正成
われをわれとし□めすかやすめろぎの玉のみ声のかゝるうれしさ　高山彦九郎
大君につかへまつれと我をうみしわがたらちねぞたふとかりけり　佐久良東雄

「古聖の教」と題して、山鹿素行の「天地是師なり　事物是師なり」という言葉についての思いを述べた一文（二十一頁・筆者名なし）において、次の網掛け部分が、右翼の宣伝として違反〈Violation〉とされた。

尊皇の一道に志し行ずる吾々は右の言葉をよく体し、驕ることなく、慢心することなく―

3 「新雪」

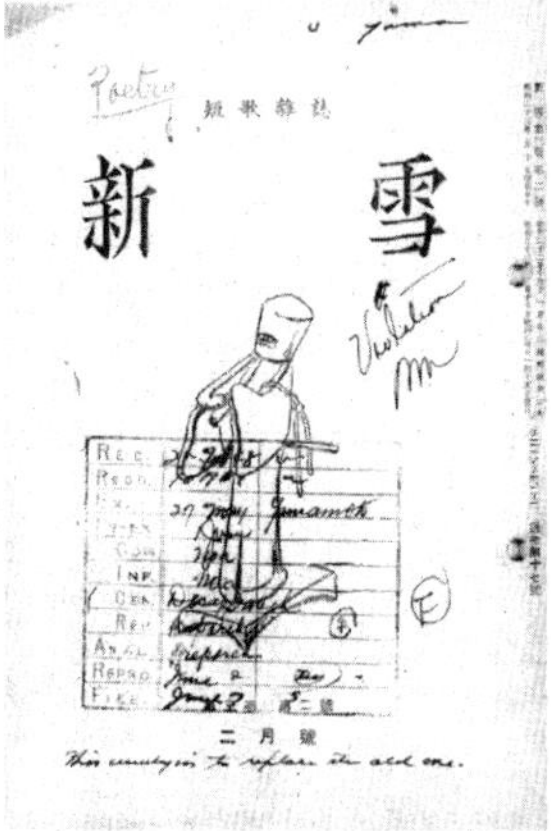

（1）「新雪」　昭和二十三年二月十五日発行　二月号　第三巻第二号　通巻十七号　二十五頁　十五円
発行所　新雪詩社　石川県金沢市田丸町七
編集兼発行人　綱村基行　同右
印刷所　竹田印刷所（今川悌四郎）　金沢市松ケ枝町
事後検閲　検閲者　Yamamoto　検閲文書なし
＊昭和二十一年　綱村流水創刊

神田茂雄「蝋梅」十首（四頁）中の一首が違反—不許可。以下の二首については〈Violation〉とゲラ刷に書き込まれているだけで、検閲文書等がないため、違反の理由等は確定できないが、天皇崇拝、国粋主義がその理由であろう。

近々と天皇陛下が拝まる、この現実に疑ひもなく

「社中競詠」の山田彌一の「心」一首（二十二頁）が違反—不許可。前の神田作品と理由は同じであろう。

平和にと詔《みことのり》せし大君を迎へる心語り得ざりき

（2）「新雪」　昭和二十三年八月十五日発行　八月号　第三巻第八号　三十一頁　二十円
事後検閲　検閲文書なし

綱村流水「緑蔭温淡」の「茂吉先生の近詠」（八頁）中の引用歌四首がマーク（▽）されている。

みちのくの農の子にしてわれつひに臣《をみ》のひとりと老いづきにける
今上御製短歌が二つあなたふと新聞に小さく組まれてゐたり
過去世にも好きこのんでたたかひし国ありや首《かうべ》を俯してわれはおもへる
ポート・モレスビイの灯火の見ゆるところまでたどりつきたるが全滅したり

（3）「新雪」　昭和二十三年十二月十五日発行　十二月号　第三巻第十二号　通巻二十七号　三十一頁　三十円

事後検閲　検閲者　H.Okamoto　検閲文書なし

「作品Ⅰ」谷吉ゆき緒「ソ連にありて」九首（二～三頁）中の一首、マーク（Ｖ）。Ｖはviolation（違反）を意味するが、検閲票などがないので理由は確定できない。以下同じ。

川原なる小石を掘りて戦旗てふ雑誌を埋めし友を忘れず

同　小西富造「東京裁判」五首（三頁）中の二首、マーク（×）。×―違反。

冷厳に裁かるる民とひれ伏して喪ひゆきし客観能力

裁かるる意識をもちて読みをればあざけりは時に涙となりつ

「作品Ⅲ」の芦田清雄「断罪下る」八首（二十一頁）中の三首、マーク（×）。

断罪がくだりし宵の肌寒きしらじらとして汁粉をすいぬ

襟立てる宵の街べの暗き風七名の絞首刑は告げわたされぬ

断罪をうくべき彼らのみならずイデオロギーと力とを語りしは誰ぞ

4 「高原短歌」（Table Land waka）

昭和二十三年八月一日発行　第八号　ガリ版刷　十六頁　二十円

発行所　高原短歌社　岐阜県吉城郡船津町東町

編集発行人　葛谷鮎彦　吉城郡阿曽布村

印刷人　水野一郎　吉城郡船津町

事後検閲　検閲者　Minoru Masuda

「緑陰集」の田島酔歩の一首（十頁）にマーク（×印）が入り、不許可―連合国批判。

混血児が成人する頃の東京思ひつつ外人多き銀座を歩く

5　「飛驒短歌」（Hida Poems）

昭和二十四年六月十五日発行　五・六月号　第四巻第三号　通巻二十四号　二十三頁　三十円

発行所　飛驒短歌会　岐阜県高山局区内馬場町二一一一四

編集兼発行者　大埜間霽江

印刷所　合資会社大六印刷所（保谷政太郎）　高山市八軒町

事後検閲　検閲者　Sawaki

「大日集」の保谷よそ吉「或る夜の私の夢」全九首（三頁）がマークされ、作品部分に色鉛筆の手書きで〈Disapprove Rightist Prop〉（不許可　右翼の宣伝）と記されている。英訳部分にも手書きで〈Rightist Propaganda〉と記されている。さらに公式のINFORMATION SLIP票にタイプで〈Propaganda; Rightist〉と記す。英訳者は、K.Tsugimuraである。

防ぐ術なき国の全ては焼かれたり襲ひし者も住み得ざるまで

戦はず為すにまかせし死の町に意志なく佇てり生き残る民

塔の上に立たせ給へる天皇を廃墟の町にひれ伏し拝すまともには君拝し得ず地に伏して瞼閉づれば涙あふるる

焦土にしみし涙のあとさへもとどめぬまでのはげしきかはき

国滅び漂流の民の群に入り益なく生きむ身となりぬかも

木も草も人も滅びし己が国行けどはてなき焼野荒はら

悲しとも苦しともなし身寄りなき屍をさらす日となりぬとも

恐ろしき夢より覚めし朝の窓すがしく咲ける白藤の花

6「朝霜」（海光集）（The Frosty Morning）

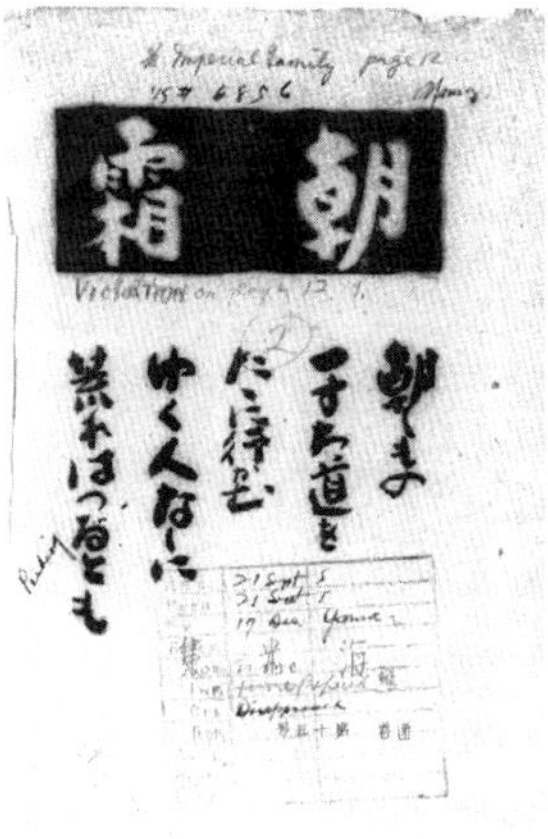

昭和二十三年九月十五日発行　通巻第十五号　ガリ版刷　十五頁
発行所　朝霜歌会　愛知県班播豆郡西尾町永楽五―三〇
編集責任者　浅井正保、茅野原民男、中河義雄
事後検閲

次の「御退位問題に就て」（無記名文）（十二頁）には、余白に〈Imperial Family〉と手書きされている。違反判定等は見当たらないが、文中の次の部分がマーク（囲み）されている。天皇退位の問題に対して危機感を持っている右翼の論評をここにも見ることができる。

東京裁判が近づくを期して再び、御退位問題が世論にのぼつて来た。（中略）この問題を大観すると、終戦直後が第一段階、新憲法発布の時代が第二段階、今回の第三段階とに分けられるが、この間、御退位をご進言申上げて来た筋が二つあつて、一つは内外の情勢判断より御退位を以て、皇統護持国体防護上の最良策なりと思考する善意に発するものと（非常に浅い人智の見当違ひであるが）漸進的に国体破壊をなしてゆかうとする左翼的作戦の悪意に発するものとであると見られる。

某方面からの圧力は全く存しないと見てよいと思ふ。むしろこの点に関しては、国外の共産党関係からの意識的な作戦謀略が考へられる。即ち御退位の風評を、故意にアメリカ報道の様にのせて誇大に放送することによつて、巧みに日本国民に反米意識をうえつけ、以て日本共産党の偽瞞戦術たる民族戦線（実は反米親ソ容共戦線）に誘導しようとする意図である。これは充分警戒する要がある。

日本は天皇陛下を国の生命、精神の御中心として帰一結集する以外に絶対に更生再建維持への道を有しないのである。もしこの民族の聖なる純一道をはゞむものがあれば、それはつひに日本の友ではない。

もしたとへ、我等臣下の思ひを考へも及ばざる如き高き深き絶対非常の御聖慮に依つて全く御自発的に御退位を御□しあそばされようとする場合があつたとしたら、か丶る絶対的な場合にはも早我等国民の申すべきところはないのである。非常の大命にこれ随ひ、その非常の大御心を骨身の隅々にまで刻みつけ、そのかなしみを無限に嚙みしめて粛々□々として新たなる若き天津日嗣大君に仕へまつり、たゞ一念ひたぶるに御本望を捧げこめつゞくるのみである。

7　「うたの友」（Companion of Tanka Lovers）

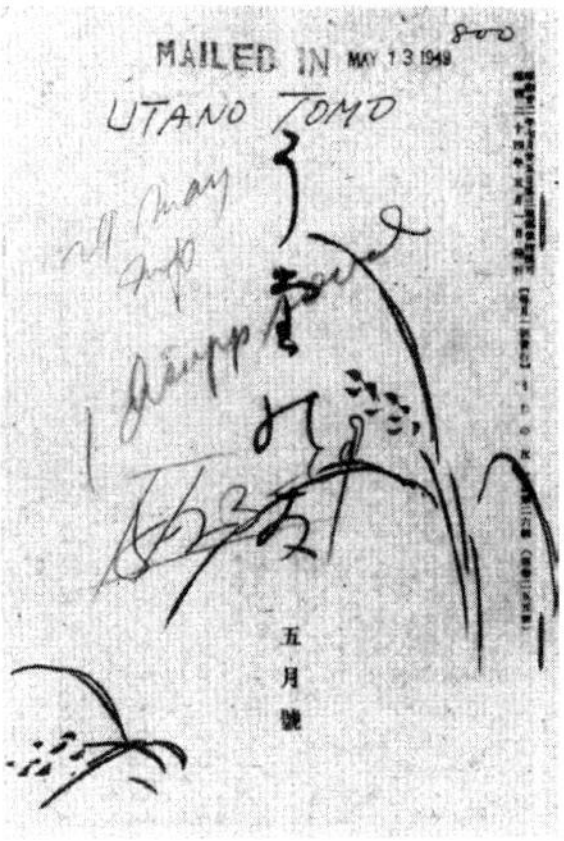

昭和二十四年五月一日発行　五月号　三十四頁　二十円　八〇〇部
発行所　歌の友社　愛知県豊橋市岩田町下折地八番地
発行兼編集人　中野うめ　同右
印刷所　水鳥印刷所（水鳥勇）豊橋市八町
事後検閲　Non-Political
＊表紙の〈1 Disapproval〉は、不許可が一か所という意味である。

広告欄の「特価頒布品」案内の中の高陰の書「君がよは千代にやちよにさゞれ石のいはほとなりてこけのむすまで」は、右翼の宣伝という理由で違反〈Violation Category;（Rightist）Propaganda〉となった。

8　「國の花」（Flower of the Nation, Natural Flower）

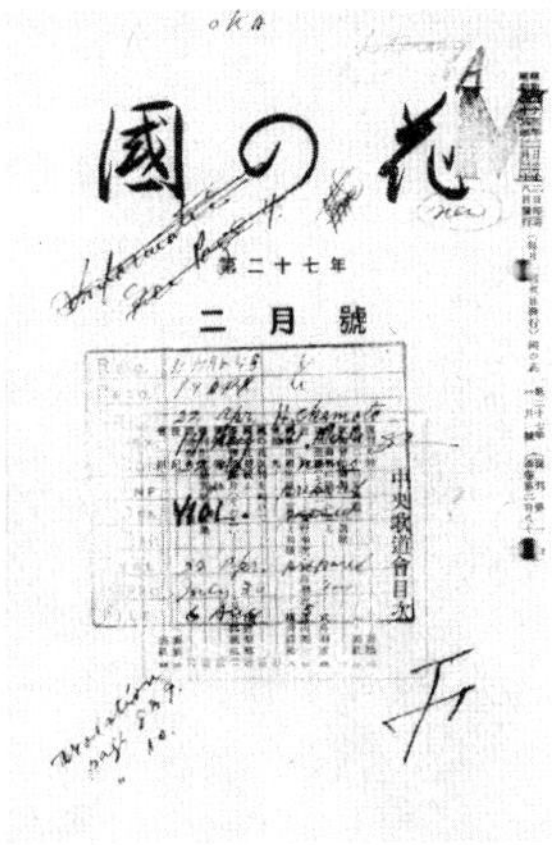

（1）「國の花」昭和二十三年二月二十八日発行　二月号
復刊第一号　通巻二八六号　三十頁　十五円
発行所　中央歌道会　愛知県愛知郡天白村大字八事字

御幸山四八
編集兼発行人　西澤信太郎　同右
印刷所　三陽工業合資会社（遠藤武雄）同市西区又穂町
事後検閲　検閲者　Henry

横井瑞祥祐「御歌所廃所後の宮廷と和歌」（八頁）の次の「　」部分が、右翼の宣伝〈rightist propaganda〉として不許可となった。

其労を思召れてか昭和二十二年一月廿七日お召しに依て参殿、両陛下に拝謁を賜はり、「且つ聖上陛下より忝けなきお言葉まで頂いた事は歌人としての栄光は論を俟たず誠に恐懼にたへぬ次第でありました。」

兼題「光」（十〜二十頁）の次の作品六首は、不許可〈disapproved passage〉―右翼の宣伝。

陸は裂け海はあせても日の本のくにの光はかはらざるべし
長崎　長田信男（十頁）
民よ皆ふるひたてたて日の本の国のひかりをひき返すべく
名古屋　天野良吉（十二頁）
天照す日のみひかりよ烏羽玉の暗行く人のこころ照らさな
鹿児島　瀬戸山純一（十三頁）
時はうつり世は変るとも我が国の光はとはに消ゆることあらじ
山口　増原国次（十四頁）
雪降れどすめらみことの行幸をば仰ぐみ空に天つ日の照る
鳥取　安藤　松（十八頁）
日の出づるみ国の光うきくもの晴れて輝く日こそ待たるれ
岐阜　柴田恭軒（二十頁）

（2）「國の花」昭和二十三年九月五日発行　九月号　復刊第八号　通巻第二百九十三号　二十三頁　二十円
事後検閲　検閲文書なし

「雑詠」山口の末田三枝の全二首（十頁）について、余白に〈Violation〉（違反）と手書きされている。国粋主義的ということであろう。

御位をすべらせたまふことなかれ国にみのりのあらむ限りは
みくらゐは吾等まもらむうら安くおはしませ君民のみおやと

（3）「國の花」昭和二十三年十月五日発行　十月号　二十三頁　二十円
事後検閲

兼題「田植」「互選歌採点表」の秋田の桜庭花香の一首（二十一頁）が不許可―右翼の宣伝。

大君もみそのの小田におりたたし早苗とらすと聞くぞ畏き

大阪の浅田みか子の一首は、不許可―右翼の宣伝。

大君は今しみ田をば植ゑまさむみ民吾等に範を示して

「後記」の次の「　」部分は、検閲に関わるとして不許可になった〈Disapproved Passage Reference of Censorship〉。

「また、感心させられたことがある。日々配達される沢山な郵便物の中には検閲されたのも相当に多い。ある封筒の破損箇所が封紙を以て丁寧に補修してある、聞いて見れば、『この封書は検閲前から破損して居ました』といふ小片の通知書がはいつて居る、また『書面には送金したと書いてあるが、封中には金券がありませんでした』といふものもあつた。これらは皆検閲係の深切であり、さすがと敬服させられるのであります。」

このように検閲に好意的である文でも当然検閲に関わるものとして不許可となったのである。これについて、検閲者ノート（英文）には、次のように書かれている。

作者は郵便配達の妨害による郵便物の遅延を訴え、検閲の親切さの印象を明らかにしている。

ただし、事後検閲であるので、そのまま発行誌には載ったのである。検閲側の対応は不明である。

（4）「國の花」　昭和二十三年十一月五日発行　十一月号
復刊第十号　通巻第二九五号　二十三頁　二十円
事後検閲

「第二競点　西川能武選」の「秀逸」の香川の越智津千代の一首（十七頁）は、手書きで〈Violation〉（違反）とあるのみ。国粋主義的とみなされたのであろう。

あなかしこ明治の君の御歌巻賤か涙のあとつけてけり

（5）「國の花」（The Land of Flower）　昭和二十四年一月五日発行　一月号　通巻第二九七号　二十三頁
二十円
事後検閲　検閲者　Ohshima Utaro
編集方針　ライト

「きさらぎ会第十一回詠草評」の一首（作者不明）（九頁）と選者評、不許可―ウルトラナショナリズム。

かしこくも大御言葉を聞き終へて我にかへれば膝に手のあり（国会の勅語をラジオにて聞きて）

実弘云ふ。結局千鈞の重味あり

禅祐云。この歌ラジオを通して流れ出る玉音に心をとられ無感覚であつたが、フト我にかへれば知ぬまに両手を膝に威儀を正してゐたとの意で感誦に価する作と推賞したい。

「第二競点　坂井田実弘選」の土屋古柏の一首（十六頁）、不許可―ウルトラナショナリズム。

　いかに世はかはりゆくともすめろぎの玉の御座は久しかるべし

9　「女性短歌」（Womens Tanka）

（1）「女性短歌」　昭和二十二年三月一日発行　第四号
二十七頁　五円
発行所　黎明社　名古屋市東区新出来町一―十八
編集兼発行人　澤田友之　同右
印刷所　牧野印刷所（牧野一雄）　愛知県丹波郡布袋町
事後検閲　検閲者　T.Murakami
違反か所なし

（2）「女性短歌」　昭和二十三年八月一日発行　八月号
二十八頁　二十五円
発行所　女性短歌の会　名古屋市東区東平笠町十九
編集兼発行人　桂静子

印刷所　合資会社有信社　中区又二見町
事後検閲　検閲者　C.Tsuda

桂静子「街をゆく」十七首中の「初夏度々名古屋へ出向くことありて」十三首（七頁）中の一首は、フラタナイゼーション〈Fraternization〉という理由で不許可となった。

女小柄にジープに並びゆきけるを瀟洒なれども見すぐすべしや

土屋正夫の文「風景歌について」（十六頁）中の大野誠夫の引用歌は、不許可—フラタナイゼーション。検閲者ノートは、「丈高き群— tall people」は、ＧＩ（米兵）のことであると記す。

丈高き群の会話に日本語ありひそかに媚びるこゑまじりつつ　大野誠夫

10　「短歌」（VERSE・TANKA）

（1）「短歌」昭和二十一年八月一日発行　八月復刊号　第二十三巻第一号　通巻二五五号　二十四頁　二十四円
発行所　中部短歌会　愛知県名古屋市中村区中村町六—二五
編集発行人　浅野保　同右
印刷所　朝日活版印刷所（岩田宗十郎）　同市西区西菊井町
事後検閲　検閲者　Tsujii.Yaichiro
＊大正十二年二月　浅野保・春日井瀇・三田澪人ら創刊

山内清平「歌壇小感」（二十一頁）の次の網掛け部分が

マーク（傍線）されている。

「昨日まで雑誌を埋めつくしてゐた撃ちてしやまむと言ふ言葉は、再び激越な文句をもつて軍閥をののしる蕪雑な言葉にかはり」

（2）「短歌」昭和二十三年一月一日発行　第二十五巻第一号　一月号　三十六頁　十円
事後検閲　検閲者　Yamamoto

岐阜の山内春耕の二首（二十一頁）中の一首、不許可―右翼の宣伝。

天皇陛下今しをろがみ我知らず万歳を叫ぶ声を限りに

肥田郁郎の六首中の一首（二十七頁）不許可、占領軍の不当な関与〈Unwarranted Involvement of Occupation Forces〉。

進駐軍宿舎のみ灯る宵の街頻りに家を恋つつ歩む

（3）「短歌」昭和二十三年三月一日発行　三月号　第二十五巻第三号　三十六頁　十三円
事後検閲　検閲者　Yamamoto

若林追風の五首（四頁）中の二首、不許可―占領軍の不当な関与。

赤きベールまける女を愛撫せる丈高き群れの一人が笑へる

易々として彼等に示す愛情よ喜びとも媚態とも見ゆる表情

（4）「短歌」昭和二十三年八月一日発行　八月号　第二十五巻第八号　三十六頁　二十円
印刷所　日大印刷株式会社菊井工場　西区西菊井町
事後検閲　検閲者　Nakamura　再検閲者　C.Tsuda

「短歌作品その二」棚橋古刀雄の五首（三十一頁）中の一首、違反―ソ連批判。

心憎きまでに振舞ふソビエートロシア一つを持ちあぐむがに

因みに他の四首を次にあげておくが、平穏な生活を取り戻しつつあるようすがうかがわれる。

遑しきわが子の背中流しをりこの子すこしく夏痩せにけり

天ごもるプロペラの音に驚きて須破やと思ふことすで

になし
天ゆく飛機をわが目に見定めて仰ぎゐしかば鼻放りにけり
土用ながせ降りあがらずて此夕べ地降りの雨となりにける鴨

（5）「短歌」　昭和二十四年一月一日発行　一月号　第二十六巻第一号　三十六頁　二十五円
事後検閲　検閲者　H.Hirata　Kiyoyuki Uozumi
編集方針　センター

竹内英一「歌壇時評」の「二　歌壇ファシズム」（七〜九頁）。この文は情報としてマーク（囲み）され、K. Uozumi によって英訳されている。

日本国憲法は日本国民の総意に基いて、二十一年十一月三日公布された。第二章「戦争の放棄」の項に於て、第九條に「日本国民は正義と秩序を基調とする国際平和を誠実に希求し、国権の発動たる戦争と、武力による威嚇又は武力の行使は、国際紛争を解決する手段としては、永久にこれを放棄する。前項の目的を達するため陸海空軍その他の戦力はこれを保持しない。国の交戦権は、これを認めない。」と定められてゐる。にも拘らず、現今の国際情勢が第三次の世界大戦の危機を孕まうとしてゐるのに際して、わが国の一部に於てこの機会に乗じて再び武力行使によつて国運の挽回を企図する者の蠢動が感じられる。誤つた彼等軍国主義分子の愛国心によつて、民族の上に再び戦禍を齎すやうな事があれば、日本民族の第二次世界大戦に於ける敗戦によつて得た貴重な自覚を壊滅せしめるばかりでなく、或は事実上の民族滅亡に導くことになる懼れなしとしない。歌壇に於てもそれらの有力な指導者として斎藤瀏、影山正治、影山銀四郎などが「短歌人」「不二」「民草」等に拠つて、所謂愛国心鼓舞に寧日ない有様であることを「人民短歌」九月号で報じてゐる。蒙昧なる民草（？）が今にいたるも国民大衆の犠牲の現状を直視することなく、神憑り的な言辞を弄して、特に斎藤瀏など「変転の世なるが故にまつあるを恃みて今に心朽たさじ」（「短歌人」四月号）と詠じてゐる（人民短歌九月号文章による）。又瀏の門下の村田掬水はその主宰する歌誌を活版印刷にするにあたり、斎藤瀏其他の推薦者連名の下に加盟を勧誘して会員獲得に力を注いでゐて、私の処へもどの様な意図かは知らぬが、「特によろしく。掬水」と自筆して案内といふか、勧誘状といふかをよこしてゐる。新日本歌人協会が第三回大会に於て「平和宣言」を決議し、「人民短歌」八月号に発表してゐる事は、時宜を得てゐるのみでなく、時流のままに押し流されて没個性的な傾向を持つ、日本の短歌作家の多数に対して、一つの態度を示唆してゐる点を悦びとしたい。人民の平和と正義を希求する限り、我々はあくまでも憲法第九條を「この憲法が国民に保障する基本的な人権は、侵すことのできない永久の権利とし」（第十一條）守りとほしてゆかなければならぬ。その為には斯うした一部の戦争誘発者の陰謀とも云ひ得られる作歌者共の行動に対して厳正透徹した批判を以て対峙してゆかなければならぬであらう。また、その斎藤瀏などと共に嘗て「大日本歌人協会の解散を勧告す」と題した檄文を投じて遂に協会を解散に導いた太田水穂が八月十七日「閣議で承認」されて日本芸術院会員に推された事に就て「短歌主潮」編集部が「日本芸術院に対する質問書」を第二号に発表して態度をあきらかにしてゐる点は一短歌総合誌としての態度として立派なものである。歌壇の総合誌がその営業政策の為に態度を不鮮明にして来た従来の八方美人式を一擲して敢へて自らに対する風当りを強くしてゆく処に近代的な知性を感じ、また編集者の自我確立を私は称賛したい。ここに私は歌壇に於けるファシズムの浸蝕に対する挑戦者の□然たる姿を見る。二十四年歌壇に於てどの様な様相を示すかは予断は許さぬであらうが。一般的な短歌大衆の意志とは別に、極く少数の良心的作家の自覚ある行動がそれら大衆の一歩前方を歩みゆく事実は、厳としてゆるがぬであろう。

志賀の武田辰雄の一首（二十二頁）、不許可―ウルトラナショナリズム。

紋首刑云ひわたされて顔色は常変はらざりしと東條英機

11「東海歌人」（TOKAI POETS）

昭和二十二年四月十日発行　三・四月号　第二巻第三号　十頁　五円

発行所　東海歌人連盟　愛知県豊橋市東田町五反畑二―九

発行者　青木正郎

編集者　近田三郎
印刷所　合名会社藤田印刷所（藤田庄太郎）　豊橋市
　前畑町
発売元　株式会社　精文館　豊橋市松葉町
事後検閲　検閲者　E,Hayashi　違反か所なし

12 「名教短歌」

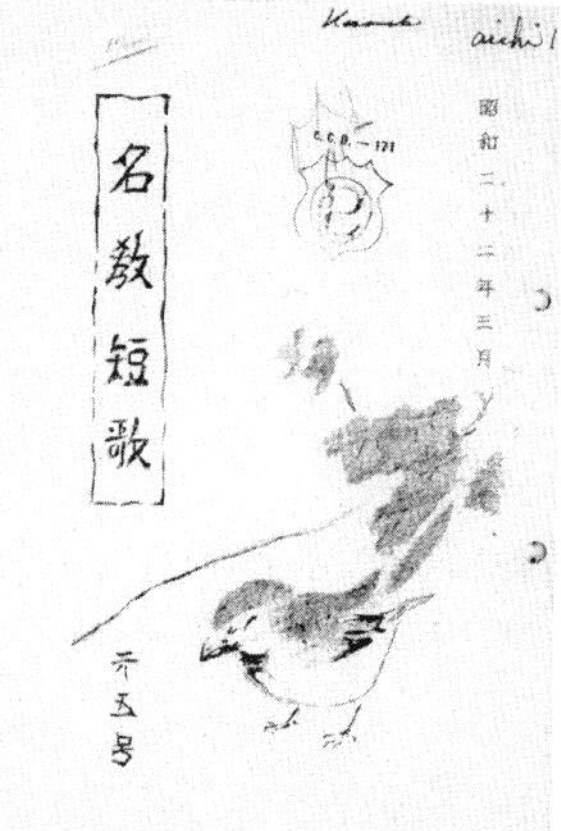

昭和二十二年三月五日発行　第五号　ガリ版刷　非売
　品（一七〇部）
発行所　名教短歌会　愛知県名古屋市東区西新町　東
　桜国民学校内
編集兼発行人　長谷川乙一　同市千種区上野町5-16
事後検閲　検閲者　Kasamatsu
違反か所なし

13 「木綿花」（ゆうばな・Cotton Flower）

（1）「木綿花」　昭和二十一年十一月二十六日発行　第三
　集　ガリ版刷　十八頁　三円
発行所　宗教と芸術社　愛知県幡豆郡福地村細池
発行人　松平祐雄
印刷所　一心舎　愛知県碧海郡大浜町
事後検閲　検閲者　R.Yamamoto

沖節子「多磨墓地にて」十一首（八頁）中の二首、違反
〈Reason for classification as Violation〉―軍国主義的
〈Militaristic〉。

　いさをしを立てて散りにし人ならず墓標の文字の秋の
　陽に映ゆ

すみ色のあせてわかねど「軍神」の文字のみ見えて墓標は立つも

（2）「木綿花」　昭和二十二年二月十日発行　通巻第五集
　ガリ版刷　二十六頁　三円
印刷所　刈谷謄写印刷所（岡本万利）　愛知県碧海郡
　刈谷町大字刈谷
　事後検閲　　検閲者　S.Hayashi

松平示鳥「心開けゆく」十三首（一頁）中の二首、削除
—中国批判〈Criticism of Chinese〉。

数多き村の若者集りてざわめき支那に似てかなしもよ
支那人と日本人とのいくばくかの差のありや今日の若者みれば

事前検閲の時期であるが、本誌は事後検閲扱いである。その場合は「不許可」となるべきだが、事前検閲と同じ「削除」となっている。

神谷ろく「桜花散る」十七首（十二頁）中の一首、削除
—国粋主義の宣伝。

敗れたる国にはあれど桜花散りて男の子のほまれなるかも

（3）「木綿花」　昭和二十三年一月二十日発行　一・二月
　合併号　通巻十五号　ガリ版刷　二十二頁　十五円
　事後検閲　　検閲文書なし

松平示鳥「頌春」十二首（一頁）中の一首、余白にV（違反）と手書きされている。検閲文書がなく、理由は不明だが、国粋主義の宣伝というところであろう。

大君に年祝ぎまつる大御民いまかどよめく二重橋の上を

「木綿花新年短歌会互選詠草」の松平示鳥の一首（十二頁・前の作品と同じ）、違反（V）。

第二節　近畿・四国の短歌雑誌検閲

1　「青湖」（あおうみ・BLUE LAKE）

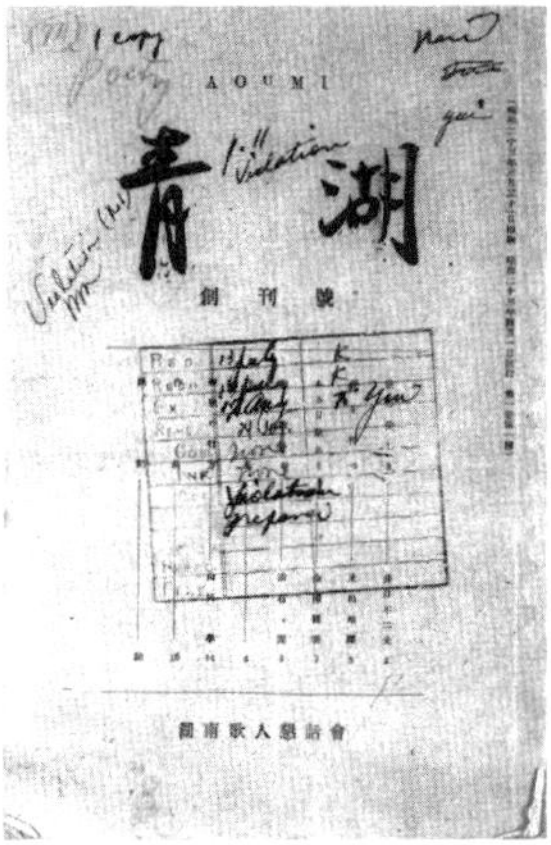

（1）「青湖」　昭和二十三年四月一日発行　四月創刊号　二十六頁　二十円

発行所　湖南歌人懇話会　滋賀県大津市松本石場町三七五

発行人　竹内新樹　大津市膳所西別保町

編集兼印刷人　佐々木順茂　同右

事後検閲　　検閲者　T・Y

佐々木順茂の五首（十一頁）中の次の一首に傍線が引かれ、手書きで〈Violation〉（違反）とある。理由はフラタナイゼーションである。

粧ひのたゞにけはしき夜の街を若き米兵と並び行く女

田村松之亟の五首（二十五頁）中の一首、チェック（✓）のみ。

経済警察が押へし荷物も何のことなし連盟てふ人達が持ち帰りたり

（2）「青湖」　昭和二十三年八月二十日発行　第二号　二十二頁　二十五円

事後検閲　　検閲文書なし

「特集」の中江忠一郎の五首（二頁）中の一首に傍線が引かれ、手書きで〈violation〉（違反）とある。理由は国粋主義というところであろう。

ただ一途に国を思ひし汝が死も戦ひ負けしいまはかなしも

2 「新月」（The New Moon・Crescent）

（1）「新月」 昭和二十一年二月一日発行 第二号 二十三頁
発行者 西田徳峻 京都府久世郡久津川村平川
印刷所 大宝印刷株式会社 下京区東九條山王町
事前検閲 検閲者 Ito

「特別詠草」の京都の新村出の九首（三頁）中の次の一首は、チェック（✓）のみである。以下の他の歌人の作品も含めて国粋主義的ということであろうが、検閲文書がなく確かな違反かは不明である。

天つ日嗣ただ一すぢをとこしへに保たせとのみ神に祈らむ

滋賀の平田一翁の「神祇庁設立委員会に上京の折」九首中の三首、チェック（✓）のみ。

神社《みやしろ》の制度改むとあげつらふ部屋内寒し夜やふけぬらし

たへしのび改むるとも大本は動かすべからず神の正道

神ながら祭政一致と受け継ぎし斯の正道にゆるぎあらすな

「同人詠草」桃山の大宮康資十七首（四頁）中の一首、チェック（✓）のみ。

この父も竹槍ならで本槍を手に執り戦はむと雄々しく語る

京都の日野要の四首（七頁）中の一首、チェック（✓）のみ。

言論の自由はよろしさりながらすめらみかどの民なるを思へ

「社友詠草」京都の竹内良夫の八首（十四頁）中の一首、チェック（✓）のみ。

八千万決意も固く新八洲今復興の鍬の音高し

「準同人詠草」滋賀の櫻井貞光の九首（十七頁）中の二

首、チェック（✓）のみ。

この飛行機に命託せし益良雄の幾たりか今飢うるといふに

特攻機燃ゆるを余所に少女子の口紅濃きが米兵とゆく

関係資料として、GHQ検閲部宛のはがき（毛筆）が残されている。検閲部から出された「新月」宛て「進駐軍公用」文書を受け取った役場が紛失したということで、発行者が検閲部に問い合わせているものである。検閲部から直接発行者へ発送されるのではなく、役場が介在している例として注目されるものである。

（表）東京都麹町区内幸町
　日本放送協会内　連合軍最高司令部　検閲部御中

（裏）謹啓益々御清健賀上ます。本日本村役場へ行きましたら小生宛「進駐軍公用」とかの書面が着した処吏員の不注意により紛失した由申をられました。よつて何の御要事か御伺申上ます。
　昭和二十一年三月二十一日
　京都府久世郡久津川村平川
　西田徳俊（「新月」発行者）

この返事として、四月四日付で、検閲部から改めて次のような文書が届いたのであった。特に削除か所を指示するものではなく、検閲規則の徹底を促す内容である。

Dear sir

Reference is made to your letter of 21 March 1946. All Japanese publications are subject to Allied Censorship which is carried out in accordance with the provision of the Press Cord for Japan, a copy of which is enclosed for your information and guidance.

Until otherwise advised, you are directed to send two copies of each issue of your magazine for Censorship to the following address.

拝啓

一九四六年年三月二十一日のあなたの手紙について言及します。すべての日本の出版物は連合国の検閲の対象になります。検閲は日本出版法の規定に従って行われます。参考のために一部規定を同封します。特に通知のない限り、検閲のために雑誌の各号二部のコピーを次の住所に送信するように。

（2）「新月」昭和二十一年四月十日発行　第三号　十八頁

事前検閲　検閲者　K.Kataoka

主幹田中常憲の「民主主義と作歌態度」（二頁）は、違反ではなく情報扱いである。検閲者Kataokaによって英訳されたものである。検閲者ノートには、「この雑誌の主張を示すのもである」と記されている。

政治・経済・産業・教育・宗教より始め、一切の文化文明は、みなポツダム宣言の線に沿つて行はれ、武なき平和日本、文化日本、道義日本を建設して五大州の上に雄飛せむとするのが、新生日本の行くべき道標である。従つて吾等歌人の向ふべき目標即ち作歌態度も自然に明白である。

しかし、日本には、日本として日本的民主主義・自主的民主主義国家の建設が第一義としての要望であらねばならぬ。かかる見地からして、吾等は「新月社五綱領」の中に「天皇制護持の下」といふ一項を高調したのであるが、たとひ議会中心主義で天皇の権限が縮小されたとしても、わが天皇陛下は、徳の象徴として、師として、御親としての最高峰に立たせ給へる血族的・宗教的・道義的最高至貴の御存在で在らせられるのであるから、この確乎たる事実の上に国家の礎をどつかと据ゑて、その上に民主主義的上層建築を打建てて行くのが吾等作歌態度の第一歩であらねばならないと思ふのである。「日出でて作し、日没つて憩ひ、田を耕して食ひ、井を□つて飲む。帝力何ぞ我に在らむや」とふ歌謡は、一見民主主義的思想の表現と見ゆるが、決してさうではない。それは恰も至□至慈な太陽の絶大無辺な光の中に摂取せられて却つて其の恩恵をしらないやうに、唐虞三代の至治に慣れた結果に他ならない。

これに反して、議会中心主義で天皇の権限が縮小されたとすれば、却つて天皇は吾等の血族的・宗教的・道義的最高の至貴の総本家たる御存在で在らせられるといふ立場から、右の歌謡とは全くあべこべに、雨につけ、風につけ、春花秋月に対し、天皇礼賛、天皇思慕の歌謡詩歌が産まれて来るかと思はれる。これは自然の結果である。しかして是等自然の結果に成れる歌謡詩歌は、一見天皇の主権政治を回顧し希望する如く見ゆるけれども、決して然うではない。それは忠にも非ず、孝にもあらず、むしろ忠孝を超越した恰も幼な子が母呼ぶ如き至真至情の発露である。

吾等の歌は、今後この線に沿つて作られることと思ふ

――二一・四・三――

新村出の「小山居所懐」六首（一頁）中の四首がチェック（✓）されている。国粋主義的な内容のためであろう。

畏しやおほみみづから楯となり醜のみたみをすくひまししは

すめろぎはみ民と共に常にませ常に安けく常に親しく

千代かけて国の憲法《みのり》を修むべく真心こめて究め果てけむ

大君のみことのまにま国つ憲《のり》究め果たせば生けるしるしあり

因みに他の二首は次の通りであるが、前の四首と比べて特別の差異はないようにも思われる。

大君とみ民とひたに親しみて安けくあらなむ大八洲国

大前にこたへまつりて畏みてまかでし君がおもかげおもほゆ

「同人詠草（一）」大津の平田一翁の五首（三頁）中の三首、チェック（✓）—軍国主義の擁護。

　連合軍に伝来の刀を提出するに際して

手にとれば鞘に彫《ほ》りたる定紋は金色に光り匂ひけらずや

祖親のみ手にふれたるこれの刀われの代にして手離さむとは

祖親に何と詫びむかしかはあれど国敗れてはやむすべもなく

広島の山内リエ「瀬戸の島々」十首（三頁）中の一首、チェック（✓）—後悔。

美しきあめりかの艦《ふね》に交じりゐて「八雲《やぐも》」がはらの羅馬字あはれ

「三月歌会（於八坂神社）」若井田忠義の一首（十五頁）、チェック（✓）—天皇擁護。

すめらぎの神にあらずと宣ひし大御言葉に涙しぬわれ

新村出から若井田忠義までの作品には違反としてのチェックが入り、その理由が付けられている。しかし、削除等の処分は不明である。

（3）「新月」昭和二十二年二月十日発行　第八号　十五頁　三円

発行所　新月社　京都市伏見区深草大亀谷東寺町九二

主宰　田中常憲

編集発行者　梶浦公　左京区松ヶ崎小脇町一七　辻井方

印刷所　大宝印刷株式会社　下京区東九條山王町

事前検閲　検閲者　S.Hayashi

西野公洲「近什七首」（七頁）中の次の一首は、ストライキを理由に削除となった。□内は英訳によれば、〈everywhere〉（いたる所に）という意味になる。

赤旗のゼネスト□□に跳梁す国も社会も滅びゆくらし

岡田泰輔の課題詠「新年」入選歌（十四頁）は、削除とされたが、上司の審議ののち〈PASSED〉のスタンプが押された。

よしあしといはれながらに日の御旗たてを祝ふ新たまの年

（4）「新月」昭和二十二年四月十日発行　四月号　第九号　十九頁　三円

事前検閲　検閲者　Kasamatsu　再検閲者

C.Tsuda

「作品（二）」田中常憲「マックアーサー元帥閣下に上る」十二首（二頁）は、削除となり、DELETE印が捺された。理由はマッカーサーに言及、ということである〈Inappropriate Reference to General MacAthur〉。

マ元帥閣下　慎みて和歌たてまつる野に立ちて叫ぶわれ等が声を聞かせと

たゞに頼る　われ等は閣下にたゞ頼る　絶対の権力《ちから》もたぬ日本人われ等は

道すたれ百鬼夜行の国のさま　閣下よいかに観てをあらむか

ぜんなく正邪　けじめもわかずたゞ果てつ　信賞必罰たゞ□にあらむか

殺人　強盗悪質の闇はびこりぬ　悲しからずや敗戦国日本

強き　権力《ちから》われに与へよ　国を挙げて警察力の微なるを嘆かふ

悲しからずや　日比谷が原よ　たゞ党利　たゞ党略のみ　容《ゆ》るすべからず

おとゞ等を鞭うち　救ひの御手□□に泣く　引揚　復員罹災者のために

いつさいの社会悪の根を絶たむがに　さらにと冀ふ生産面に

水はあきらかに　山はさみどり　美し日本　閣下よ日本を愛せさせたまへ

美し国日本を知るは　閣下のみ　疾く疾く疾く　歩ませたまへ世界の上に

四月近し　さくらも咲かむ　東山　西山　閣下の御車

を待てり

マッカーサーに関する作品、文章を検閲局では非常に注意深くマークしていた。

（5）「新月」昭和二十二年六月十日発行　六月号　第十号　十九頁　五円
事前検閲　検閲者　H.Miyoshi　再検閲者　M.Ito

「作品（一）」田中常憲「明石行其の他」十八首（二頁）中の二首、削除—韓国批判〈Criticism of Korean〉。

わらび食《を》しつゝ昔恋ひしふ周の粟《ぞく》喰《は》まじと入りし首陽山の花鳥

選挙演説と鮮人に花は奪はれて東の四月も過ぎ果てしはや

大西節翁「若き賊」九首（二頁）中の二首、削除—右翼の宣伝。

「光栄の個」の寂滅を栄えとし天翔けりけむその日思ほゆ

死にてあらば護国の神とあらむ身の生きて賊となるあゝ誰の罪

（6）「新月」昭和二十二年七月十日発行　七月号　第十一号　十九頁　五円
事前検閲　検閲者　Kasamatsu　再検閲者　K.K

丹後若瀧の小室榮一の七首（十三頁）中の一首、削除—極端な国粋主義の宣伝。

□□世は□れども楠公の血は□として大君を護る

ゲラ刷は強くマークされていて判読困難だが、英訳は、〈"The world（Japan）has now Changed into a vast sea of devastation, but the loyal blood of nanko's is still throbbing（among the people）to protect the august Emperor."〉（世界は（日本は）今では広大な荒廃の海に変わりましたが、畏れ多い天皇を守るために楠公の血は今でも（人々の中で）脈打っている）である。

検閲者ノートでは、「楠公は大変愛国心の強い侍である〈very patriotic Samurai〉と説明している。

（7）「新月」昭和二十二年十月十日発行　十月号　第十二号　十九頁　五円
発行者　大西節翁　中京区寺町三條下ル
事前検閲　検閲者　Kasamatsu　再検閲者

C.Tsuda

＊表紙にCHECK WITH GALLEY PROOFのスタンプとOKの手書きあり。

「故大宮一良君三回忌追慕歌」（十七〜十八頁）は、元陸軍航空少尉大宮一良の三回忌に際し田中常憲始め二十名が三十九首を寄せて追慕するものである。若くして戦死した大宮を若桜にたとえるものであるが、その中の四首が削除となり、〈DELETE〉のスタンプが押されている。理由は軍国主義の宣伝（ミリタリスチックプロパガンダ）である。ゲラの作品は鉛筆で強く消されていて不明瞭である。

① 御□雄々しく益良雄の御霊安かれと□ひまつる
　　　　□――□子

② □――□をしのび□――□安かれと祈り捧げむ
　　　　河崎新右衛門

③ 若桜雄々しく散りて□――□かをりは今日も匂ひぬ
　　　　稲本富士夫

④ 若さくら散れど匂ひは□□にと□――□
　　　　井上壽一郎

その英訳は次の通りである。

① □ with the departed soul of the soldier who died a heroic death □□ the sacred war.（聖戦で英雄的死を遂げた兵士の御霊に感動して……）

② Pray for the Peaceful rest of the defeated spirit, recollecting the man who laid down his life for the country.（お国のために命を捨てた男を偲び敗れた霊安かれと祈りを捧げる。）

③ The fragrance of the young cherry flower（the young man）who died heroically is still smell in the third anniversary of his death.（彼の三周忌に、雄々しく散った若い桜花（若者）のかおりは今もなお匂っている）

④ The young cherry flower, though fallen, has still the fragrance in the deep grasses of mountain, under the morning sun □□ highness.（若い桜花はさらに散ってしまったが、山の深草の中で朝日の下に今も芳香を保っている。）

（8）「新月」　昭和二十三年三月十五日発行　三月号　第十五号　十八頁　十円
編集兼発行人　大西邦彦
事後検閲　検閲者　Y.Ikemura

＊表紙に「新月社」、奥付に「新月短歌社」とある。

「作品（一）」の山本三省の五首（十頁）中の一首は、不許可〈disapproved〉となる。理由は始め占領軍批判

〈Criticism of the Occupation forces〉（手書き）とされたが、上司によって、アメリカ批判〈Criticism of the U.S.A〉と訂正された。

　敗戦に吾子喪ひて五臓六腑断たるる如しあゝ誰が罪ぞ

（9）「新月」　昭和二十三年四月十五日発行　四月号　第十六号　十八頁　十円
　事後検閲　検閲者　Y.Komura

次の三首は不許可の処分で、理由は右翼の宣伝（ライティストプロパガンダ）である。網掛け部分が問題とされたのである。

「作品（一）」山本牧彦の「西都風詠（三）」十首（四頁）中の一首。

　噴泉のほとりに佇ちてありける時大門を出で来る英霊を見し

「作品（二）」石原十の「瑞光」八首（九頁）中の一首。

　天皇陛下間近に拝みありがたや万歳の声天地にひゞく

田中常憲「作品選評」（十六頁）中の神野保治の一首。

　地図を披らけば思ひ出かなし大八洲国狭まりて人さはに満つ

（10）「新月」　昭和二十三年五月十五日発行　五月号　第十七号　十四頁　十円
　事後検閲

大西邦彦「早春」八首（四頁）中の一首、不許可〈disapproved〉―右翼の宣伝。網掛け部分が問題とされた。

　一億玉砕といふ言葉ありき草に寝てわれはふと思ふ雲紅き夕べ

検閲者ノートには、「一億玉砕」について、次のように記されている。

〈100-million Japanese should meet a horrible death a dishonorable defeat.〉（一億人の日本人は恐ろしい死、不名誉な敗北に逢うべきです。）

（11）「新月」　昭和二十三年六月十五日発行　六月号　第十八号　十八頁　十五円
　事後検閲　検閲者　Y.Ikemura

「作品（一）」の田中満紗子「都心の月」四首（六頁）中

の一首は、不許可で、理由は連合国軍批判・韓国批判〈General Criticism of Allied Nations〈Criticism of Korea)〉である。

電車ぬち憤《いき》りたつ鮮語大蒜《にんにく》の匂ひ吾等黙して頭あげずをり

「作品(二)」京都の山本安之助の四首(八頁)中の二首は、一首目がアメリカ・ロシア批判〈Criticism of US and Russia〉で、二首目が連合国批判〈General Criticism of Allied Nations〉という理由で不許可になった作品である。検閲者ノートには、一首目の「獅子」は、アメリカ、「大蛇」は、ロシアを表すと説明されている。

獅子は吠え大蛇樹のまに炎吐く密林の夜や今の世のさま

世界平和何《いつ》の日か来る今もなほ力もの云ふ世の中にして

「短歌講演会並に短歌募集記事」(十頁)がチェック(✓)されている。情報としての扱いであろう。

「今回短歌を通じての文化運動として、わが社は積極的方針の下に街頭に進出し去る四月二十四日(土)は大阪市後援の下に大阪市立聖徳館にて、廿五日は京都府、市、後援下に京都市立弥栄中学校講堂において、短歌講演会並に募集短歌発表会を開催した。幸い同日とも好天気に恵まれ、大阪は約三百余名、京都は四百名を突破し、それが皆熱心な短歌人の集まりで、この種の会としては近年稀な盛会であつた。」

さらに次の新聞関係者の名前が記されている。大朝の信夫編集局長、鶴企画部長、大毎の小林京都支局長、西日本新聞社、山内リエ女史、山陽新聞その他五六の地方新聞、そしてそこに傍線が引かれている。

この講演会の講師は、釈迢空で、吉井勇も参加していた。

岩滝町の小室榮一の三首(十三頁)中の一首、不許可—〈Rightist Propaganda〉。

天そる富士の高嶺の装ひは万づの国に類ひだになし

(12)「新月」 昭和二十三年十一月十五日発行 十一月号
第五巻第十一号 十八頁 十五円
事後検閲 検閲者 H.Okamoto

大西邦彦「友の手記」六首(五頁)中の一首、〈violation〉(違反)と作品に手書きされているのみ。

すめろぎのみためと手記は続きたりかくあり経つつ友
　は死にけむ

奥付の「新月短歌社」について、「Key Log subject 115」と書かれている。この年の三月号から変更していたのだが、検閲者は本号で気づいたのであろう。

3 「あめつち」

昭和二十二年一月二十日発行　隔月刊　第一巻第二号
　十六頁　五円
発行所　あめつち発行所　大阪市西成区津守町二六八
発行人　酒井芳郎　同右
編集人　佐澤波弦　同市阿倍野区天王寺町
印刷人　中田印刷株式会社　同市西成区鶴見橋北通

事前検閲　　検閲文書なし

「作品Ⅱ」有江霊幸の二首（十頁）中の一首、〈DELETE〉（削除）と作品に手書きされている。理由は国粋主義的ということであろう。

あめつちのみ祖の神をちちははに享けてうれしき身に
　そあるかな

4 「那爾波」（なにわ）

昭和二十一年一月一日発行　隔月刊　第二巻第三号
　二十九頁　七十銭
発行所　那爾波発行所　大阪市北区源蔵町五
発行人　武富秀文　大阪府南河内郡国分町大字国分

一四二—二
編集人　山田弘通　京都市左京区聖護院東町一
印刷所　株式会社工文社（花光正太郎）大阪市福島区海老江上二丁目
事前検閲　検閲者　Morimura

松本静史「勤労の歌」の次の文と引用歌（九〜十一頁）がチェックされ、網掛け部分が削除と判断された。国粋主義との理由であろう。

平和愛好の国民として新日本建設のために困苦欠乏に耐へ一身を捧げて職域を死守するひたむきな勤労精神、これから流動する感激が詩魂を貫いて、直く勁く、真に国の為にといふ自覚反省の上に奮ひ立ち労作された所産でなければ本当の勤労短歌とはならぬのである。これは生やさしい傍観者的態度では出来ないので、（中略）即ち新しい皇国勤労観、皇国護持の精神に発する勤労への歓喜が伴はなければ真の職場短歌の確立は見られないとし、（中略）農人、工員、学徒、挺身隊員、勤労奉仕者らが新しい視角の設定に急ぎつつあるので、素純な心境にとりいれるために相当の焦燥感を伴なふことは免れない数である。（中略）かやうな時代精神をとりいれられた勤労の歌が皇国歌道の進展に寄与されつつあることは喜ぶべきことであると言はねばならぬ。（中略）これから更に勇猛心を奮ひ起こされて本当の勤労歌が生まれるのである。

作品は、次の四首（十頁）が削除と判断されたものである。理由は明記されていないが、同誌の多くの削除作品は、国粋主義、軍国主義の宣伝に該当すると思われる。

御勅諭の五ヶ条高く誦し了へてこよひ決死の作業に就けり　磯谷春雄
夜の燭に窓を警めおのもおのも機械に対ふ鉄兜は負ひて　藤本宇一郎
モータのスイッチ切りて静かなり待避の声に爆音近し　中坊正衛
皇国民育成といふわが務はおろそかならじ心はやるな　栗岡留美子

熊野俊彦の五首（十四頁）中の一首、削除。前の作品と同様に軍国主義の宣伝であろう。

生きの身を弾丸と砕きし真心のおほきいさほし泣きつゝたゝふ

「作品Ⅱ」（十五頁）の次の三首は、それぞれ四首中の一首であり、英訳されて審議の結果削除となった。理由は不明であるが、軍国主義の宣伝に当たる作品であろう。

爆弾の音すさまじく身にこたへ壕ぬちにわれ思はず伏しつ　中村かずゑ

我ら縫ふ戎衣を赤き血に染めて一生を浄く散るもあるべし　西村吉之助

もののふのつとめ果して亡き母に孝行をせむ戦場のわれは　安川國茂

古畑静邨の四首（十六頁）中の二首は英訳されて、一首目は削除（軍国主義、あるいは連合国批判か）、二首目はOKとなった。

今にして島の防衛破れなば必ず受けなむ本土空襲

兵が常に天皇陛下の飛行機をただに愛しみ大切にすといふ

石井淡水の四首（十六頁）中の一首は、英訳されたが、判定は不明。軍国主義的な作品である。

やすみしし吾が大君に奉る命にあれば神風のごとくに

「作品Ⅲ」の橋本澄子の二首（十七頁）も削除。理由は前の作品と同じであろう。

国こぞり戦へるとき召されたるつはもののほこり汝が上にも

大いなる国の力にそひゆかむ思切なるわが明けくれや

「作品Ⅳ」の清水定子の一首（十九頁）も削除。軍国主義的であり、以下の削除作品も同様である。

小さなる感傷は捨てむ国こぞり醜の御楯と立ちしこの時

「第一詠草」の木本君子の三首（二十二頁）中の一首も削除。

つるぎ佩く君雄々しくぞいで征きぬ大義の外に思なきがに

同じく「第一詠草」の次の五首（二十三頁）は、それぞれ三首中の一～二首であり、削除となった。

征きてまた帰る日のなき必死行常と変らず発ち給ひしと　栗岡留美子

壇上に令旨かしこむ支部長の雄々しき姿に心引きしむ　南部　績

大き命帯びて出ます神鷲の強き御言葉国に残さず　同

体当たりせしますらをの勲讃へ話し合ひ居る車中の人

等　片山俊二

きびしくも鍛へられたる吾子どちのやがて立ちゆく世の中あはれ　柳原夏子

「第二詠草」波多野義男の二首（二十六頁）中の二首、削除。

大東亜興しませとぞ祈るなる社頭の梅の花の香にたつ

をみなすら老いたる若きつどひ来て竹槍練ると村の広場に

水野正直の一首（二十六頁）、削除。

悠久の大義に死する快しみ国の栄は信じてやまず

同じく「第二詠草」（二十七頁）の次の七首、削除。

大君の御召しにあへば何物もさゝげつくして国に殉ぜむ　川崎昶美

君の為国の為ぞと神鷲は天翔りしてけふも征でゆく　三上みつぎ

花とちり玉とくだくる戦神永久に栄えある皇国をもりませ　同

特攻隊に入りにし時ゆその人を現の神と仰がざらめや　河野明子

戦ひのけはしき時に雲染めて散りゆく人の絶ゆることなし　同

兵に我等も次ぐと空襲に覚悟新たに今ぞ立ちたる　横井な美

征くところ告げずに微笑む瞳には強き決意の輝きゐたり　千田房子

同じく「第二詠草」（二十八～二十九頁）の三首、削除。

雲ならば流れて行きてみんなみの防人となり玉と砕けむ　花木延枝

日章旗翻しゆく戦車隊古市坂をば煙につつむ　戸田武重

吾が年と同じなりてふ神鷲のうつしゑをたゞに泣きて拝みぬ　山田文子

「後記」（二十九頁）には、次のように述べられている。

本号は印刷所の都合で去る四月以来組み置きの儘となつてゐたものである。作品中尚戦時詠の混在するのはこの結果であつて、この点は確と了解願ひたいのである。現況に於ては次号の発刊も印刷紙の関係もあり、速急には参らぬことと思ふが、然し詠草丈は至急各選者宛お送付下されたい。罹災疎開等で転居された方は新住所御一

報に預り度、社中の人々で是ら罹災者の住所御存じの方は是れ亦御通知願ひたいのである（弘通）

この「後記」も英訳されている。終戦前の四月に編集したものを戦後に発行したわけで、当然戦中の作品が多く混じっており、削除判定の作品が多くなったわけである。

次の「編集余禄」も同様の趣旨であるが、作品は相当数削除、割愛したと伝えている。情報扱いである。

「編集余禄」（三十頁）

本号の原稿は三月号に掲載する予定で寄せられたものが大部分で従て相当数の戦争詠がありましたが、終戦後の今日これをその儘に掲載することは差控へねばならぬことになりましたので出詠歌中相当数削除しました全部割愛したるものも出来まして改訂を加へましたこの点御了承を願ひます。わが国の国歩はまことに想像を超えた苦難の時代に際会しましたこの苦難に堪へつゝ急潮の中に新しき日本を建設し文化の進展を期するため高度の文学意識をもつて国風新興に務められ気分を一新して平和愛好の作品を続々寄せられんことを希望してやみません。

（編集委員）（原文のまま）

このような事情なので、当然検閲局から厳重な注意があった。よく確認せよという意味で英文のプレス・コードも付けられているのである。発行禁止になってもおかしくない事例である。

5 「新響」(New Echo)

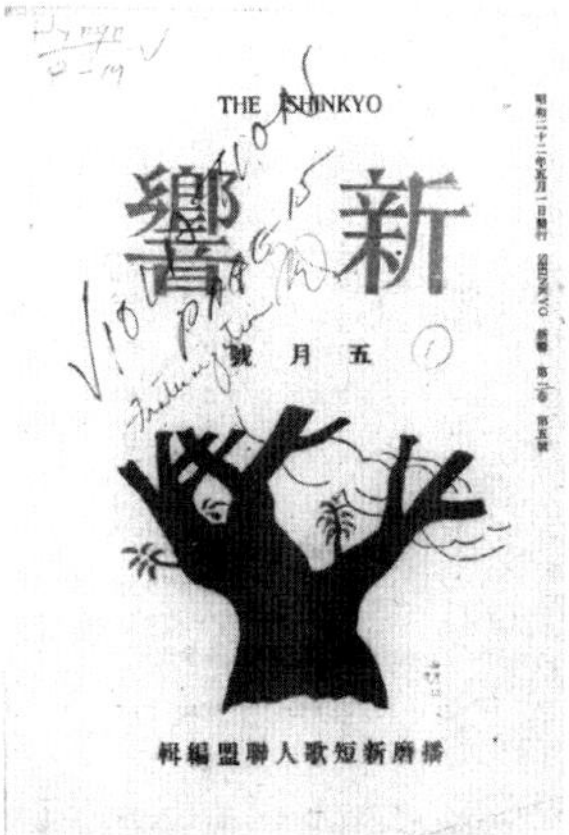

（1）「新響」 昭和二十二年五月一日発行 五月号 第二巻第五号 二十三頁 五円

播磨新短歌人連盟機関誌

発行所 青蟬書房 兵庫県加東郡小野町垂井六十二

発行者 大林博彦 同右

編集者 一條典彦 同右

印刷所 青蟬書房印刷所 同右

事後検閲 検閲文書なし

野村歡郎の全四首（十五頁）、チェックのみ。検閲文書はなく処分は不明だが、これは〈Fraternize〉（兵士が敵国民・被占領国民と親しくすること）による違反であろう。

進駐兵の腰のあたりにオカッパの髪なびかせて娘もゆきぬ

土人よりなほむさきものと思ひみしアイシャドウせる日本娘を

よれよれのドレスをまとひ街をゆく若き女は売婦らし

色あせしリボンを高く結びたる娘の腕をとりゆく兵ら

（2）「新響」　昭和二十二年十二月一日発行　十一・十二月合併号　第二巻第十二号　三十二頁　十円
事後検閲　検閲者　H.Miyoshi

斎藤茂吉「小歌論」（一～四頁）は、チェックされ英訳されて、次の「　」の部分が右翼・国粋主義の宣伝という理由で不許可となったものである。

「また文学技術が民族の本質を反映するが如く、純抒情詩たる短歌が大和民族と不可避の本質にあることも亦必然の道理と謂はなければならない。従つてマルクスの説のごときを以て、すぐさま短歌を律しやうとする如きは、妄想も甚だしいといはねばならない。」

「また彼等は、詩を以て政治に隷属せしめよといふ。僕不敏にして、その何たるかを知らない。彼等徒輩の政治といふもの、唯物史観の亜流の如くんば、既に彼等の風の『祖国愛の炎』にすら合致し得ないのであるから、況んや『わが皇祖の霊、あめより降りひかりて、わが躬を光助く』と宣らせたまふ皇国に当嵌る筈がない。」

「作品（二）」の秋山實「追加供出」六首（九頁）中の二首、マーク（傍線）のみ。食糧政策の批判である。

泣きてくる女房ども多しさるにても出さねば済まじこの供出は

保有米に食ひ込みて出す一割の追加供出厳しといはむ

6 「丹生」（たんじょう）

（1）「丹生」　昭和二十一年十一月二十二日発行　十一月号　ガリ版刷　二十一頁　二円五十銭
発行所　丹生短歌会　兵庫県三木町清水町
編集兼発行者　原津玖紫　同右
印刷所　白楊社（近藤政栄）　三木町大日町
事後検閲　　検閲者　H.Miyosi

前田稔の九首（十一頁）中の一首はマーク（傍線）のみ。

特攻機に乗りてゆくべくありしときみことのり下り吾生きてあり

山本初枝の四首（十二頁）中の一首は、情報（Information）としてチェックされているが、フラタナイゼーションとして不許可となるべき作品と思われる。

アメリカの黒人兵が少女子と楠公境内を歩みてをりぬ

（2）「丹生」　昭和二十二年八月一日発行　八月号　第二巻第七号　二十頁　十円
発行所　丹生発行所　三木町清水町1519
編集兼発行者　原寅一　同右
印刷所　播中社印刷部（渡邊克己）　三木町大宮町
事後検閲　　検閲か所・検閲文書なし

（3）「丹生」　昭和二十二年九月十一日発行　十月号　第二巻第八号　二十四頁　十円
事後検閲　　検閲文書なし

長谷川嶺門五首（十四頁）中の一首は、〈Violate〉（違反）とゲラ作品の上に手書きされている。

ＭＰの白き帽見ゆ列崩したる群衆は陛下をかこむ（大阪府庁舎バルコニー）

7 「自由歌人」

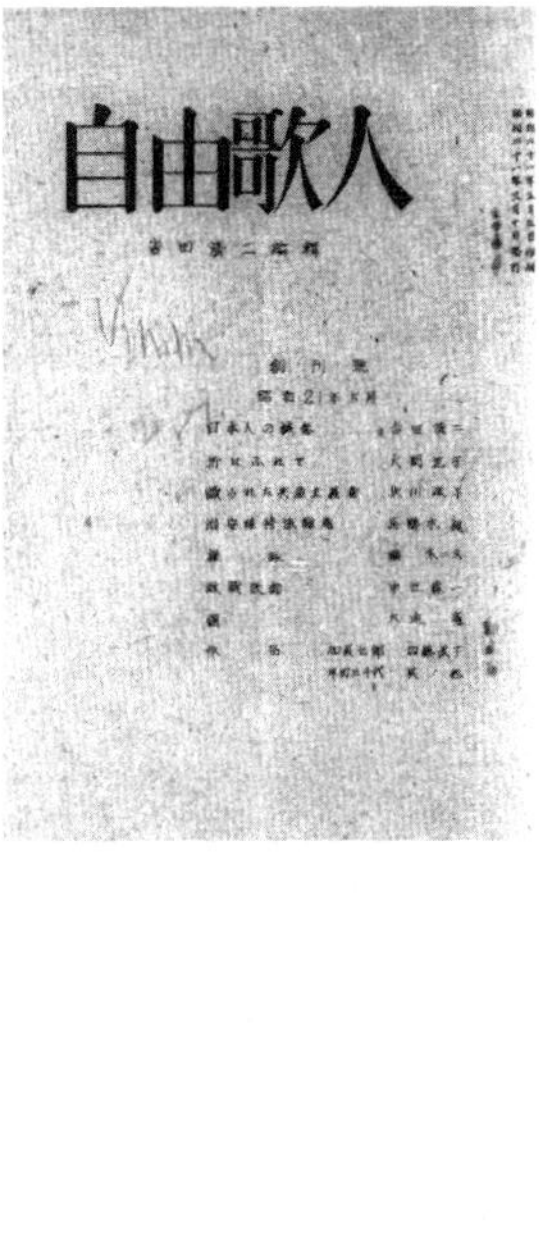

（1）「自由歌人」　昭和二十一年五月十日発行　創刊号　ガリ版刷　九頁　二円
発行所　自由歌人同盟　徳島県石井局区内天神六四八

編集兼発行者　吉田清二　名西郡高河原村
印刷所　鉄筆堂印刷所（守宮英明）　徳島市弓町
事後検閲　検閲者　M.Kohzu

二頁の①扶川迷羊「殴られた共産主義者」の一部分、五頁の②吉田清二の「日本人の誠意」の一部が共に軍国主義の宣伝・連合国軍批判という理由で、不許可とされた。

①民衆は未だ民主々義を真実に理解していない。それが誰のもので、誰の為のものであるかを考へたこともないのである。恐らくはこれはマックアーサー司令部からの実に迷惑なプレゼントで、敗戦の結果、自らの意志に反してじつに強制的にそれを与へられたとだけ考へてゐる。

②終戦後しきりに軍の悪口を云ふ事が、民主主義などといふ一つの常識になつて誰もが当然の如く思ふことになつた。そしてその悪口がマ司令部に対して媚びてゐるかの感が大変強く、日本人の悪い傾向であると思ふ。即ちこのやうな豹変的な時局便乗こそは最も排斥さるべき人間である。

（2）「自由歌人」　昭和二十一年六月十日発行　第二三合併号　ガリ版刷　七頁　二円
事後検閲　検閲か所・検閲文書なし

8　「梨の花」（Pear Flower）

昭和二十二年十一月十五日発行　創刊号　ガリ版刷　二十七頁　八円
発行所　鳴門短歌会　徳島県板野郡北島町能満寺内
編集兼発行人　阿部信賢
編集所　県立撫養中学校内梨の花編集室
事後検閲　検閲者　Suzuki
検閲文書なし

鎌田縫子「悪しき少年」七首（二十七頁）中の一首、不許可―右翼の宣伝（ライティストプロパガンダ）。

敗れざれば功《ママ》兵が天翔り命捧げて国護りてゐし

9 「東雲」（しののめ）

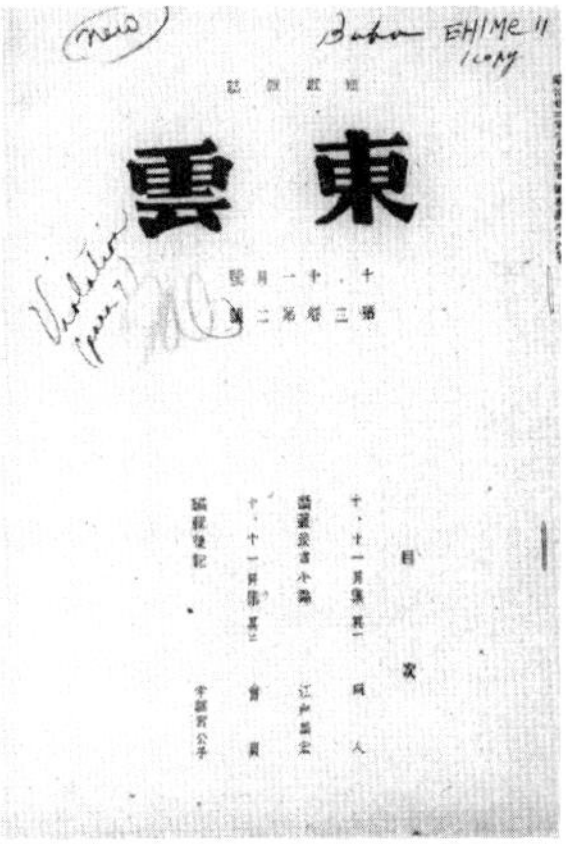

昭和二十二年二月二十三日発行　十・十一月号　第三巻第二号　通巻二十六号　ガリ版刷　二十二頁　非売品
発行所　東雲発行所　愛媛県松山市春日町杉原方
発行者　弘田義定　同市大手町一丁目五二
編集者　杉原良市　同市春日町
事後検閲　検閲文書なし

江戸昌宏「茂吉の歌に於ける枕詞（一）」（六～十三頁）に引用した茂吉の二首、マーク（囲み）のみ。国粋主義・軍国主義ということころであろう。

高ひかる日つぎの御子のさかえたまふこの新年をあふがざらめや
（昭和十年『暁紅』）（八頁）
あま照らす光を負へる御軍《みいくさ》と瞳の碧きもの等しらずや
（昭和十三年『寒雲』）（十頁）

10 「あしかび」

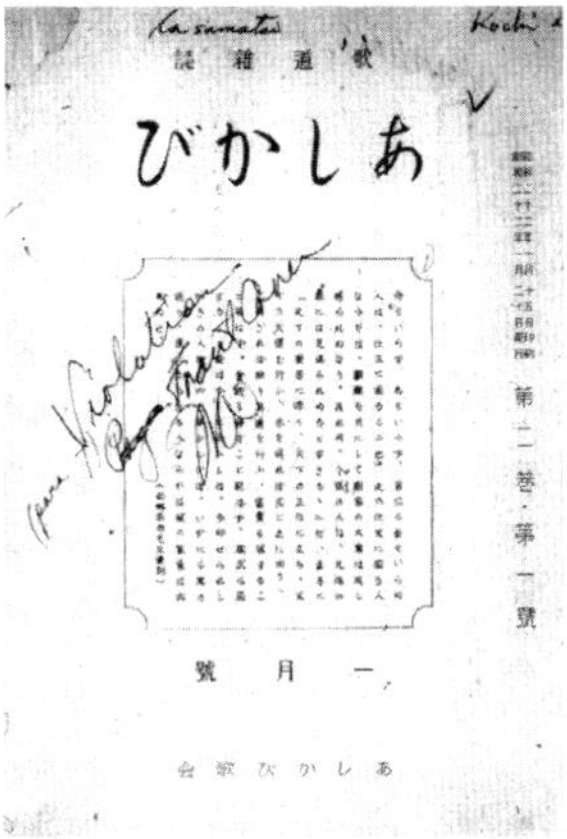

（1）「あしかび」昭和二十二年一月二十日発行　一月号
歌道雑誌　第二巻第一号　ガリ版刷　九頁
発行所　あしかび歌会　高知市旭町　細木勲宅
事後検閲　検閲文書なし

正院山人の「嗚呼八月十五日」三首（表紙裏）中の一首に、〈Violation〉（違反）と手書きされている。

「あしかび」には検閲文書が少なく、違反の理由は定かでないが、多くは国粋主義的であると思われる。

天津日にかげのさすてふたゞならぬ御代となしぬる罪深きかも

東京の橋本高之の御題「あけぼの」三首（一頁）中の二首、チェック（✓）のみ。

ひむがしのみ空ゆのぼる天津日のかしこきみかげおろがみし泣かゆ

畏くも民のみためと祈らせ□きむねをあふげば泣かゆ

人吉市の桜山楯臣の六首中の三首（二頁）、チェック（✓）のみ。

神ながら神おはします霊園に神まもりますつゝしみ思はむ

大いなる神のみこゝろかしこみて□みくにのもとひ立つべし

荒海の潮の涯てゆ皇国を禊祓ふとよせし神波

宇和島市の宮崎九万乙の六首（二頁）中の一首、チェック（✓）のみ。

そのかみはこころ軍門に奪はれしその心もて民主を言ふな

高岡市の油谷三作の二首（三頁）中の一首、チェック（✓）のみ。

大君はいづこにいますか知らねども雲重の方にぬかずきまつる

高知市の尾立鴻介の十二首中（三頁）の二首、チェック（✓）のみ。

天皇の辺にこそ死なめすめろぎの神のまにまにまつろはめやも

同志川田真一兄に

大君へ只一途に益良夫がうつせみ燃やしつゝ祈るもだ深くして

久礼町の川田真楯の九首（四頁）中の一首、チェック（✓）のみ。

馬酔木今を昔に古に又もならぬか馬酔木よ馬酔木

高知市の吉岡哲雄の四首（六頁）中の三首、チェック（✓）のみ。

天皇のませる都し恋ふあまり朝《さ》毎に泣きて東拝む

朝夕の勤めの途に伏し拝む神の宮居は荒れ果てにけり

皇神の賜し飯ぞ足らずとも□□て食さな大和の臣は

多ノ郷村の岡田重彦の二首（六頁）中の一首、チェック（✓）のみ。

　現世の悲しきことあげす祈り生きなむ天津日継を

「編集後記」（八頁）の前半の十八行は、鉛筆で囲まれ「勤皇」と手書きされている。

　新しき年を迎へ大君おはします東の方拝みまつりわが罪の深きを思ふ

とし月はあらたまれども世の中の改まらぬぞかなしかりける

わが郷土の先人武市半平太先生のみ心が偲ばれる。思ふに土佐勤皇の根源はあくまでも純粋であり、吉村寅太郎先生の道で、決して坂本竜馬先生の如き公武合体的道ではなかつた。この点を明らかにせねばならない。あしかびの道は坂本先生の道を否定し、武市瑞山先生、吉村寅太郎先生を代表とする純粋の道でなくてはならない。

身のために君を思ふは二心君のためには身をも思はず。

この一点が明らかでないと同じ道を進んでゐる如く見えて遂に雲万里の開きとなる。深く思ひをこめ、本末違ふことなくたゞ一筋勤皇の大道に殉ずるのみ。

（2）「あしかび」　昭和二十二年三月二十五日発行　第二巻第二号　通巻六号　ガリ版刷　九頁

事後検閲　検閲文書なし

　東京の橋本高之の「志士流芳録」十三首（二頁）中の三首、チェック（✓）のみだが、以下の作品と同様に国粋主義的傾向がみられる。

天忠の男の子を祖と泣きて呼ぶうれしさをもて生きてゆくべし

大君の御田族をかもなみにする夷《えみし》討つとぞいで発たしけめ

天忠の旗を挙げたる男の子らは楠子の塚ゆをがみ出きとふ

戸波の西内雅の三首（四頁）中の一首、チェック（✓）のみ。

日の本は天津日神の御教に命死なむと伝へし国なり

高知の細木勲の三首（七頁）中の二首、チェック（✓）のみ。

　未曽有の大地震郷土を襲ふ。あゝ神罰なるかな

　維新前後の安政の大地震思はる

ねむりゆく民の心をさまさむと神の怒に大地震へり

混沌を開きまさむとゆり来る神の怒りをかしこみ思は

む

（3）「あしかび」　昭和二十二年四月十五日発行　四月号
　第二巻第三号　通巻第七号　ガリ版刷
　事後検閲　検閲文書なし

表紙に記された影山正治の歌一首、違反（V印）。
すべからく素直に歌は詠むべかり神始めまし日の本
　の歌は

「日日神社祝詞」（表紙裏）の一部、違反〈Violation〉。
「……万世一系乃天津日嗣乃大御霊天津神国津神八百万
神等乃大御前爾畏美畏美毛白佐久……」

上村雅康の漢詩「評東湖」（七頁）の一、二句目—違反。
　生気浩然塞神社　殺気猶存攘夷狂
　賢母励志倒壊悶　酒々落々櫸天地

（4）「あしかび」　昭和二十二年五月十日発行　第二巻第
　四号　ガリ版刷
　事後検閲　検閲か所・検閲文書なし

（5）「あしかび」　昭和二十二年七月二十日発行　六・七
　月号　第二巻第九号　ガリ版刷
　事後検閲　検閲文書なし

表紙の影山正治の歌、違反〈Violation〉。
孤忠のおもひまこと至りて透る時しづ白玉の光差し来
る

（6）「あしかび」　昭和二十二年十月五日発行　第二巻第
　六号　通巻第十号　ガリ版刷
　事後検閲　検閲文書なし

表紙の影山正治の歌、違反。
つかの木のいやつきつきにつきゆかむ益良武雄の朝霜
の道

（7）「葦牙」　昭和二十三年十月十日発行　十月号　第三
　巻第五号　通巻十六号　ガリ版刷
　高知あしかび歌会

　表紙に、Viol-Rightist Propaganda（違反—右翼の宣伝）
と書かれているが、検閲文書書きこみ等がなく詳細不明。

（8）「葦牙」　昭和二十四年八月十日発行　再出発号　第四巻第一号　通巻十七号　ガリ版刷
事後検閲　検閲者　Sugita
編集方針　ライト

表紙に「9 disapproved」とあり、検閲票には、右翼の宣伝六か所、ＳＣＡＰ（連合国軍総司令部）批判三か所と書かれているが、他の調書がなく詳細不明。

第四章　第三区検閲局（福岡）の検閲

第一節　中国の短歌雑誌検閲

1「谺」（Echo）

昭和二十三年二月一日発行　二月号　第一巻第一号
　ガリ版刷　八頁　非売品
発行所　谺発行所　島根県大原郡海潮村須貝
発行人　中西明　同右
編集人　佐々木英雄　同右
事後検閲　　検閲者　Origuchi

足立廣「こだま」九首（二頁）中の一首、網掛け部分が右翼の宣伝ということで、不許可〈Passage Disapproved—rightist propaganda〉になった。

　君は唯人間天皇をおろがみて万才と叫びぬ思ふことなく

　英訳は次の通り。〈"I worshipped (orogamite) the human Emperor and cried 'Banzai' unconsciously."〉

2 「渓流」（Pure Spring）

昭和二十一年七月十五日発行　六・七月号　ガリ版刷
二十九頁　一円
発行所　渓流短歌会　広島県高田郡向原町　向原高等女学校内
編集兼発行人　中邑緑雨　同右
印刷所　海光社　呉市吉浦本町
事後検閲
検閲文書（CENSORSHIP DOCUMENTS）なし

「六、七月集」の比婆郡の庵原冬日の「山下大将」全十一首（三〜四頁）は、大きく×印で消されて、〈Violation〉（違反）と手書きされている。

必勝の信念に敵なかるべき気魄を保ち負けて残りぬ
灰雲に実弾放ち兵を練りき山下大将中将の頃
マレーの虎ヒトラー西にゐし頃の東亜の地図を変へゐつるかも
軍なき北満にして自らの手柄反芻しゐし虎かも
日本を救ふ者ただ戦のみと頼らせてゐてあへなかりつも
敗るべき必然に猶豪語しぬ気魄を言はばその気魄さびしき
人類の正義にゆるぐところなし日本の英雄を殺すきはにも
彼あながち敵にのみ酷薄なりしにはあらざりき
自らに強ひてしことを敵にしひ世界の前に涙を流す
人間を殺し次ぎつつ彼の目に至高と見えしその理想はも
パーシバルを叱りし壮士葬られ世界の前ゆく自由かなしも

3 「真樹」（Maki・Shinju・Tree of Truth）

（1）「真樹」 昭和二十二年一月一日発行 一月号 第十八巻第一号 第百七十三号 二十一頁 三円
発行所 真樹社 広島市段原中町四三八
代表者 松井富一
編集兼発行人 山本康夫 発行所に同じ
印刷所 広島印刷株式会社（磯崎達茂）広島市南観音町
事後検閲 検閲文書なし

「作品二」の安芸の富山義照の「広島の其の後」四首（三頁）中の二首にチェック（✓）あり。

瓦礫の中杳然として息巻くは闇市と然も遊び食へる者
原子破壊の遺跡の中に行き通ふ人等縁なき者の如くに

（2）「真樹」 昭和二十二年四月一日発行 四月号 第十八巻第四号 十三頁 三円五十銭
検閲か所、検閲文書なし。以下同じ。

（3）「真樹」 昭和二十二年八月一日発行 八月号 第十八巻第八号 二十四頁 八円

（4）「真樹」 昭和二十二年九月一日発行 九月号 第十八巻九号 二十四頁 八円

（5）「真樹」 昭和二十三年一月一日発行 一月号 第十九巻第一号 二十八頁 十三円

（6）「真樹」 昭和二十三年二月一日発行 二月号 第十九巻第二号 二十六頁 十三円

（7）「真樹」 昭和二十三年十月一日発行 十月号 第十九巻第十号 二十六頁 二十五円

4 「清泉」（Pure Spring）

（1）「清泉」　昭和二十二年十二月三十一日発行　十二月号　第一巻第九号　ガリ版刷　十六頁

発行所　北備短歌会　広島県比婆郡城町

編集・印刷・発行　神田三亀雄　同右

事後検閲　検閲者　V

＊表紙には、パス印—「PASSED」一か所、「ＣＰ」二か所押されている。

神田三亀男の二十一首（十五～十六頁）中の二首、情報〈information〉—〈Imperial Family〉。一首目の英訳資料なし。

十二月十一日天皇陛下□新見駅に拝す

天皇陛下まさに□□に立たしたり万才万才爪立ち叫ぶ

天皇陛下まともに拝せし興奮も冷めてぞ開く固きむすびよ

（2）「清泉」　昭和二十三年十二月一日発行　第二巻第十二号　十五頁　三十円

検閲か所・検閲文書なし。

（3）「清泉」　昭和二十四年一月号

検閲か所・検閲文書なし。

以下、二月号、三月号、四月号、六月号、七月号、同月号、九月号も同じ。

5 「言霊」（ことだま）

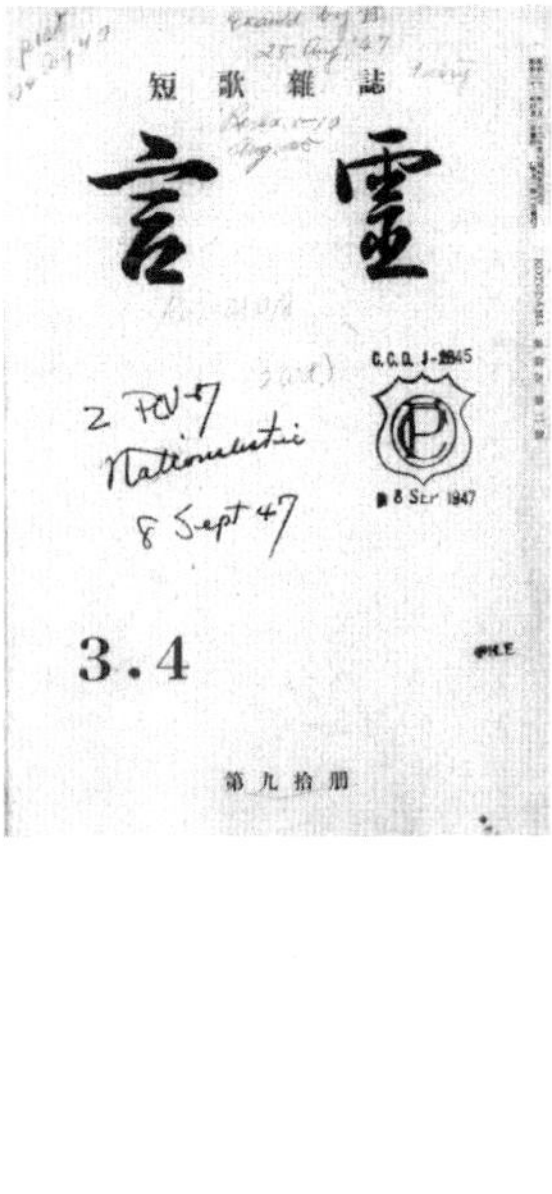

昭和二十三年四月一日発行　三・四月合併号　第十巻第二号　第九十冊　三十二頁　十円
発行所　株式会社郷友社　広島県安佐郡古市町
編集兼発行人　岡本明　広島市牛田町五三二
印刷所　中国共同印刷株式会社（井上数一）　佐伯郡大竹町
事後検閲

千日祥子の一首（二頁）、不許可—国粋主義の宣伝（プレス・コード2違反）。

国に寄せし心火おもへば今にしてなほかなしみの声の漏るるを

服部梶茂の一首（四頁）の網掛け部分、マーク（傍線）のみ。

ゼネストといきまきつゝも割り切れぬ思ひひそめて会議室出づ

三原の野田勝巳の一首（十頁）の網掛け部分、マーク（傍線）のみ。

サボタージュの一途に結ぶ力ぞと誇らしげに云ふ男と対す

豊後の下郡峯生の一首（十七頁）、不許可—国粋主義の宣伝（ナショナリスティックプロパガンダ）。

あかあかと秋晴れたれば国旗掲揚のポールが天に寂しかりけれ

検閲文書には、二頁の千日作品と、十七頁の下郡作品について、検閲局から出された刊行物法規違反通知（非公式覚書）に対して、発行人岡本明のハガキによる受領書が残されている。つまり始末書である。このような例は記録としては少ないが、発行者はかなりの圧力を感じたであろう。

（表）福岡市橋口町　第三地区検閲局　刊行課御中
広島市牛田町五三二番地
岡本明　印
言霊社
振替　大阪九九四壹番
（裏）
受領書
九月九日御発送の
日本刊行物法規違反に関する非公式覚書を九月十二日たしかに受領いたしました。
今後はかゝる事のない様一層の注意をいたします。
五月十二日

6 「短歌集団」（Ode Magazine Group）

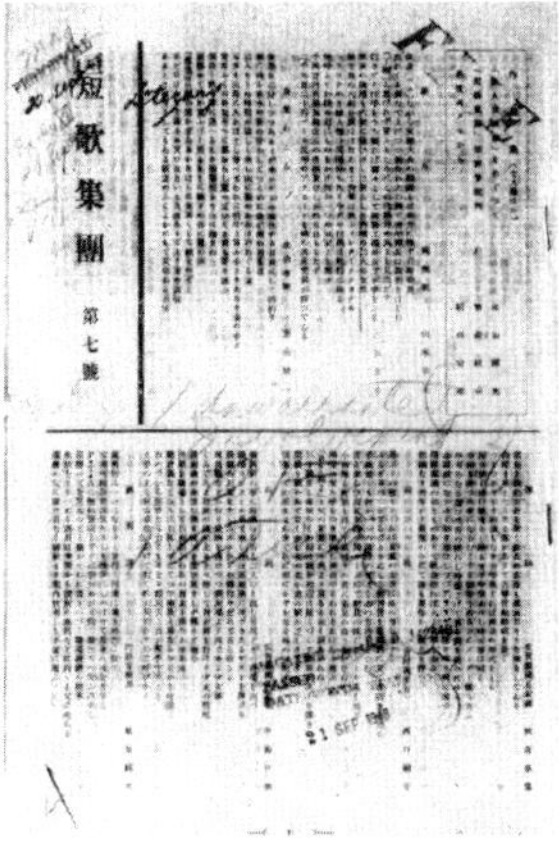

昭和二十三年七月一日発行　第七号　八頁　十五円
発行所　短歌集団　門司市門司鉄道局渉外部内
編集兼発行人　門鉄渉外部　稲田定雄
事後検閲

葉山純一「『短歌集団』第四号批判」に引用された稲田定雄の六首（五頁）中の一首、不許可〈Disapproved〉─占領軍の不当な関与〈Unwarranted Involvement of O.F〉。

進駐兵を見上げつつ立話するをとめゐる情景がここの
街上にあり

7 「燎原」（のび・Grass fire, The wild fire）

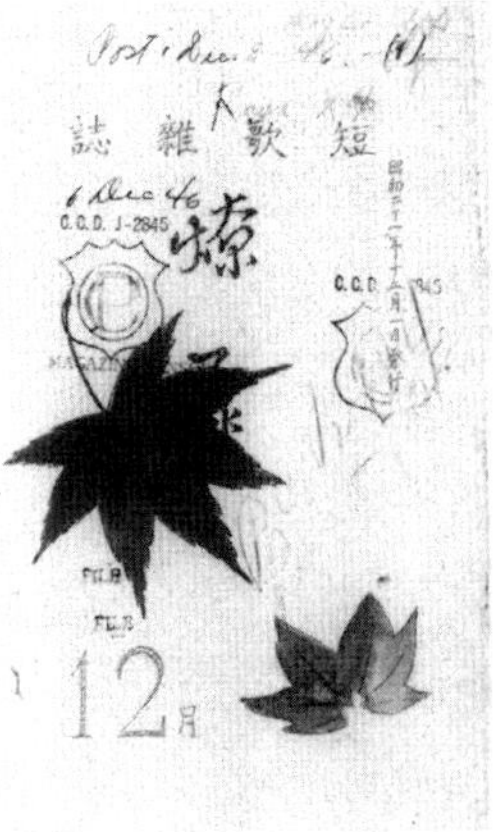

（1）「燎原」　昭和二十一年十二月一日発行　十二月号
第一巻第九号　ガリ版刷　二十五頁　一円五十銭
発行所　燎原詩社　広島県尾道市土堂町天寧寺上
編集兼発行人　小方二郎　同右
印刷所　前市謄写印刷所（前市宏之）　尾道市
事後検閲

尾道の山形良和の一首（二十頁）、不許可―プレス・コード４違反〈Post censored Disapproved; Violation par 4 of the press code〉。

占領軍供米置場と書きあるは支那より帰りしわが目に
□しぬ

この一首について、第三検閲局は、「日本刊行物法規違反に関する非公式覚書」を送り注意し、さらに次の文書（英文・和文）を送って念を押している。文末の「最後的且つ唯一の権威者である」と記したところに正に検閲局の有無を言わせぬ力を示していると言えよう。

総司令部

連合軍最高司令部

参謀本部軍事情報部

民間情報部民間検閲所

第三地区検閲局（米陸軍郵第九二九号）

検閲官歩兵大尉　ジョージ・P・ソロブスコイ

殿

この通告の目的は、本検閲局区内の全出版者が、検閲の手続きの公開の望ましからぬことについて、完全なる了解をもつて欲しいといふ事に有る。

全出版者は、出版物の組立に当り、検閲の具体的證跡を――（例へば墨で印刷面を抹消するとか、糊附にするとか、余白を残すとか、文章を中途半端で切ると言つた風にするとかといふ事を）――表はさぬ様にすることをよく了解してゐる筈であるにもかゝはらず、今なほ明確に了解してゐない向もある。

本検閲局の許可を経ずに、検閲関係官の事や執務状況に関する記事を公表する事を許さぬ。この事は、唯、新聞、出版物検閲関係のみならず、映画、演劇の検閲に付いても通用される。

以上の指示について、疑問や質問があれば当検閲局に問ひ合はされよ。当第三検閲局事務所（福岡検閲局）は、この地区検閲上の諸問題に対する最後的且つ唯一の権威者である。

（2）「燎原」　昭和二十二年十月一日発行　十月号　第二巻第十号　ガリ版刷　十七頁　五円

事後検閲

＊表紙に「Rightist Prop」（右翼の宣伝）と手書きされている。

尾道の石井恭「唱蘭新訳地球全図」六首（七頁）、不許可―国粋主義の宣伝と判断されたが、タイプの検閲調書には、プレス・コード7違反―右翼の宣伝〈Rightist propaganda〉とある。

其球の平らなる所に人の居て果瓜に虫の生れたるが如しと

墨瓦臘泥加を合て六台州といふ寛政八年官許仰向の地図に大日本を探す

亜細亜の極東に在る大日本と朝鮮琉球大寃と色別されてあり
寛政版の世界地図を拡げ大日本の過去現在未来を想ふ
戦ひに敗れしヤパン或ヤポーニャを寛政版の地図はさながらに見ゆ
寛政の昔に還りし大日本の溢るる如き此人口よ

「作品集第二」の山南の細井真澄の一首（八頁）に違反マーク（Ⅴ）が記され、〈Glorification of Feudal Ideals〉（封建的観念の賛美）と手書きされている。英訳なし。

重代の恩顧を法の□利もて小作人らがふみにじるなり

（3）「燎原」昭和二十三年五月一日発行　五月号　第三巻第五号　ガリ版刷　二十四頁　二十円
事後検閲　検閲者　Ⅳ

小方二郎「潮光る海」十首（一頁）中の一首、不許可——右翼の宣伝。

八紘宇《あめのしたいへ》とおほはむ日の皇子の船出偲ばゆ澪のひかりに

この作品の英訳は次の通りである。
“I remember Emperor Jimmu sailed from here on a great mission to rule the world.”

検閲局刊行課は、五月七日付で十一項目について記入し返送を求める文書を送付した。それを受け取った燎原社は、次のようにペン字で七日に記入して返送し、同十一日に検閲局に届いている。（ゴシック部分が手書き）

一九四八年**五月七日**
福岡第三検閲局刊行課

小方二郎　殿

左記各項目記入の上至急返送され度
一、刊行物名称　**燎原《ノビ》（又ハ）リョウゲン　広島県尾道市土堂町天寧寺上燎原《ノビ》詩社《シシャ》**
二、発行所の所在地及び名称　**広島県《ヒロシマケン》尾道《オノミチ》市《シ》土堂《ツチドウ》町《チョウ》天寧寺上《テンネイジウエ》**
三、発行人住所氏名　**小方二郎《ヲガタジロウ》**
四、印刷人住所氏名　**広島県尾道《オノミチ》市《シ》吉和《ヨシワ》町《チョウ》二八五三前市宏之《マエイチヒロユキ》**
五、編集人住所氏名　**広島県尾道市土堂町天寧寺上小方二郎**
六、発行部数　**二二〇部**
七、発行週間　**毎月一回　一日発行**
八、刊行物の種類及編集方針　**文芸雑誌（短歌専門同人雑誌）**
九、定　価　**二十円**

十、社主（又は夫れに準ずる者）氏名　小方二郎《ヲガタジロウ》

十一、経営主体（株式会社、個人経営等明記すること）

個人経営

地名、氏名、其他の固有名詞には漏れなく「フリガナ」をつけること

（4）「燎原」昭和二十三年九月一日発行　九月号　第三巻第九号　ガリ版刷　十一頁　十五円

事後検閲　検閲者　Origuchi

細井真澄「祇園祭（お手火祭）」五首中の一首、不許可―右翼の宣伝。

素戔嗚尊が大蛇《おろち》退治《うち》まし、神代偲ばゆお手火祭に

8「ゆづき」

昭和二十二年一月十日発行　一・二月合併号　第二巻第一号　二十八頁　五円

発行所　ゆづき短歌会　山口県徳山市慶万町

編集発行人　玉野由規雄　同右

印刷所　徳山印刷株式会社（桑原喜一）　徳山市河本町

事後検閲

＊表紙にパスマークCP印がはっきりと押されている。

GIクラブ設立広告（十頁）。

劇を愛し、スポーツを愛し、音楽を愛する仲間たち、私達はそれを「GIクラブ」と呼びたい。勿論ルールなど

ない。ただ希望するメンバーとしての資格は、文化を愛する平和の愛好者であるといふことだけである。会費（三ケ月）参十円前納

徳山市戎町　清水勇内

徳山市慶万　ゆづき会内

徳山市文化連盟事務所内

ＧＩクラブ設立事務所

ここには手書きで、ＧＩという語の不適切な使用〈Inappropriate use of Word GI〉と書かれている。これはさらに検閲官によって、占領軍に対する不適切な言及〈Inappropriate Reference to Occupation Forces〉とされて不許可となった。

この法規違反に関わる通知文「日本刊行物法規違反に関する非公式覚書」（英文）と受領書（下書き）が残されている。

「覚書」の違反箇所は次のように示されている。

〈The violation occurs in: Inappropriate Use of The Word GI on Page 10〉

受領書（一、二行活字　三、四行ペン書き）

山口県徳山市慶万

玉野由規雄　殿

ゆづき一、二月号「Ｇ・Ｉ」のご注意、確かに御受け取りしました。

三月七日

この受領書には、「ACKNOWLEDGED（承認）」のスタンプが捺されている。

西條草香の三首（十四頁）中の次の一首に、手書きで〈Inappropriate〉（不適切）と書かれ、さらにＯＫと書かれている。最終的にＯＫとなったものであろう。

小夜更けて受話器握ればハローハローと英語の聞こゆる川柵の街

三谷雅子の三首（十五頁）中の一首は、前の西條の作品と同じに、不適切からＯＫとなったものである。

ハローハローと弟達も立ち交りジープの後の砂塵に居れり

第二節　九州の短歌雑誌検閲

1　「九州短歌」（The Kyushu Tanka Poem）

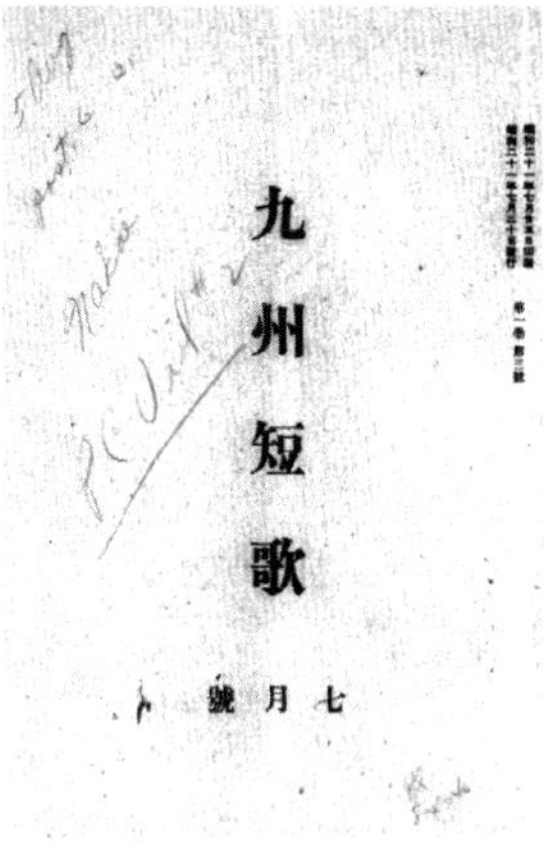

（1）「九州短歌」　昭和二十一年七月三十日発行　七月号
　第一巻第三号　十五頁　二円五十銭　五〇〇部
発行所　九州短歌社　福岡県八幡市黒崎局筒井通二丁目　中野守方
編集兼発行人　田代俊夫　同右
印刷所　小倉印刷工業株式会社（岩田眞金）　小倉市船場町
事後検閲

「作品1」小倉の三善天矢子「母病みて」六首（一頁）中の一首、不許可。その理由不明。

　征かしめて日々にいのりしうなゐ子の果てしと聞けば涙せきあぐ

八幡の中野守「飢餓往来」七首（二頁）中の四首、不許可—食糧危機の誇張〈Disapproved; Exaggerating of food crisis〉。誇張とは言えない現実であったろう。

　米櫃に米一つぶもなきものを飯よ飯よと子の泣きたつる
　がつがつと胡瓜の生をかじる子の愁なき瞳よ飢ゑ死ぬる勿れ
　街かどにごみ箱あさる乞食さへひとごとならぬ飢じさにゐつ
　飲食のことにこだはる明け暮れの親の嘆きはいつ果てむかも

「作品3」小倉の藤原竹秋の四首（八頁）中の三首、不許可—食糧危機の誇張〈Disapproved; Exaggerating of food crisis〉。

　餓さに堪へよと罪もなき吾子に言はねばならぬ身がせつなかり
　餓さにご飯たけよと米櫃をのぞく吾が子に吾は泣きたし

一粒の米だに三日口にせぬ幼な吾が子よ誰を怨むや

次の一首も、食糧危機の誇張という理由で不許可とされた。

教へつつ児らにはせめて不安なく食物あらばと願ふこの頃　宗像　今任絹枝

次の二首は、プレス・コード2違反によって不許可（Post censored Disapproved: Violation par 2 the Press code）となった作品である。

働けど飢じき腹は満たされずどつかとすわり雨空を見る　戸畑　白土柳水（八頁）

弟の戦死しりまさぬおん母の顔を見しときむせばむとしつ　若松　久保田せきの（十四頁）

（2）「九州短歌」　昭和二十一年十二月十五日発行　十・十一月合併号　第一巻第五号　三円

事後検閲　検閲文書なし

次の二首は、公共の平穏を乱す〈Disturb Public tranquility〉という理由で不許可とされた。

飛行機が過ぎし束の間の憤りゆゑし知らねば小石蹴とばす　大分　中西筏舟（七頁）

占領軍の歩哨ら立ちたる前を来つ此処大竹引揚援護局　鞍手　千々和孤静（十五頁）

（3）「九州短歌」　昭和二十一年十二月三十」日発行　十二月号　第一巻第六号　十八頁　二円五十銭

事後検閲　検閲文書なし

三養基の大島俊文「秋情」の四首（二頁）中の一首、マーク（囲み）のみ。

南海に天翔け逝きし忠誓院敏栄居士今ここにねむる

処分は不明だが、作品の上の余白に手書きで〈retaining a touch of militarism, holding in unmixed admiration the special attack corps.〉（軍国主義への関りを保持し、特別な攻撃隊を賞讃する）と書かれている。違反理由は、軍国主義の宣伝というところであろう。

資料として、一九四七年一月十日付福岡第三検閲局雑誌部への雑誌名・発行人等の報告書が付いている。それによると、発行部数は五百部、社主は田代俊夫・中野守。経営主体は個人経営（同人雑誌）であることがわかる。

（4）「九州短歌」　昭和二十二年十一月三十日発行　十二

月号（十一・十二月合併号）　第二巻第六号　十九頁　十円
発行人　中野守　編集人　田代俊夫
印刷所　大和印刷所（大和彌七郎）　福岡宗像郡赤間町
事後検閲

大分の石田修「秋」十首中（三頁）の一首、チェック（✓）。

戦災の街を通り来て昏みたる思ひ救はれぬ海の見ゆれば

花田勇「短歌と人間性（二）」（六〜七頁）の文中の引用作品の次の二首は、右翼の宣伝という理由で不許可とされた。万葉歌人の作品が検閲にかかることは少なくなかったのである。

皇は神にしませば赤駒の匍匐ふ田居を都となしつ
大伴御幸

検閲者ノートに、「赤駒は人間を意味する」とある。

大君は神にしませば天雲の雷の上に庵せるかも
人麻呂

（5）「九州短歌」昭和二十三年一月一日発行　新年号　第三巻第一号　十九頁　十円
事後検閲　検閲者　Ⅲ

大分の石田修「眸」三十首（二頁）中の一首、不許可―右翼の宣伝。

国のため死にて還ると征きにしが彼何地にて苦役し居らむ

（6）「九州短歌」昭和二十三年三月三十日発行　二・三月合併号　第三巻第二号　十頁　十円
事後検閲　検閲者　Ⅵ

田川の石川綾子の五首（十頁）中の一首、不許可―左翼の宣伝〈Leftist Propaganda〉。作品頁余白には筆記体で〈communism〉とある。

共産党第一なりと云ふ君の純き瞳よにくむすべなき

中野守「歌誌点描」（十一頁）引用の、「朱竹」（別府）一月号の藤原文彦の一首について、〈Imperial Family〉（皇室）と余白に手書きされたが、横線で取り消されている。

朝々にする遥拝がこの日頃皆の批判にのぼりつつあり

延岡の野村信雄の五首（十六頁）中の一首、〈communism〉（コミュニズム）と記された後に線で取り消されている。

　荒れ果てしこの巷にてはやも聞く闘争の声赤旗の波

「転載歌」（「人民短歌」十二月号）の中野守の一首（十八頁）、〈communism〉と記された後に線で取り消されている。

　スクリーンのパリーの雑踏にもみ消えし一つの髪型が目に灼きつきぬ

（7）「九州短歌」　昭和二十三年四月三十日発行　四月号
　第三巻第三号　十七頁　十円
事後検閲

松尾君代「家妻」七首（四頁）中の一首、不許可—検閲への言及。「ＣＣＤ」は、民間検閲局（Civil Censorship Detachment）のこと。

　ＣＣＤに勤め交りし人らにもわれ家妻に還り□□そく

　英訳は、〈"Now that I am married. I am estranged from my friends whom I had been working with in C.C.D..."〉であるから、□□は、疎遠になった、という意味の語になるのだろう。

2「牧門」

昭和二十三年五月三十日発行　一・二月集　ガリ版刷
　十六頁　十円
編集兼発行人　三苫守西　福岡県八幡市槻田清田町一丁目
印刷所　プリントの青韜社（林正）　直方市新明治町
事後検閲　検閲文書なし

吉中徹郎の一首（十一頁）、違反—作品に〈rightist〉（右翼）と手書きされている。

　国敗れし愛国心も失せたらむ国旗見かけぬ紀元節あはれ

3 「しらたま」

昭和二十三年三月十日発行　二・三月合併号　通巻十号　ガリ版刷　十四頁

発行所　有田短歌会　佐賀県有田町中原　犬塚方

編集発行人　犬塚誠次

印刷所　パレス孔版社（千葉勝美）　杵島郡武雄町

事後検閲　検閲者　V

中島誠司「くろかみ集」二十一首（十一～十二頁）中の六首、マーク（囲み）のみ。

「たとへ法は悪法たりとも守るべし」と白々しその言よ汚職官税吏よ

嘲笑と批難と憐憫の視線の中に税吏を罵倒す吾れは一業主

饗宴と贈賄を強ひる税吏かありて滞納百億完遂の日やいつ

納税の金なしと言へば闇すればと事もなげに言ふ税官吏あり

納税さへ済ませば闇も黙認すと当然の如く言ふ税務官吏は

検閲関係資料として「出版届」が付けられている。文書は検閲局刊行課所定用紙にペン書き（ゴシック部分）、住所氏名にフリガナ（省略）が付けられている。

一九四八年7月30日

福岡第三検閲局刊行課

佐賀県西松浦郡有田町二五五八

犬塚誠次　殿

左記各項記入の上至急返送され度

一、刊行物名称　**しらたま**

二、発行所の所在及び名称　**佐賀県西松浦郡有田町**

二五五八　有田短歌会

三、発行人住所氏名　**佐賀県西松浦町有田町二五五八**

犬塚誠次

四、印刷人住所氏名　**佐賀県杵島郡武雄町宮ノ町　千**

葉勝美
五、編集人住所氏名　佐賀県西松浦郡有田町二五五八
犬塚誠次
六、発行部数　五十部
七、発行週間　月刊の予定なるも最近遅刻がちなり
八、刊行物の種類及編集方針　短歌を主とせる刊行物
九、定　価　非売品　会員にのみ頒布す
十、社主（又は夫れに準ずる者）氏名　犬塚誠次
十一、経営主体（株式会社、個人経営等明記すること）
有田短歌会経営　営利事業に非ず

4　**「短歌圏」**

昭和二十一年六月一日発行　六月号　第十九巻第三号
二十五頁　六円

発行所　ひのくに社　佐賀市西正丹小路二九
編集兼発行人　中島秀蓮　同右
印刷人　原口清　佐賀市蓮池町
事後検閲　検閲か所・検閲文書なし

5　**「短歌長崎」**（The Poem Nagasaki）

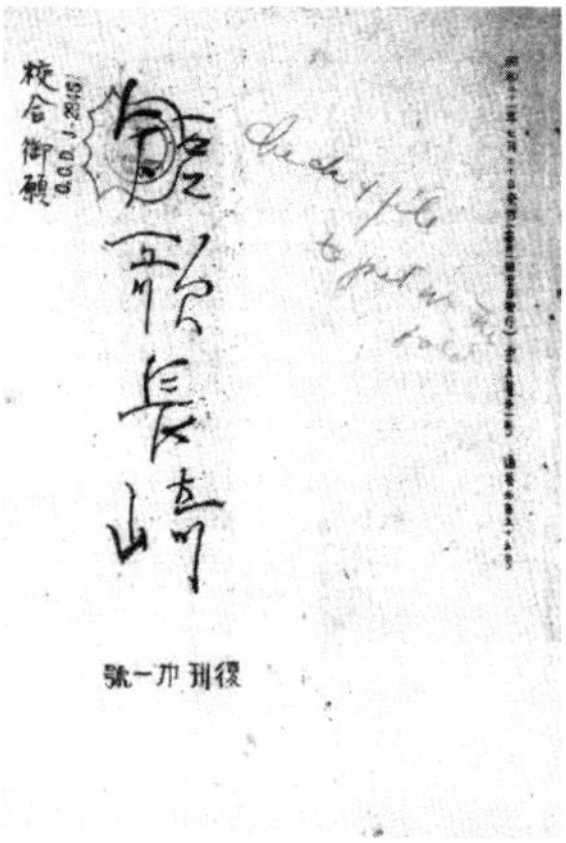

(1)「短歌長崎」昭和二十一年七月二十日発行　復刊第一号　第十五巻第一号　通巻一五五号　ガリ版刷
十八頁　二円五十銭
発行所　青い港社　長崎県長崎市西坂町一六六　小山方
編集兼発行人　小山誉美《たかみ》　同右
印刷所　小山誉美　同右
事前検閲　違反か所なし

違反か所はないが、検閲関係資料として、検閲願と雑誌発行届の二点が付けられている。

（a）発行人小山誉美から福岡検閲局への検閲依頼の手紙

（ペン書き）

拝啓　日本占領目的にて猛暑の砌益々御多繁と存じます。陳者今回短歌雑誌復刊第一号を発刊致し度存じまして御検閲のため、書類一部、雑誌二部提出致しますから、何とぞよろしく御願ひ申し上げます。

活版印刷の予定でをりましたが、当地は八、九原子爆弾にて思ふ様に行きませず、已むなく謄写、しかも自宅製にて当分発行することと存じます。

尚御検閲後の御返送用として郵税添付の封筒同封いたしてをりますので、幾分でも御手数を省かして頂く意味の日本流で、或いは失礼なこととなるかと存じますが、その点失礼となるものでしたら不悪御許し下さいますやうお願ひ申上げます。

七月二拾一日

長崎市西坂町一六六　　小山誉美

福岡市駐屯米国陸軍

地域検閲局新聞、映画、放送部　御中

（長崎県便箋使用）

（b）雑誌発行届書（ペン書き）

昭和二拾一年七月二拾一日　長崎市西坂町一六六番地

小山誉美　印

福岡市駐屯米軍陸軍

（太平洋地域第九二九番）

地域検閲局新聞映画、放送部御中

短歌雑誌発行御届

一、雑誌名称　短歌長崎

二、発行者住所氏名　住所　長崎市西坂町一六六番地

氏名　小山誉美《オヤマタカミ》

三、編集者　小山誉美

四、印刷者住所氏名　住所　長崎市西坂町一六六番地

氏名　小山誉美

五、雑誌の種類　短歌専問（ママ）誌

六、週刊、月刊の別　月刊（毎月二拾日発行）

七、発行部数　壹百二拾部

右発行シ度御届申上ゲマス

（2）「短歌長崎」　昭和二十一年八月二十日発行　八月号

復刊第二号　ガリ版刷　二十六頁　二円五十銭

事前検閲

次の「歌人と歌会の消息」（十頁）は、情報としてマーク（囲み）されたものである。

一　戦災死者追悼歌会開催　一周年に当る八月九日夜主宰宅にて判明せる七名の物故者遺影を飾つて祭壇をしつらへ伊藤氏の読経後各人の供へた追悼歌を吉田石畳氏朗読して故人の霊を慰め且故人を偲び乍ら供養の微志を捧げて十一時頃解散。会するもの十五名。小山美恵氏故人の遺影集を編んで会合者に頒つと共に遺族にも贈呈した。

高塚定子「若草悲し」四首（十七頁）中の一首、マーク（○）のみ。

原爆の浦上町に萌え出でし若草悲し汽車は過ぎゆく

野本正人「引揚邦人」（十七頁）三首中の一首、マーク（○）のみ。

耐へ難き苦しみを尚克く耐へて帰り来し人の顔綻びぬ

長谷孤水「姉の墓標」二首（十八頁）中の一首チェック（✓）のみ。

原爆より一年すぎぬ木の下の姉の墓標も古びたるかな

「緑ケ岡雑記」（編集後記　小山誉美）（二十六頁）の「　」網掛け部分の二行分が鉛筆で強くマークされている。英訳もなく判読不能であるが、「検閲」の文字がかすかに見えるので、検閲に関わるものと思われる。当然削除の指示があったろう。

謄写刷は極簡単だと思つてゐる人もあるかも知れぬが、実際自分で刷つてみると、これは却つて骨が折れる。七月号なぞ全頁原紙に切つた。それでも駄目な所があつて三度切り、「　」しかも洋紙、謄写□、同原紙、謄写版総てが素晴しい値上りで五百円に押しつめられた勤労生活者には確かに時間と経済の打撃である。

これについて違反部分を削除した発行誌を届けた経緯を次の検閲局当て送状によって知ることができる。

昭和二拾一年八月十一日　長崎市西坂町一六六番地

小山誉美

福岡市米占領軍

第三検閲局刊行課

主任代理　エイチ・ビー・クレイン様

「短歌雑誌」壹部校合の為御送付

拝啓　先般右短歌雑誌「短歌長崎」御検閲の為届書並に

原稿御送付致しました処早速原稿の壹部削除の上御返送下さいまして有難う御座います。就ましては御削除の分とり捨ての上上製本一部校合の為差上げ申し上げますからよろしく御願ひ致します。

（3）「短歌長崎」　昭和二十二年七月二十日発行七月号
第十六巻第七号　ガリ版刷　三十四頁
事後検閲

高橋千恵子「遅配に喘ぐ」五首（七頁）中の二首、不許可―プレス・コード2違反（飢餓の誇張）。

子が欲るに何を与へんすかしつつ背負へば□―――□
思ひ余り胸は□―□せき上ぐる□―――□

一首目の英訳〈"What could I give my hungry child? I carried him on my shoulders and tried to soothe him, but could not refrain from shedding hot tears."〉（空腹の私の子どもに何があげられるか？　私は子どもを肩に乗せて落ち着かせようとしたが熱い涙を抑えられなかった。）

二首目の英訳〈"When I think of the food shortage, I cannot help but weep and grieve in to bed."〉（食糧不足を考えると、私は嘆き悲しんで寝るしかありません。）

飢餓の誇張と判定されたこの二首に関わる違反通知文が検閲局から発せられたのだが、その内容は次のような文面である。

Nothing should be printed which might, directly or indirectly, disturb the public tranquility.（直接的または間接的に公共の平穏を乱す可能性のあるものは印刷しないこと）つまり「飢餓の誇張」は「公共の平穏を乱す」ものに含められたのである。

（4）「短歌長崎」　昭和二十三年一月二十日発行　一月号
第十七巻第一号　通巻一七一号　二十九頁　十二円
事後検閲　　検閲者　Ⅶ

小山誉美「万葉に現はれし新年の歌」（二十六頁）中の引用歌、不許可―右翼の宣伝〈disapprove Rightist propaganda〉。

ふる雪のしろ髪までに大君につかへまつれば尊くもあるか
橘宿禰

（5）「短歌長崎」　昭和二十三年五月二十日発行　五月号
通巻一七五号　三十三頁　十五円
事後検閲　　検閲者　Origuchi

西山筆野「天皇御巡幸奉迎歌」二首（二頁）中の一首に

傍線が引かれ、〈Imperial Family〉（皇室）と手書きされているが、処分記録はない。

笑顔にて民主われらの天皇を親しくむかへん日をまちあぐむ

渡辺巌「東京」六首（三頁）中の一首、マーク（傍線）のみ。

過ぎさりしジープが残す埃風眼を閉じてうくるそのぬくき風

西田鑛善の三首（十七頁）中の一首に傍線が引かれ、〈Key Log 1〉と書かれているが、処分記録はない。

総司令部より許されたるに何故か人等皆国旗を捧げず（天長節）

「和歌小史」（無記名・二十七頁）引用の次の実朝の歌は、右翼の宣伝という理由で不許可とされた。

山は裂け海はあせなむ世なりとも君にふた心われあらめやも

6 「陶土」（The Kadin, Clay, The KOALIN）

（1）「陶土」昭和二十三年三月二十五日発行　三月号
第三巻第三号　通巻十九号　ガリ版刷　十頁　五円
発行所　陶土発行所　熊本県天草市本渡町舟尾三〇三
浜崎方
編集兼発行人　浜崎晃則　天草アララギ会編集　同右
印刷人　梶原嘉辰
事後検閲

＊表紙にパス〈PASSED〉のスタンプが押されている。

赤崎の北野典夫の十三首（一〜二頁）の中の次の一首、不許可―Nihilistic Idea〉（無政府主義の思想）と手書きされたが、線で消してある。さらに「天皇無政府主義者」という表現について、「天皇否定の無政府主義者の意ととる」という手書きが添えられている。

放送演説のガンジー伝を聞く我や病床にひとりの天皇無政府主義者

(2)「陶土」 昭和二十三年七月二十五日発行 六・七月合併号 第三巻第五号 十頁 十円

永野勝秀の十首（一頁）中の一首、不許可—占領軍の不当な関与〈Unwarranted involvement of occupation Force〉。あるいはフラタナイゼーションとみるべきか。

米兵に甘えてゐる二人の女あり吾等通ればじろじろと見る

(3)「陶土」 昭和二十四年八月三十日発行 第四巻第六号 二十四頁 十五円

発行所 陶土発行所 熊本県天草郡志柿村 長野方
編集発行人 永野勝秀
印刷者 梶原嘉辰 天草郡本渡町古川
事後検閲 検閲者 Sawaki
編集方針 ノンポリチカル、リベラル（レフティスト ライティスト ミックスド）

「八月集」の東京の有江喜重郎の十一首（一頁）中の四首、左翼の宣伝。頁余白に手書きで〈communism〉（共産主義）と書かれ、マーク（情報）があるが、〈no info〉（情報にあらず）という上司の書きこみがある。

インターナショナル少女に教へ唄ふ午後それのみ楽し失業すれば
隊伍組み警官が我等に近づきぬ弾圧されし過去のごとくに
レールに坐り少女の二三人が泣きて居りスト中止の組合大会
包み来しパンを夕ぐれ食ひ終へてまた暫くはアカハタを売る

赤崎の北野典夫の十首（二頁）中の一首、不許可—右翼の宣伝。

わが村の鯛網にも眼を止め給ふ陛下を思ふ病む床にして

志柿の永野勝秀の二十二首（四頁）中の一首、不許可—共産主義（コミュニズム）。

善良に働く者が損をする世の中よ民主々義等と云ふこと勿れ

有江喜重郎の文「やぶにらみの知性―山本義孝氏に対する批判―」（十一〜十三頁）は、次の部分が不許可―〈communism〉（共産主義）、左翼の宣伝という理由である。

（「　」原文のまま）

「復讐の論理」「暴に報いるに暴を以てするは「共栄共愛」でないから「修羅の巷と化すであろう」というのは歴史の発展的方向を見誤っている。革命は（次郎長一家と勝蔵一家のなぐり込みとは違うのであって）、計り知れないほどのイカサマ収奪が公然と行われ得る社会組織の変革である以上、これを「暴」と見るのは甚だしい錯誤か、さもなくば甚だしい悪意にみちた歪曲であろう。考えてもみよ。山本氏でさえ「宥そうとは□思わない」ほど深刻な「資本主義」の「罪悪」つまり「暴」をそのまゝ残そうとするのが「暴」か、残すまいとするのが「暴」か？　残しておく限りそれは「共栄共愛」の理想をぶちこわしてくれるものと断定するのを妨げる何ものもないであろう。

「不正」と闘うことこそが最も「正」なのであって、そのゆえにこそ、かの奴隷解放の為に闘ったリンカーンは史上永久に自由の旗印を鮮明にし得たのではなかったろうか。山本氏は奴隷制度の「暴」に一大鉄槌を加えたリンカーンの行動についてこれに「暴」の烙印を押し得るかどうか。さらに山本氏が「長い間圧迫された人間性の反動として、自由を憧れ、自由を行動する気運が特に強く現われた」ものとして、ほめた、えるところの「フランス革命」その他のルネサンスに於ける武力革命について、やはりこれを「暴」としてしりぞけ得るかどうか。「フランス革命」は単に「自由を憧れ」たというような生やさしいロマンチックな夢の上に突如、封建貴族から民衆へ政治のパトンが手渡されたのでは毫もない。ルイ六世（であったか？）がギロチンにかけられた話はまさか山本氏も知らぬわけでもあるまい。

しかも、民衆が大衆心理に駆られて起こした革命でもなく（そんな革命など有り得る筈がないが）「動あれば反動あり」という「必然の宇宙律」によって行われて民衆が勝利を得たのであってみれば、当時の封建貴族や「愛の使徒」たる（ルネサンスの一方の担い手、ボッカチオはその著書「デカメロン」において「愛」を説いてやまぬ坊主が実は「物欲」の権化であったり、「肉欲」は汚いものと民衆を牽制しておいて裏面では盛んに破戒を実践する浅ましさを徹底的に嘲笑した。）近代ヒユーマニズムが反キリスト教主義の別名だというのはこの辺から起ったのであろう。ロマンローランを俟たずとも「自由は闘いとるべきもの」であることは誰が疑問を挿しはさみ得ようか。

山本氏もその点に於て人後に落ちるものではないことは「フランス革命」を認めることによって明らかであるが、惜しい事には何世紀か前の革命をたたえるのみであって、現実の可能性ある革命に対しては極めて防禦的にならざるを得ないのは、何も氏がブルジヨアジーであるなどと言うことでなく、問題はもっと卑近なところ、つまり現在の社会状態が氏をして身を守るに汲々たる態度を採らざるを得ないように追い込んでいるからなのだ。ゴリキーはいみじくも喝破した。「ブルジヨア社会において、愛について語ることは無知であり滑稽である」と。

7 「阿蘇布理」（あそぶり・Manners of Aso）

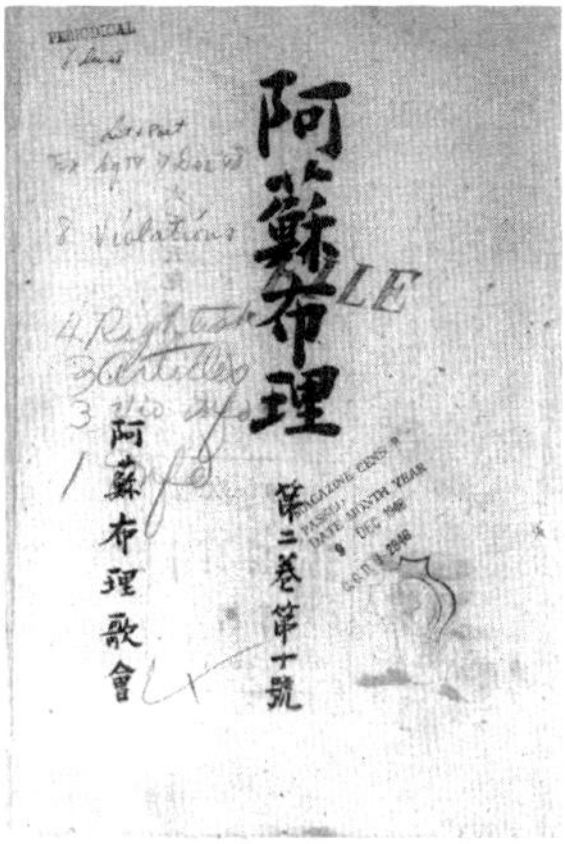

昭和二十三年十月三十日　第二巻第十号　ガリ版刷
十頁十五円　八十部　非売品

発行所　阿蘇布理歌会
編集兼発行人　田形敏治　熊本県八代郡高田村平山
松田道也気付
印刷所　同右
事後検閲　検閲者　Ⅳ

「肥後先哲詠」（一頁）の次の五首、不許可—右翼の宣伝。

宮柱ふとしき立てて天皇は常磐かきはに栄えますらむ　野口満雄
手にふれて夷を攘ふ梓弓ひくにつけてもつよき心は　田代儀太郎
千早振神のみいつをかがふりて夷打たばや大丈夫の友　飯田和平
やまとなる花の盛りも今ははや霞がくれになるぞ悲しき　小籔一三
国のため身は霧露と消へぬればかくなる御代にいかで潜まん　山田彦七郎

影山正治の長歌「同行賦」（一頁）、不許可—右翼の宣伝。

深山路の　つらつら椿　つらつらに　思ひいたれば
古しへゆ　□が朝霜の　踏み来し路は　皇神の　厳し

き道　もののふの　きびしき道　おほらかに　思ひ入らめや　しかはあれど　貧しかりとも　草莽の　臣のひとりと　真木柱　立てし地ぞ　よしえやし　身はふるふとも　みたみわが　命□こと□ひきはめて　ともどもに　涙は拭ひ　□は押し　傷は洗ひて　一歩みまた一歩み　天地の　神に祈りつ　行き行きて　遂に斃れむ　おほきみの辺に

反歌

貧しきと言ひて止まめや貧しきは貧しきまゝに国の子らぞも

相寄りて涙は拭ひともよともただひとすぢ共に踏まむかも

「編集後記（田形）」（十頁）の次の一文、不許可―右翼の宣伝。

吾等よろしく尊師の言を体認し大死一番慎みて怠ることなく草莽の微臣の祈りを捧げ「行き行きて斃れ伏すとも萩の華」の決意を固むべきであろう。

「編集後記（田形）」（十一頁）「秋風落漠」の引用歌である太田黒伴雄の一首、違反―右翼の宣伝。

よは寒くなりまさるなり唐衣うつに心のいそがるるかな

8 「朱竹」（Red Bamboo）

（1）「朱竹」昭和二十三年九月一日発行　九月号　第二巻第九号　二十頁　二十円

発行所　朱竹短歌会　大分県別府市山家町一一七三
宇佐美方

編集者兼発行者　藤野武郎　玖珠郡野上村

印刷所　赤津印刷社（梶原君三）別府市南町

事後検閲　検閲者 Ⅶ　9月15日　再検閲　9月16日

違反か所なし

（2）「朱竹」　昭和二十三年十二月一日発行　十二月号
第二巻第十二号　十五頁　三十円
事後検閲　違反か所・検閲文書（CENSORSHIP DOCCUMENNT）なし
検閲者　Ⅵ　12月8日　再検閲　12月15日

（3）「朱竹」　昭和二十四年一月一日発行　一月号　第三巻第一号　十九頁　三十円
事後検閲　違反か所・検閲文書なし。
以下二月号　三月号、四月号、六月号、七月号、八月号、九月号も同じ。

9 「渦」（Eddy）

昭和二十三年七月一日発行　七月号　第四巻第七号　十四頁　十五円
発行所　宮崎アララギ会「渦」発行所　宮崎県延岡市古城高等学校内
編集兼発行者　松田枩雄　同右
印刷者　安藤昇　東臼杵郡富島町
事後検閲
編集方針　センター（中道路線）
住吉の藤原光雄「長塚節の系譜」（五頁）内の長塚節の引用歌一首、不許可―右翼の宣伝。

大君の御楯つかふる丈夫は限り知らねど汝をおもふ我は　長塚　節

藤原光雄の四首（九頁）中の一首、違反―右翼の宣伝。

新麦の夕餉を終り大君の退位の記事を読むに只腹立たし

10　「高千穂」（Mt.takachiho）

昭和二十三年二月二十五日発行　一・二月合併号　歌道雑誌　第三巻第一号　通巻十八号　ガリ版刷　十五頁

発行所　たかちほ歌会　宮崎県別府町四十八　甲斐幸午郎方

編集兼発行人　中島俊彰　同右

印刷所　安田プリント工房（安田啓三）　宮崎市旭通三

事後検閲　検閲者　Ⅶ

一頁に「今上陛下御製」四首と影山正治の漢詩が置かれている。共にマーク（囲み）されているが処分の形跡はない。御製の余白に、〈Imperial Family〉と手書きされている。

今上陛下御製

新年をむかへて（三首）

潮風のあらきにたふる浜松のををしきさまにならへ人々

冬枯のさびしき庭に松ひと木色かへぬをぞかがみとはせむ

浅間おろしさむきふもとにかへり来ていそしむ田人たうとくもあるか

春山

うらうらとかすむ春べになりぬれど山には雪ののこりてさむし

影山の漢詩は、次のように書き下し文が付いている。

松柏風霜を経て愈々緑なり
男児辛酸を踏みて益々壮なり
満天の寒雲はさもあらばあれ
白梅一枝春山に香る

以下の作品は、不許可とされた。理由は右翼の宣伝（ライティストプロパガンダ）である。

老いの身も道の魁めざしつつ心のつるぎとぎ澄まさな

む　　都城　北郷武夫
かし原の雲井を照らす光こそ永遠の大和の鏡なりけ
り
憤り耐えがてぬ夜はほろにがき山の焼酎をくみてなげ
かふ　　高城　倉橋　昇
大伴のみおやのつるぎ振ふべきときいたらずて朽ちは
てにけり
猿にかも似たるやからのはびこりて衰ふみよの憤ほろ
しも
すめろぎの御影《ぎょえい》かかげし□床にいささかの餅《もちひ》そなへ
まつりき　　宮崎　赤松祀生
若水のみそぎはは終へて子ろ率《ゐ》つつ伏し拝みぬひむが
しの天《そら》
いささかの屠蘇くみにけり菊花の御紋かがやく朱塗の
盃に
大君に通ふ生命と畏みつ思へば泣かゆ家つくり吾は
御池　柳田和夫
ただただに皇ら御国の清かれと心一途に祈りゐたりき
川内　濱田博之
み民吾がかなしびいよよ身にぞしむ神のみ国は年くれ
にけり　　宮崎　都嶋守人
さびがたなみがきをかけて大君のみたてとなりて玉と
砕けむ　　御池　大野惟孝

「編集後記」（中島生）に「恵贈誌深謝」とあり、九誌が並ぶが次の五誌にチェック（✓）が入っている。いずれも右翼系雑誌と思われる。

玉垣（福岡）、白玉（小倉）、中津瀬（久方）、阿そぶり（熊本）、たまぞの（長崎）

11 「天日」（てんじつ・The Sun in Heaven）

昭和二十三年八月一日　創刊号　第一巻第一号　十六頁
発行所・編集兼発行人　越智通規（渓水）　宮崎県延岡市昭和町
印刷所　株式会社稲見印刷工場（稲見精）　延岡市高

千穂通
事後検閲　検閲者　Ⅶ　Matsumoto, Origuchi
編集方針　ライト（右翼的路線）・リベラル（自由主義路線）
臼井茂美「宮崎市八紘台を訪ふ」四首（四頁）中の一首、不許可〈disapproved〉―右翼の宣伝。

　まなかひに吾が見る塔のかなしさよ八紘一宇をそぎとりしあと

創刊号であるため次のような三通のペン書きの届が出され、それが検閲文書に残されている。三通目は所定の印刷項目に書き込む形式である。

（a）

御届
一、雑誌名称　天日《テンジツ》（すべての住所氏名にフリガナ）
二、発行者住所氏名　宮崎県延岡市大字岡富甲三二〇五番地（延岡市昭和町）
越智《おち》通規《みちのり》（雅号越智渓水）
三、編集者　右に同じ
四、印刷社住所氏名　延岡市高千穂通り　稲見印刷所
稲見　精
五、雑誌の種類　短歌・随筆・詩・文学評論
六、週刊・月刊の別　月刊
七、発行部数　壱千部
右御届ケ致シマス
七月二十四日　右　越智《おち》通規《みちのり》（渓水）印
福岡地区駐屯米国陸軍
第三地区検閲局刊行物部　御中

（b）

福岡地区駐屯米国陸軍
第三地区検閲局刊行物部　御中
宮崎県延岡市昭和町　越智通規（渓水）印
短歌雑誌「天日」創刊号発行許可御願ノ件
今般短歌雑誌「天日」ヲ発行シタイト思イマシテ創刊号ゲラ刷リヲ製本ノ上二部御送リ致シマスカラ発行許可ヲ御願イ致シマス
七月二十四日

（c）

一九四八　月　日
福岡第三検閲局刊行課
殿

左記各項目記入の上至急返送され度
一、刊行物名称　天日「テンジツ」
二、発行所の所在地及び名称　（延岡市昭和町）
宮崎県延岡市大字岡富甲三二〇五番地　天日発行所
印
三、発行人住所氏名
宮崎県延岡市大字岡富甲三二〇五番地　越智通規
四、印刷人住所氏名
宮崎県延岡市大字岡富高千穂通り　稲見　精
五、編集人住所氏名　発行人住所氏名（三）に同じ
六、発行部数　壱千部
七、発行週間　毎月一回
八、刊行物の種類及編集方針
短歌・俳句・詩・文学評論をけいさいする。
九、定価　二十円
十、社主（又は夫れに準ずる者）氏名
越智通規（渓水）
十一、経営主体　個人経営
地名、氏名、其他の固有名詞には漏れなく「フリガナ」をつけること
CCⅢ―３０９
（ゴシック文字はペン書き）

あとがき

ＧＨＱの検閲部門であるＣＣＤ（民間検閲局）が対象にした雑誌は、奥泉栄三郎編『占領軍検閲雑誌目録・解題』（雄松堂書店）で確かめられる。その中の短歌雑誌を見ていくと、かなりの数になることが分かった。

この目録は、検閲に関わった米国メリーランド大学教授ゴードン・Ｗ・プランゲ氏が、検閲終了後にその資料を同大学に送り、そこで保管されていたものを、奥泉栄三郎氏が調査・編集したものである。

私の所属する短歌結社の雑誌「まひる野」の検閲状態を知りたいと思ったのがこの調査の始めであった。しかし、検閲対象になった「まひる野」には明確な検閲の跡を認めることができなかった。それでは空穂系の雑誌「国民文学」「槻の木」「地上」等はどうであろうかと調べていくと、かなりの数の検閲の事例を見ることができた。

興味はさらに高まって、「目録」の中のすべての短歌雑誌を見たいと思うようになった。

地元の茨城県立図書館を介して、国立国会図書館所蔵のプランゲ文庫のマイクロフィルムのコピーを依頼し、短歌雑誌一一一誌、三三一冊における生々しい検閲の実態を探る作業を続けることになった。

検閲の基本法というべきプレス・コード（日本出版法）は、「日本ニ言論ノ自由ヲ確立セントスル」「言論ノ拘束ヲスルモノニ非ズシテ」と明言している。しかし、それは文言とは全く異なる表現規制法に他ならなかったのである。

本書はプレス・コードの規制の影に覆われた、終戦直後の四年余にわたる短歌雑誌の検閲の実態を検証するものである。

戦争による困窮の極みにありながら、短歌雑誌は全国的に続々と発行された。新しい時代への期待がそうさせたのであろう。しかし、検閲は秘かに残酷に表現の芽を摘むことを始め、それは継続された。

第一章では短歌雑誌の検閲の概略を述べ、第二章以下で一冊ごと一首ごとの具体的な検閲の例を示すこととしたのだが、資料は大量であり記述は簡略にせざるを得なかった。

検閲された雑誌のゲラ刷に基本的に付けられている検閲文書（CENSORSHIP DOCUMENTS）である「雑誌検閲票」「雑誌処理票」「BOOK & MAGAZINE DEPARTMENT」「検閲者ノート」等の資料が実態調査の手掛かりになったのであるが、それらの資料が皆無であったり、一部に限られている場合が少なくなかった。そのような検閲文書の欠落と私の非力ゆえに徹底を欠くところが少なくないのだが、ＧＨＱによる短歌雑誌検閲の実態に少しでも近づくものとなれば幸いである。

本調査に当って、米国メリーランド大学、大量のプランゲ文庫マイクロフィルムの複写をご提供いただいた国立国会図書館には厚く御礼を申し上げる。また、資料収集・調査にご協力をいただいた茨城県立図書館、早稲田大学中央図書館、ＮＰＯ法人インテリジェンス研究所、窪田空穂記念館、そして来嶋靖生氏、御供平佶氏に改めて御礼を申し上げる。英文資料解読においては畏友井川雄介氏のご協力に感謝したい。

「まひる野」の篠弘代表には相変わらず今回もお世話になった。有難いことである。

そして、出版の労をとっていただいた「短歌研究」編集発行人國兼秀二氏、編集者菊池洋美氏、そしてご配慮をいただいた前編集発行人堀山和子氏に厚く御礼を申し上げる。

中根　誠

令和二年七月七日

検閲関係年表

昭和二十（一九四五）年

一月　一日　占領地検閲機関ＣＣＤ（民間検閲局）、レイテ島で正式設立。
八月　十五日　ポツダム宣言受諾発表。
　三十日　連合国軍最高司令官（ＳＣＡＰ）マッカーサー元帥厚木に到着。
　　　横浜に米太平洋陸軍総司令部（ＧＨＱ）を移す（九月十七日東京へ移転）。
九月　一日頃　ＣＣＤ司令官フーバー大佐ら空路着、横浜に司令部を置く。
　二日　降伏文書調印。
　三日　ＣＣＤ、マスメディアの検閲を命じられる（同月、ＰＰＢ成立）。
　十日　ＧＨＱ、言論及び新聞の自由に関する覚書（検閲開始）。
　十三日　東京で郵便の検閲始まる。
　十四日　同盟通信社、業務停止に（十五日解除）。
　十八日　東京朝日新聞社、発行停止。（―九月二十日）。
　十九日　ＧＨＱ、プレス・コード指令。雑誌の検閲始まる。
　二十二日　ＧＨＱ、ラジオ・コード指令。
十月　八日　ＧＨＱ、東京五大新聞の検閲開始（九日付）。
　十二日　大阪で電信電話の完全な検閲始まる。
　二十一日　東京地域で書籍の事前検閲始まる。
　二十二日　ＧＨＱ、軍国主義的、超国家主義的教育の禁止を指令。
　三十一日　同盟通信社解散。
十一月　十日？　ＣＣＤ、全国を三つの検閲管轄地区にわける。
十二月十二日　日本映画社の原爆記録映画に、ＣＩＥより撮影禁止命令出る。

昭和二十一（一九四六）年

一月　十七日　ＣＣＤの検閲管轄地区（三地区）が修正確定される。

昭和二十二（一九四七）年

五月　　三日　日本国憲法施行。

八月　　一日　占領軍関係事項で疑義のあるもの以外の全国の放送番組、事後検閲になる。

十月　十五日　書籍、事前検閲の十四社と準事後検閲十三社を除き、事後検閲になる。

十二月十五日　極右・極左の二十八誌を除き、雑誌は事後検閲になる。

昭和二十三（一九四八）年

七月二十六日　すべての新聞・通信・写真・サービスが事後検閲になる。

十月　北海道がＣＣＤ（ＰＰＢ）検閲管轄第四地区になる。

年末　管轄区を解消し、ＰＰ（出版・演芸）の検閲を東京に集める。

昭和二十四（一九四九）年

一月二十四日　プレス・コードの重大違反者に対する合同再調査委員会設置。

十月三十一日　ＣＣＤ廃止。

昭和二十六（一九五一）年

四月　十一日　マッカーサー元帥罷免（十六日離日）。後任リッジウェイ中将。

九月　　八日　サンフランシスコ講和会議で対日平和条約・日米安保条約調印。

昭和二十七（一九五二）年

三月二十八日　ＧＨＱ廃止。対日平和条約発効により、占領状態終る。

〔参考　堀場清子『原爆　表現と検閲』朝日新聞社、山本武利『占領下のメディア分析』法政大学出版部、歴史学研究会『新版日本史年表』岩波書店〕

参考文献

奥泉栄三郎編『占領軍検閲雑誌目録・解題』雄松堂書店　一九八二年刊
篠　弘『現代短歌史Ⅰ　戦後短歌の運動』短歌研究社　一九八三年刊
江藤淳『閉された言語空間』文春文庫　一九九四年刊
甲斐弦『ＧＨＱ検閲官』葦書房　一九九五年刊
山本武利『占領下のメディア分析』法政大学出版局　一九九六年刊
山本武利『ＧＨＱの検閲・諜報・宣伝工作』岩波書店　二〇一三年刊
影山正治『占領下の民族派―弾圧と超克の証言―』東京日本教文社　一九七九年刊
堀場清子『原爆　表現と検閲　日本人はどう対応したか』朝日新聞社　一九九五年刊
松浦総三『占領下の言論弾圧』現代ジャーナリズム出版会　一九六九年刊
『占領下の子ども文化〈1945～1949〉―メリーランド大学所蔵・プランゲ文庫「村上コレクション」に探る―』早稲田大学「占領下の子ども文化〈1945～1949〉展」実施委員会編　二〇〇一年刊
三枝昻之『昭和短歌の精神史』本阿弥書店　二〇〇五年刊
田中綾「札幌市におけるＧＨＱ／ＳＣＡＰ検閲」「社会文学」二〇一六年刊
谷暎子『占領下の児童出版物とＧＨＱの検閲―ゴードン・Ｗ・プランゲ文庫に探る―』共同文化社　二〇一六年刊
『現代短歌大事典』三省堂　二〇〇〇年刊
『新版日本史年表』岩波書店　一九八四年刊

検閲短歌雑誌索引

計111誌

著者略歴

中根　誠（なかね・まこと）

昭和十六（一九四一）年十月、茨城県鉾田市生まれ。

早稲田大学文学研究科修士課程修了。元高校教諭。歌誌「まひる野」運営・編集委員。

歌集に『あられふり』『小牡鹿の角』『広州』（茨城県歌人協会賞）『境界《シュヴェレ》』（日本歌人クラブ賞）『秋のモテット』、歌書に『兵たりき　川口常孝の生涯』（日本歌人クラブ評論賞、日本短歌雑誌連盟雑誌評論賞）がある。茨城歌人会、茨城県歌人協会、日本歌人クラブ、現代歌人協会、日本文藝家協会各会員。

現住所　〒三一一―一五一七　茨城県鉾田市鉾田四九―一

検印
省略

まひる野叢書第三七四篇
二〇二〇年十二月十五日　第一刷印刷発行
二〇二一年　一月二十日　第二刷印刷発行

プレス・コードの影
——GHQの短歌雑誌検閲の実態——

定価　本体三〇〇〇円
（税別）

著者　中《なか》根《ね》誠《まこと》
発行者　國兼秀二
発行所　短歌研究社
郵便番号一一二—〇〇一三
東京都文京区音羽一—一七—一四　音羽YKビル
電話〇三（三九四四）四八二二・四八三三
振替〇〇一九〇—九—二四三七五番

印刷・製本　大日本印刷株式会社

ISBN978-4-86272-661-2 C0095 ¥3000E